U0947314

外国教育学术译丛

ETHICS AND EDUCATION

伦理学与教育

〔英〕彼得斯 著
朱镜人 译

创于1897
商務印書館
The Commercial Press
2019年·北京

ETHICS AND EDUCATION

by R. S. Peters

ISBN：978-1-138-89041-1

First published in 1966 by George Allen & Unwin Ltd.

The English edition on which the Chinese translation is based was first published in 2015 by Routledge.

本书于1966年首次出版，旨在作为教育哲学导论教材使用，聚焦讨论的是伦理学和社会哲学。在教育受到公众广泛关注的时期，这本书提出的教育和伦理学理论观点鲜明独特。它审视了一些问题，如“我们关注的教育究竟是什么？”，为教育提供了适当的伦理学基础。相信该书会引起哲学和教育学师生的注意。

作者序

这本著作最初的设想是要发挥两个作用：第一，作为伦理学和社会哲学领域中教育哲学入门教材使用；第二，提出独特的教育和伦理学观点。因此，笔者希望本书会使从事哲学研究的师生产生兴趣。

本书一定会引起两类读者的批评。一方面，讲究实际的教师会抱怨它过于抽象，不能有效地解决课堂中具体的实质性问题；另一方面，一些哲学学生会抱怨，书中的许多哲学观点议论得还不够充分。对于第一种批评的回答是，作为一部哲学著作，这本书已经尽可能地做到具体化了。期望它更加具体，或者说期望它能够为解决实质性问题提供答案，那是没有理解哲学探究是什么，没有理解教育哲学作为教育理论中的促进性要素能发挥什么作用。对于第二种批评的回答是，由于必须符合这本书的性质，我承认，这本书对哲学的论述简单了些，但是，我想表达的是，这不是一部肤浅的著作。换言之，在专门为哲学学生设计的刊物上，我曾提出并详细论述了我的一些哲学见解。在政治哲学和教育哲学领域，哲学问题深深地“沉浸于事务”之中，在这些领域工作的人需要学会与那种带有职业狂热的批评者共处。如果对这种批评的敏感妨碍了他们将自己的观点诉诸非专业人士易于理解的形式，那么，政治和教育理论仍将处于它们长期以来所处的状态——未得到基础学科指导的一团无差别的糊状物。从逻辑上说，基础学科必须在此方面有所作为。

对这本书还有一个较有说服力的批评是，这本书写作的时间太短，完成得太快。它应该花 5 年时间去写作，而不是只用了 3 年时间。需要说明的是，笔者的许多观点是在写作过程中产生的，书中提出的新观点需要进一步阐述。测绘一份相对而言属于未曾探究过的、几乎没有路标的区域地图是令人兴奋的，这正是出版这部不够成熟的著作的主要原因之一。这本书的意义在于为其他人提供一些路标，为能够较悠闲地细致探究这一领域的人们绘制一份地图的轮廓。教育哲学中重要的事情是，应当有某个东西去表明它是什么，而且提供一个明确的结构，使学生的批判性官能得以训练。教育哲学一直处于未开发的状态，教育哲学著作的出版也因此推迟了很久。只有在一些哲学家准备朝着大致正确的方向去开垦这片不够成熟的耕地时，教育哲学才会发展成为严谨的研究领域。

哲学本质上属于合作的事业。两三个人聚在一起，相互间用多少有点共同的语言，文雅地进行头脑碰撞，哲学才会有所进展。在这种情形下，很难准确地说明，在一些特殊观点上，谁受惠于谁。但是，我非常清楚，我应当感激本（Benn, S.）。之前，我和他曾花 5 年时间一起撰著了《社会原则和民主国家》（*Social Principles and the Democratic State*）。这本书第三章的许多理念萌芽于这段时间我们两人之间的讨论。他目前在澳大利亚国立大学（Australian National University）工作，他还非常友好地从他的新工作岗位发来了对本书第二部分的评论。

许多其他理念，特别是涉及伦理学和心智哲学（philosophy of mind）的理念要回溯到我在伯克贝克学院[1]与索（Saw, R.）、哈姆林（Hamlyn, D.）和格里菲斯（Griffiths, A. P.）一起工作的那段平静的日子。在对第二部分深奥抽象论点做详尽论述方面，我特别感激格里菲斯。我们用几年时间不断地探讨伦理问题，并为《心智》（*Mind*）杂志合作写了一篇题为"谨慎的自律"（The Autonomy of Prudence）的文章，这篇文章成了本书第五章"有价值的活动"的开头部分。格里菲斯现在是沃里克大学[2]的教授，他对第二部分也提出了很有见地的详细的评论。哈姆林教授还十分友好地对本书中最令我头疼的第八章"尊重人"的内容提出了中肯的意见。

在较严格意义的教育问题方面，我非常感谢赫斯特（Hirst, P.）。他最近获得了国王学院的教职，我与他在伦敦大学教育学院共事过三年。在那段时间，我们曾就这本书第一部分的多数问题进行过热烈的讨论。我也从伯恩斯坦（Bernstein, B.）那里学到不少，他也是我的教育学院同事，我与他讨论了许多社会学问题，他对第四章也提出了很好的评论。教育学院埃尔文（Elvin, L.）主任对第四章也做了评论，

---

1 伯克贝克学院（Birkbeck College）是伦敦大学的一个学院，1823 年由乔治·伯克贝克（George Birkbeck）创立。——译者注

2 沃里克大学（University of Warwick），又译为"华威大学"，英国的一所大学，建于 1965 年。——译者注

在这里我也要向他致以真诚的谢意。我还要向哈佛大学教育研究生院的谢弗勒（Scheffler, I.）教授表示感谢，他对本书第一部分的初稿做了评论。

我要感谢的人还有国王学院的比尔斯（Beales, A. C. F.）教授、教育学院院长尼布利特（Niblett, W. R.）教授和里德（Reid, L. A.）教授，后者是伦敦大学教育学院我的前任教育哲学教授，他们热心地对出版前的完整手稿做了很好的评论。这本书，正如我开头所说，是在写作过程中逐渐成形的。写作过程中，笔者一直处于兴奋状态，手稿字迹潦草难以辨认，所以辛苦了不得不去辨认这些潦草字迹且将它们改成清楚可辨字迹的人。因此，我最后要感谢的人是我的秘书沃斯福尔德（Worsfold S.），她凭着耐心和幽默，精确细致地完成了这份不值得嫉妒的工作。

彼得斯

伦敦大学教育学院

1965 年 10 月

译者序

《伦理学与教育》是20世纪英国分析教育哲学思想家彼得斯的代表作。简要述评一下这部作品可能有助于读者的阅读。

一

彼得斯（R. S. Peters, 1919—2011）1919年10月31日生于印度慕苏瑞（Mussoorie）。英国布利斯托尔市克利夫顿公学毕业。1938年进入牛津大学女王学院学习古典学科，攻读文科学位，1942年获文学学士学位。1949年获伦敦大学哲学博士学位。1958年至1962年在伦敦大学先后任哲学讲师、高级讲师。1961年，彼得斯应美国分析教育哲学家、哈佛大学教育研究生院教育和哲学教授谢弗勒邀请，赴哈佛大学担任为期一年的客座教授。从1962年起直至1983年退休为止，任伦敦大学教育学院教育哲学教授。在这期间，他还担任过教育学院院长。在他的带领下，经过一批师生共同努力，伦敦大学教育学院的教育哲学发展一枝独秀，被称作“伦敦学派”，在英国和世界范围产生了广泛影响。此外，他还担任过英国教育哲学学会主席，是英国分析教育哲学的领军人物。

彼得斯著述不少。《伦理学与教育》（*Ethics and Education*, 1966）是他的分析教育哲学代表作。他曾主编《教育的概念》（*The Concept of Education*, 1967），与赫斯特共同主编《教育的逻辑》（*The Logic of Education*, 1970），主编《教育哲学》（*The Philosophy of Education*, 1973）；此外还著有《动机的概念》（*The Concept of Motivation*, 1958）、《社会原理和民主国家》（*Social Principles and the Democratic State*, 1959）、《教育与教师教育》（*Education and the Education of Teachers*, 1977）和《道德发展与道德教育》（*Moral Development and Moral Education*, 1981）等。

二

（一）写作的原因和研究框架

《伦理学与教育》出版于 1966 年。彼得斯撰写这本著作有两个原因。第一，出于教育哲学自身发展的需要。首先，从整个西方教育哲学发展来看，"自从杜威及其所代表的那种哲学消失之后，几乎没有出现过某种生气勃勃的哲学思维在论述具体事物方面能够给人以启迪"[1]。按照彼得斯的话说，"教育哲学一直处于未开发的状态，教育

1 本书第 6 页。

哲学著作的出版也因此推迟了很久”[1]。其次，出于提高教育哲学学术地位的需要。由于教育哲学发展相对较晚，英国哲学界对教育哲学一直未给予充分的认可，而且，“哲学家们对它多少有点轻视”[2]，教育哲学的学术地位因此十分尴尬。彼得斯对教育哲学的这种状态是不满的，希望通过自己和其他一些哲学家共同的努力，使教育哲学得到发展，在哲学界占有一席之地。第二，从教育实践看，英国当时的教育制度中存在着教育资源配置等一系列涉及平等、自由、权威、利益、惩罚等理念的实际问题。彼得斯认为，从哲学和伦理学视角探讨涉及这些问题的哲学和伦理学原理，可能会帮助人们认识问题的实质且找到解决问题的思路。

可以说，正是上述两点原因决定了《伦理学与教育》的研究框架。全书共 3 个部分 11 章。第一部分“‘教育’的概念”有两章，分别论述的问题是“‘教育’的标准”和“作为引导的教育”；第二部分“教育的伦理学基础”有 6 章，分别论述的问题是“古典正当性理论”“平等”“有价值的活动”“利益的考虑”“自由”和“尊重人、友爱和人的概念”；第三部分“教育与社会控制”有 3 章，分别论述的问题是“权威与教育”“惩罚与纪律”和“民主与教育”。

（二）主要的教育观点

彼得斯在本书中提出了不少涉及哲学、伦理学和教育学的独特观

1　本书作者序第 2 页。

2　本书第 5 页。

点。其中涉及教育的观点归纳起来主要有以下 10 点：

1. 教育过程有三个标准

“教育是什么”的问题是彼得斯在本书中首先剖析的问题。彼得斯认为，教育概念比较宽泛，但无论怎么界定，有一点是肯定的，这就是，“如果教育发生了，那么，一定有某种东西在人的身体中起着作用而使人表现为受过教育的人。”[1] 在彼得斯看来，“受过教育的”人与“受过训练的”人是不同的。后者只是表现在有限技能或思想模式方面的能力发展，“受过训练的”人可能是一个高水平的操作者，但他的思想和意识可能毫无变化，而“受过教育的”人则与信念相联系，他的世界观可能会发生重要的变化。因此，在彼得斯看来，“受过训练的”人不能算作“受过教育的”人。他说：“我们不会将一个从不关心真理且仅将科学作为促进物质进步手段的人称为‘受过教育的’人，尽管他懂得科学，了解科学思想并能从事科学实践活动。”[2] 为了使人成为“受过教育的”人，彼得斯强调，教育过程必须遵循三种标准。其一，“教育”必须将有价值的东西传递给它的传承者；其二，“教育”必须包含充满活力的知识、理解和认知洞察力；其三，“教育”至少要将学习者缺乏意愿和自愿的一些传统传递方法排除在外。[3] 按照第一个标准，教育传授给儿童的思想、知识、技能一定是有价值的；第二，传授给儿童的知识不是呆滞无活力的，应当有助于儿童认识世界；第

1　本书第 13—14 页。

2　本书第 31 页。

3　本书第 41 页。

三，学习者缺乏意愿和自愿的一些传统传递方法，例如“灌输”法，不是教育应当采用的方法。按照彼得斯的观点，只有同时符合3个标准的活动才能称为“教育”。

2. 教育的任务在于引导

对于教育的任务是什么，虽然人们历来有不同的认识，但大致可以分为传统教育派和以进步教育为代表的现代教育派。按照彼得斯的认识，教育的任务在传统教育那里被视为“铸造”，在进步教育的儿童中心论那里被视为“生长”。彼得斯认为两者都有不足：“铸造模式主张的是，将一些内容审慎铭刻在心智上或注入儿童的心智中……儿童-中心模式则强调，应当根据儿童自身发展的规律去鼓励儿童‘生长’。”[1]彼得斯认为，这两个模式忽略了一个重要的事实，“即教育的基本任务在于引导其他人进入由一个民族语言和概念构成的公共世界，在于鼓励其他人共同探究以各种较大差别的意识形式为标识的领域。”[2]“传统‘教育观’强调的是‘教育’内容和认知洞察力而非教育方式；儿童中心论强调的是与方式有关的问题，而回避内容的问题。”[3]彼得斯强调，把教育视作引导，则既强调内容、认知洞察力，也强调方式，与教育过程应当遵循的3个标准完全一致，所以，把教育视作引导“是对教育的基本特征最为确当的描述，教育的特性在于有经验的人能够引导其他人的目光向外关注那些基本不受人支配的

1 本书第51—52页。
2 本书第52页。
3 本书第43页。

东西”[1]。

3. 有价值的活动不是那种提供即刻“快乐”和“满足”的活动

在这本书中，彼得斯委婉地批评了仅仅把“发现快乐的事情”“享受做某些事情的乐趣”和“从中获得快乐”作为活动的理由，特别是作为有价值活动的理由。他强调，教育不能把寻求即刻的“快乐”和“满足”作为学习的动机。如果以获得即刻的“快乐”或满足为课程目标，那么，除了一些工具性突出的课程和活动会让学生感到即刻的“快乐”或“满足”之外，其他一些课程的学习，如科学、历史、文学，则难以让儿童感受到即刻的“快乐”和“满足”。他强调：“大多数人是根据即刻的快乐来判断事物的价值的，或者是从功利的角度看其能否满足需要，当他们提出诸如‘那个对我有何益处’或者‘我在哪里会有收获’的问题时，像科学和艺术这样的活动就没有直接的吸引力了。因为它们提供的是汗水和奋斗而非即刻的快乐，它们的作为满足其他需要的工具特点是难以察觉的。”[2]彼得斯还明确表示，把追求快乐作为活动的目的是无益的，因为“选择某物或选择做某事仅仅是为了寻求快乐，或者是因为能够从中获得快乐，或者因为是一种享受，那是简单地刻画了这里受我们关注的一类活动的特征，换言之，它不是出自职责要做的事，或者，不是出自其他原因要做的事。”[3]给予儿童即刻快乐不是学校有价值活动的本质特征。

---

1 本书第 55 页。

2 本书第 172 页。

3 本书第 175 页。

4. 人人平等是一种无法实现的教育理想

教育平等是长期以来人们追逐的教育目标。然而，彼得斯认为，教育平等几乎不可能实现。在他看来，“‘人人平等’作为一种经验性概括，很少能发挥其作用。……显见的事实是并不存在机会均等，也绝不可能有，除非平等主义者准备控制早期的抚养、家庭的规模和生育。做不到这些，人与人之间就存在着根深蒂固的差别，影响实际教育制度的运行。”[1] 因此，教育方面人人平等是一种无法实现的教育理想。但是，彼得斯强调，尽管人人平等的目标难以实现，但是同一类的人应当受到平等的对待，不同类的人应当有区别地对待，智力正常或异常儿童接受的教育应当有所区别，不然的话，就会产生非正义。他引用亚里士多德的话强调：“平等地对待不平等者，正如不平等地对待平等者都会导致非正义”。[2] 为此，彼得斯特别强调，人的类别的划分及区别对待的依据不能人为制造，诸如政治、经济、居住地等因素不能作为划分类别和区别对待的依据。例如，不能以居住地为理由来决定儿童接受教育的学校。

5. 将儿童作为人看待是“尊重人”的教育原则的基本含义

教育的对象是人。在教育的进程中，尊重人的准则是人类总结出的一条至关重要的经验。所谓“尊重人”的教育原则，其中一个基本含义是指将儿童作为人看待，“他们的不言而喻的权利应该受到认真

1 本书第 138、165 页。

2 本书第 138 页。

对待，他们的利益应该受到认真考虑。他们必须被视作自由的人，拥有不受干涉地做符合他们利益事情的权利。在讨论中，作为参与者，他们不应受到专横态度的对待”[1]。彼得斯认为，学校教育贯彻“尊重人”的基本原则需要注意两点。首先，教师要懂得人的概念，理解“人是尊重的对象”[2]，深刻认识人的个性化意识、独特的体格、与众不同的观点在社会中具有重要意义。其次，还要教育儿童们将自己看成人。彼得斯认为，“只有在他们学会将自己看成人的时候，作为人的他们才会发展”[3]。当儿童学会将自己看成人的时候，儿童才会愿意维护自己作为人的权利，而且为自己的成就感到骄傲。彼得斯告诫人们，“一个人如果一直受到压抑和打击，他可能会低估自己的价值”[4]，儿童也同样如此。

6. 教育必须在考虑儿童利益的同时考虑公共利益

彼得斯认为，教育当然应当考虑儿童的利益，但是，教育“必须在考虑儿童利益及什么是儿童的利益的同时考虑公共利益”[5]。为什么呢？逻辑很简单，因为公共利益也是儿童的利益。尽管“公共利益”的概念比较模糊。但是，考虑公共利益一定与遵守社会规则有联系。他说：“任何认真思考过与公共利益相关问题的人必然会得出这样的结论，即不仅食物和原材料等与公共利益相关，而且遵守基本规则中

1 本书第 260 页。
2 本书第 260 页。
3 本书第 256 页。
4 本书第 256 页。
5 本书第 200 页。

的最低限度的准则也与公共利益有关，这些准则是符合每个人利益的……无论社会生活形式如何，都必须接受它们，人和人的生活环境才平安无事……这些规则发展到一串相互联系的规则阶段，就出现了人们所知晓的‘习俗制度’，如财产和婚姻制度，其作用在于将社会成员置于特别的义务形式之下。当然，这些义务的细节内容取决于偶然的环境，因社会不同而不同。但是，在一般的道德条件下，如果公正无私地考虑每个人的利益，在这些领域就一定存在某些规定了义务的规则，这是显而易见的。”[1]此外，公共利益有积极和消极两种解释。从消极方面说，就是不主张制定偏袒任何特殊的私人或个人利益的政策；从积极方面说，就是提倡一种满足每一个人利益的政策。彼得斯认为，“无论接受这两种公共利益的解释中的哪一种，学校显然都要予以关注和推进它”[2]。

7. 教师应当既要成为形式的权威也要成为实际的“权威”

彼得斯认为，权威有形式的和实际的权威两种。形式的权威是指人被放置在权威岗位上；实际的权威是指，有的人形式上没有权威的职位，但却有着实际的影响力。“教师是具有上述两种意思的权威。他在权威的岗位为社会做特定的工作，工作时他需要维持学校中的社会控制。同时，他也必须是他奉命传递的社会文化某个方面的权威。在某种程度上，人们也期待他是儿童行为和发展方面的专家，是儿童

1 本书第 208、210 页。

2 本书第 204 页。

的权威，掌握教育儿童的方法。”[1]在彼得斯看来，如果教师不具有这两种形式的权威就难以胜任教师工作。“如果教师不是儿童心理学和儿童发展及某个学科方面的权威，他是不可能很好完成他的任务的。这在小学阶段尤显重要，因为这个阶段儿童的心智与成人完全不同，而且，因为他们在各个成长阶段变化迅捷。例如，在理解教学学科方面，理解小学数学和科学方面，他们的发展也表明教师有必要懂得这些学科的基本原理。”[2]

8. 儿童的自由是有限度的

自由是教育哲学中的一个重要话题。彼得斯在这本书中对此予以了深入讨论。他发现，“家长和教师常常处于两难境地。是让儿童自己决定做什么呢，还是坚持要儿童去做最符合他们利益的事，因为孩子自己决定要做的事情几乎都不符合他们最根本的利益。”[3]这就说明，在教育中，既要给儿童一定的自由，又不能自由放任。因此，彼得斯感觉到，对儿童的自由必须做一定的限制，他说，“在教育情境中，自由原则的应用并非易事。因为，根据界定，在教育情境中，总是有强加在儿童需求上的限制。开头的限制是强迫儿童上学，从自由的观点看，对儿童而言，上学不是一个他所希望的开端，当然，他们中的一部分人是想上学的，但是法律的强制和家长的压力暗示了这不是一个自由选择和自由行动的领域……无论在课堂里如何鼓励儿童去追寻自

---

1 本书第 294 页。
2 本书第 313—314 页。
3 本书第 216 页。

己的兴趣，还是在自己的领域自由活动，都必须要有一个有序的环境足以确保大多数儿童能够在同一时间和同一地点学习。这种有序的环境取决于儿童的年龄、儿童的数量、学习的内容及可活动的空间。但是，假如没有最低限度的秩序，课堂会蜕变为巴比塔，一些人的自由会以牺牲另一些人的自由为代价，从而使教育无法继续进行。”[1]对于儿童提出的各种要求，需要分析，加以引导，“没有哪位教育家能够认为儿童的要求是理所当然的。作为教育家，他的一部分工作是改变这些要求，不仅要改变要求的性质，而且也要改变要求的稳定性。要想获得这种改变，对儿童做某些限制是必要的……没有哪位教育家能够冷漠地对待学生的要求。他不能像在一般社会情境中那样说，他们想做什么是他们自己的事，只要他们不损害其他人或者不干涉他人的自由。在学校里采取这种放任态度的教师应该退出教育者队伍。看门人也许可以采取这种态度，但教师不行。”[2]

9. 教育中的惩罚具有正当性

学校的惩罚是否具有正当性？彼得斯认为，根据3种惩罚理论的界定，学校的惩罚是具有正当性的。这3种理论分别是报应理论（retributive theory）、威慑理论（deterrent theory）、“改造”（reformative theory）理论。其中第一种是野蛮时代的遗风，相信“以眼还眼和以牙还牙”，第二种较为文明，第三种是最进步的和最具开导性的。[3]不

1　本书第234页。
2　本书第235页。
3　本书第328页。

过，惩罚是一个非常特别的概念，通常只有在规则被破坏时使用才合适。它包括有意识地给予规则破坏者以痛苦，或者让其不愉快。惩罚至少有 3 个标准，其一，有意地施以痛苦；其二，由处于权威者施以；其三，就受罚者而言，它必须是受罚者因破坏规则而接受的后果。[1] 其中，“第一种与破坏正常教学秩序的行为相关，这种秩序通常称作课堂秩序。第二种与违反社会规则以及学校规则的行为有关，这些规则在道德方面是重要的，或者说，这些破坏行为是法律所禁止的，如偷窃、撒谎、伤害他人、破坏财产和违约。第三种是违反涉及学校管理中的一些重要的细微规则，如不准在狭窄走廊中奔跑，不在学校吃饭要说明原因等。”[2] 但是，彼得斯也强调，学校中的惩罚充其量是一种必要的伤害。作为威慑手段，它是必要的，但学校教育不能靠惩罚来维持秩序，学校良好秩序的建立和维持靠的是学校风气和精神。他说，“教育是一个需要充满信心和热情的事业，有必要用诸如‘风气’和‘精神’来表达对人们对感染性氛围的感觉。只有在具有感染性的氛围中，教育才可能开花结果。”[3]

10. 学校是一个民主机构

彼得斯认为，学校应当是一个民主机构似乎不是一个会引起争议的问题。“但是令人们疑惑的是，按照民主机构完整的定义，为什么只有少数学校配得上这一称号？”[4] 在彼得斯看来，作为民主机构的学

1 本书第 329 页。
2 本书第 336 页。
3 本书第 344 页。
4 本书第 383 页。

校，应当建立咨询和问责的程序，“要使民主生活方式成为现实，咨询和公开问责程序必不可少”[1]。在咨询方面，校长应当通过学校委员会广泛征求教师意见，尽可能地在许多事情上形成共同的决定。在问责方面，他们必须有责任向“公众”报告他们是如何履职的。彼得斯强调，“如果只是口头说说而不实际执行程序，如实施磋商和公开问责，而且参与者完全明白最后还是校长一人说了算的话，民主幻想非常可能破灭。”[2]此外“民主还有一个心理学方面的更加难以捉摸的先决条件。这个先决条件就是人必须愿意参加公共生活。”[3]这就是说，校长应当调动教师参与学校事务的积极性，只有教师积极参与，学校才会成为民主管理的机构。

三

彼得斯是英国最具影响力的分析教育哲学家，他在分析教育哲学方面所做的贡献受到了人们高度评价：“他成功地使教育哲学具备了自己独特的性质——既是当代哲学的一个生机勃勃的领域，又是教育研究一个主要的和独立的领域。”[4]有人认为，正是他的努力，分析教育哲学的地位才得到了显著的提升“在大不列颠哲学界，人们公

1 本书第379页。

2 本书第383页。

3 本书第373页。

4 〔英〕帕特里夏·怀特，保罗·赫斯特著，石中英译，《分析传统与教育哲学：历史的分析》，《教育研究》2003年第9期。

认，彼得斯创建了哲学的一个新的令人尊敬的分支。1973 年 9 月，英国皇家哲学学会（Royal Institute of Philosophy）在埃克赛特专门组织了一场教育哲学学术年会，这充分表明，哲学家们最终承认了教育哲学是哲学一个具有重要意义的领域”[1]，同时，教育界也将教育哲学看成教育研究的不可缺少的组成部分。[2]但是，也有人认为，彼得斯是“英国自由教育思想的代表人物”[3]，是“旧式教育家”[4]。在心智发展方面，彼得斯只强调了人的认知方面，而忽视情感、意志方面的发展。[5]还有人批评他的“教育”概念过于狭窄，只限于学校教育。[6]

就本书而言，由于它是彼得斯的分析教育哲学的代表作，因此，这是研究彼得斯分析教育思想乃至研究英国分析教育哲学思想不可不读的重要著作。

这本著作有四个特点：其一，从书的性质看，它不是一本研究教育实际问题及实际对策的著作，而是一本哲学著作，是作为教育哲学导论教材使用的。按照彼得斯的解释，哲学关注的问题是“哲学是什

---

1 James Bowen and Peters R. Hobson, *The Theories of Education: Studies of Significant Innovation in Western Educational Thought*, Sydney, New York, London, Toronto: John Wiley and Sons Australasia Pty Ltd, 1974, p. 344.

2 朱镜人著:《英国教育思想之演进》, 北京: 人民教育出版社, 2014 年, 第 306 页。

3 转引自吴式颖，任钟印主编：《外国教育思想通史》（第十卷下），长沙：湖南教育出版社，2002 年，第 243 页。

4 同上。

5 赵祥麟主编：《外国教育家评传》（3），上海：上海教育出版社，2003 年，第 736 页。

6 单中惠主编:《西方教育思想史》, 北京: 教育科学出版社, 2007 年, 第 666 页。

么和哲学不是什么”，而不在于为教育和生活提供高水平的指导。因此，这本书深入分析的是制约教育问题背后的那些原理。需要强调的是，对教育问题背后原理的了解会有助于人们找到解决实际问题的思路。其二，从研究内容看，这本书研究的一些问题大致勾勒了教育哲学研究的框架，为教育哲学的进一步研究提供了基础。按照彼得斯自己的说法，“本书的意义在于为其他人提供一些路标，为能够较悠闲地细致探究这一领域的人们绘制一份地图的轮廓。”[1] 其三，从研究方法看，这本书采用的是典型的分析哲学的方法，即重视语言分析。本著作对一些语言，如“教育”“引导”“训练”“平等”“有价值的活动”“利益”“自由”“尊重人”“友爱”“权威”“善”“应该”等概念从含义到正当性等作了深入的分析。例如，谈到“自由”问题时，彼得斯界定了自由的概念、自由原则的正当性、自由的类型（形式的自由和实际的自由），以及教育中儿童、教师和家长的自由，条分缕析，丝丝入扣。其四，尽管本书的目的不是为教育实际问题提供解决方案，但它还是提出了一些重要的教育观点，如前文概括的10点教育主张。这些观点对解决实际教育问题是富有启发性的。例如，根据教育是引导的理念，学校教育就不能满足于知识教学，不能采用“灌输”的方法，因为知识教学不等于教育，“灌输”不属于引导；又例如，学生的自由是有限的，对学生放任自流，不是有责任心的教师应该持有的态度；再例如，惩罚是维持教学秩序重要的手段，但是符合3个标准的惩罚

1　本书作者序第2页。

才会有效果，等等。如果仔细阅读，读者可从中获得更多的启发，无需译者在这里赘言。

总而言之，《伦理学与教育》是英国分析教育哲学的一部力作，值得反复阅读，仔细体会。

目 录

第三部分 教育与社会控制

导 言

曾经一段时间，人们想当然地认为，教育哲学应当用于指导教育实践活动及中小学和大学的组织构建工作。对哲学的这些期待依然存在于普通话语中。这些期待内含在“教育哲学是什么”的问题之中，正如它们内含在“人生哲学是什么”的问题之中一样。然而，专业哲学家面对这些期待时却窘迫不安。20世纪，哲学在经历一场革命，[1]这场革命在相当大的程度上使人们越来越清楚地认识了两个重要问题：哲学是什么和哲学不是什么。很少有专业哲学家现在愿意认为，他们的作用在于为教育和生活提供高水平的指导。的确，他们全身心关注的一点仅仅是在辩论终结时发表挑剔的声明。他们扮演的角色更像洛克[2]派哲学家在知识花园中扮演的消耗体力的劳动者角色一样。对概念做规范的界定、耐心阐释知识的依据和预设演讲的不同形式已经成了

1 参见赖尔（Ryle, G.）：《哲学中的革命》（*The Revolution im Philosophy*），伦敦：麦克米伦，1956年。

2 洛克（Locke, J., 1632—1704），英国哲学家和教育家，倡导唯物主义经验论和绅士教育思想。著有《人类理解论》（*An Essay concerning Human Understanding*, 1690）和《教育漫话》（*Some Thoughts concerning Education*, 1693）。——译者注

他们的习惯。实际上，这些一点也不新鲜。苏格拉底[1]、康德[2]和亚里士多德[3]在这方面已经做了许多。让人感到新鲜的则是人们对教育事业的本质有了越来越清晰的认识。

认为专业哲学家义不容辞的责任是提供高水平的指导，这是可以理解的，因为他提出的问题具有高级的或者二阶逻辑的特点。柏拉图[4]相当夸张地把哲学家描写成所有时代和所有存在的旁观者，因此，他将哲学问题的二阶逻辑特征放在宇宙环境中考察。旁观者的形象是合适的。因为仅仅作为一个旁观者，在某种程度上，为了观察和评论这些活动，他须置身于活动之外，同样，一个哲学家需要独立地思考与探究他和其他人从事的活动和话语的形式。但是，并不是所有以旁观者姿态论述人类事务的人都是哲学家，例如，新闻记者、年代史编者及社会学家可能会持有相似的独立思考态度，但他们从不提出任何哲学问题。哲学家与他们明显的区别在于，哲学家会提出二阶逻辑的问题。这些问题与苏格拉底最初提出的基本一样："你的意思是什么？"和"你是怎么知道的？"

这样的问题当然不会在真空社会里产生。雅典曾经是一个伟大的贸易中心。商人和旅行者不仅带来了各种商品，也带来了不同的信念

---

1 苏格拉底（Socrates，公元前 469—前 399），古希腊哲学家和教育家。——译者注

2 康德（Kant, I., 1724—1804），德国哲学家和启蒙运动思想家。——译者注

3 亚里士多德（Aristotle，公元前 384—前 322），古希腊哲学家和教育家。——译者注

4 柏拉图（Plato，公元前 427—前 347），古希腊哲学家和教育家。——译者注

和习俗。在这样的环境下，一个民族依靠传统信念和习俗形成的习惯便土崩瓦解了。因为一个善于思考的民族会开始好奇，其他民族的意见中是否也存有某种真理，他们的习俗中是否也存有某种美德。提出这些问题是一回事，但是，回答这些问题完全是另一回事，因为只有在可以用于评价的标准确定之后才能在不同的信念和立场之中做出选择。寻找这些标准是哲学家的核心工作，他们阐释了这些由信念和立场预先假定的概念系统，检查了它们的一致性，搜寻了能够证明其正当性的标准。但是，这并非意味着，哲学家只能提出抽象原理来说明什么东西存在着，就像房屋设计的高级规划一样。因为这种水平的探究能够随着意志自由的程度而发展。预先的假定会遭到激烈的批判和修正。信念的依据会遭遇质疑，新的依据会出现；概念系统可能会显示出巨大的差异性，或者显示出不可应用性。新的范畴可能会构建。哲学家完全不可能是他那个时代预先假定的囚徒。

哲学衍生出许多分支，这是与知识存在着诸如数学、科学和道德等不同领域的现象是一致的，这些分支学科是逐渐从无明显区分的假定的混合体中分离出来的。实际上，提出将这些独特领域区分开来的哲学问题本身就是这一过程的组成部分。例如，科学问题，从理论上说，可以通过以观察和实验为主的方法来解决。但是，阐明和讨论所使用的概念，阐明和讨论这些概念是怎样具有这些意义的，以及阐明和讨论解决这些问题的方法，属于哲学探究。例如，培根[1]的《新工具》

1　培根（Bacon, F., 1561—1626），英国唯物主义哲学家和早期科学教育思想代表人物。——译者注

（*Novum Organum*）既是科学家实践活动的一种抽象，也是促进作为独特知识领域的科学进一步分化的强有力的催化剂。他的工作激发了建立皇家学会[1]的灵感，为皇家学会提供了作为先驱者实践活动的逻辑依据。

因此，不同活动和不同话语领域的哲学发展是与它们的独特概念和方法类型的区分同步的（*pari passu*）。道德哲学或者说是伦理学占据这本书相当篇幅，它的发展是与道德分离成为一种品行规则同步的，其特征不同于习俗和法律。道德哲学家，如霍布斯[2]和康德，为这种区分做了大量的工作。作为哲学分支的伦理学特征是与分析那些不同于"理论"的实践问题的回答并证明答案正当性相关的。人们可以提出许多问题，诸如月亮是由什么东西构成的，斯大林[3]是什么时候逝世的，或者，燕子为什么在夏季结束时迁徙？这些全都是理论问题，因为回答它们不会涉及做什么或者会改变什么。理论涉及的问题往往是：这一事情是什么？或者，它为什么是这样的？或者，事情是何时发生的？在另一方面，实践问题关注的是这个事情应该是什么，行动的理由是什么。考虑一个人是否应该被杀的问题不同于好奇他是否死掉了的问题；考虑抽烟是否有好处不同于推测抽烟的原因。这套话语领域有其独特的概念，例如"应该"（ought）、"正确的"（right）、"合乎需要的"（desirable）、"有价值的"

1　皇家学会（Royal Society），英国最重要的科学学会，成立于 1660 年。——译者注

2　霍布斯（Hobbes, T., 1588—1679），英国哲学家和政治理论家。——译者注

3　斯大林（Stalin, 1879—1953），苏联共产党和苏联政府领导人。——译者注

（worthwhile）和“善”（good）等概念，还有涉及这些问题的独特程序。正如科学问题无法从道德角度来回答一样，实践问题不可能通过实验室的试验来回答。人类已经费力地学会了区分他们想从这个世界得到的东西与这些东西是怎么形成的这两个问题的差别。这种区分意识的发展是人类的一大进步。对于这种进步，哲学有很大的贡献。

然而，在一些话语领域，这些已经区分开的不同类型的问题又不可避免地缠绕在一起。这就意味着，在解决这些问题之前，人们有必要将这些问题既视作理论问题又视作实践问题。教育问题就具有这种性质。因为任何关系到教育的建议都涉及对其传递的有价值的事物的判断。因此，哲学家的任务是一件复杂的工作。要执行这项任务，他得去分析概念和哲学各个分支中的正当性理论——特别是伦理学、社会哲学、认识论和哲学心理学等分支学科中含有的正当性理论。因为，根据前述内容推断，教育是提不出独特的（*sui generis*）哲学问题的。教育就像政治学一样是一个领域，属于哲学基本分支学科的应用领域。这种推论需要进一步详细的论述。因为，在“哲学革命”爆发之前，教育哲学还没有得到积极的探究，在相当大程度上，人们对教育哲学是什么普遍地存有误解。一方面，哲学家们对它多少有点轻视，或者是因为他们想当然地认为，是教育哲学的倡导者将其视作哲学的一个独特分支，或者是因为他们醉心于用一种学科史自身的方法来探究基本问题，而没有认识到这些问题源自具体的问题。另一方面，教育家们在阐释原则时忽略了与哲学家们就他们依据哲学原则提出的一些基本假定进行深入细致的讨论。其结果是，自从杜威[1]及其所代表的那种哲学消失之后，几乎没有出现过某种生气勃勃的哲学思维在论述具体事物方面能够给人以启迪。那么，教育哲学关注的主要问题有哪些呢？

（1）首先，分析教育特有的概念——如“教育”（education）、“教学”（teaching）、“训练”（training）、“大学”（university）和“学校”（school）。一方面，这些概念可以归类为哲学心理学，另一方面可以归类为社会哲学。因为这些概念属于与学习和社会制度相关的一类概念。

（2）非常明显地将伦理学和社会哲学应用于教育。其中包括提出有价值的内容需要证明其正当性的假定，提出教育传递方法要合乎需要的假定。内容的问题引发了一个古老的问题，即合乎需要的是诗歌而不是图钉；程序问题引发的是与自由、平等、权威和惩罚相关的伦理学问题。

（3）传递的假定引发的不仅是低水平的学习和动机等经验主义的问题，而且会引发哲学心理学的基本问题，即教育心理学家们使用的概念系统和假定能够得以验证的程序类型——例如，弗洛伊德[2]关于“无意识”的假定——这些问题属于科学哲学的专门问题。

（4）最后，所有的哲学问题都与课程相关。迄今为止，教育包

---

1 杜威（Dewey, J., 1859—1952），美国实用主义哲学家、教育家和心理学家。——译者注

2 弗洛伊德（Freud, S., 1856—1939），奥地利心理学家，精神分析学派创始人。——译者注

括不同类型思想的传递，如科学、历史、道德和数学，这些思想形式（forms of thought）的哲学是明显相互关联的。由于不清楚它们各自内容的特点就无从讨论它们的传递，因此就出现了一些问题。例如，这些思想形式的逻辑问题是怎样与学习心理学相联系的？中小学科目与思想形式关系如何？“课程整合”意味着什么？课程整合对道德教育和美育有什么贡献？

在教育哲学领域，至少有 3 本书较充分地论述了以上简要介绍中提到的这些问题。本书不打算将这 3 本书压缩成一本。本书只是将伦理学和社会哲学应用于教育问题。要做到这一点，简言之，首先要论述的是“教育”这个概念。因为，如果对教育是什么及对教育例证的价值判断缺乏精确的界定，人们会陷入基本的伦理问题之中。因此，对“教育”概念做分析，旨在为论述本书稍后部分出现的正当性问题和道德教育问题做铺垫。

压缩概念分析不是仅仅因为受篇幅的限制，也因为有其他相关理由；因为对概念的分析可以深浅程度不一地进行，也可以从多种维度进行，因此，除非有明确的探究对象，否则，探究几乎没有什么意义。没有进行必要的区分主要是哲学的过错。但是，区分清楚了却又从未被利用同样也是一种过错。这种过错是哲学病变的特征，要想避免它，只有将哲学分析与一些其他诸如证明信念的正当性等问题联系起来才有可能。因此，先对“教育”概念做一分析是有益的，它会对本书后面论述内容的细节和深度产生决定性影响。

第一部分

“教育”的概念

第一章 “教育”的标准

第一节 “教育”的概念

可能有人认为，学习教育哲学显而易见的方法是从系统解释“教育”开始，然后去审视这种界定是否适合所有的范例。毕竟，苏格拉底在力图厘清诸如“正义”和“勇敢”概念时不正是这样做的吗？穆尔[1]在他的《伦理学原理》（*Principia Ethica*）中对“善”进行“典型的伦理学探究”时不也正是这样做的吗？但是，在20世纪中叶，用这种方法进行探究会表明对“哲学革命”中的一个主要论点的漠视。因为，根据这场革命领导者之一维特根斯坦[2]非常微妙的论述，从苏格拉底到穆尔的哲学家们都犯了一个错误，即他们都认为可以发现一个准则（formula），该准则能够涵盖诸如“正义”和“知识”等令人感兴趣词汇的不同使用方法。实际上，词汇的用法不像几何学，可以为

1 穆尔（Moore, G.E., 1873—1958），英国哲学家，新实在论及分析哲学的创始人之一。——译者注

2 维特根斯坦（Wittgenstein, L., 1889—1951），奥地利裔英籍哲学家，20世纪哲学界主要人物之一。——译者注

诸如“三角”等许多术语提供定义。词汇的使用并不总是因为归属一种定义而相互联系 。相反，它们常常组成一个“家族”，由“一个相似性相互重叠的交叉复杂的网络构成。有时候，总体看上去是类似的，有时候，细节方面是类似的。”[1] 哲学家们感兴趣的一类词汇尤其如此，因为这些词汇往往都是一些非常普通的词汇。这些词汇已经在各种不同的语境下形成了它们自己的生命活力。它们很少被刻意挑选出来在受到限制的体系中发挥有限的作用。例如，希腊语“ἀίτία”（原因）和“λόγος”（理由，理性）已经获得了一种非常旺盛的、无处不在的生命力。要给它们下一个确切的定义是困难的，就如同用一个准则给“爱”（love）的概念下确切定义一样困难。

“教育”就是一种这样的概念，尽管掌握它并不像掌握诸如“原因”和“真理”等更加抽象的概念那样困难。尽管如此，“教育”这个术语（term）使用起来也难以赋予它一个精确的定义。例如，人们常常这样说：“与邻居一起外出旅行是一种真正的教育”。这种用法显然不符合教育标准，因为教育是我们有意识地为自己和或为他人设计的某个东西，然而，这并不意味着绝不存在大多数主要用法共享的一种“教育”标准。它只是表明，一种自然语言中的术语形成了它们自己的生命力，从概念主干上发出新芽，长成参天新枝。但是，这并不意味着要舍弃标准。相反地，它在引领我们区分术语的主要和次要的用法。重要的是我们应当认识不同用法之间的差别及其相似性。从苏格

1　维特根斯坦：《哲学研究》（*Philosophical Investigaions*, Oxford, Blackwell, 1953），第 32 页。

拉底开始的对标准进行系统的阐释，是一种旨在弄清楚使概念产生联系的东西是什么的尝试。它类似一个民族习俗的指南而不是其法律的界定。

另一个广为流传的也引起维特根斯坦注意的错误是一种假定，认为所有词汇都具有与所指对象相联系的名称模式（model of names）的意义。这就导致了另一种假定，如柏拉图形式理论（theory of Forms）所假定的，以抽象的对象或本质来阐释抽象的例如“正义”这样的术语，也可能会以抽象的对象或本质来阐释诸如“心智”（mind）和“直觉”等神秘的内在的本质和过程。维特根斯坦并不希望否认人们在思考问题时对某件事情有直觉。他只是认为，在这个特别过程中，并非**必定**（must）发生什么事情，而且，这种特别过程的参照物是赋予所论及问题中的概念以意义的关键。例如，“直觉”这个术语让人注意的不是其特别的内在过程，而是让人注意到人们发表的一种公开声明，说他们“凭借直觉”了解了事物或者凭借直觉了解了他人的动机。虽然，他们宣布确信自己所说的或所想到的东西，但是却提供不出任何让人信服的理由。

许多人可能声称，维特根斯坦在应用这个论点分析特殊的心理术语（mentalistic terms）时犯了一个错误，但是很少有人会否认，他的一般论点尽管不是原创性的却也是有益的。并非所有术语都可以通过与所指的特定对象相联系而获得名称模式的意义。可以肯定的是，“教育”就是这样一种术语。“教育”术语不像“园艺”，后者指的是一种特殊类型的活动。如果教育发生了，那么一定有某种东西在人的身体中起着作用而使人表现为受过教育的人。因为教育是与学习相联系的，而不是与神秘的成熟相联系。但是，教育绝不需要特定类型的活动。一个人可以独自在封闭的环境中学习，或者可以通过小组连续的活动学习。他可以由一个导师单独训练，也可以通过500人的讲座学习。在这一方面，“教育”特别像“改造”（reform），它绝不特指某种特殊活动或过程。然而，它有一定的标准，即相关活动或过程必须与其保持一致。

第二节 “教育”的规范特性

规范特性是“教育”与“改造”具有相似性的另一方面。这两个概念都有一个内在标准，即应当获得某种有价值的东西。“教育”与“改造”一样，并不意味一定能够将一个堕入卑鄙状态的人拉回来，但是，如果沿着一个略微不同的维度去思考的话，它的确有规范性的含义。它的含义是，某个有价值的东西正在被或者已经被有目的地用一种符合道德要求的方式传递。说一个人受到了教育但一点也没有变好，或者说，一个人在教育儿子的时候不试图追求有价值的东西，从逻辑上看，可能存在着矛盾，但这是一个纯粹的概念特征。“教育”和什么是有价值的之间的联系并不意味着特殊的承诺。更深一层次的问题是，人们凭借什么特殊标准来评价活动有无价值，或者，依据什么理由声称相关活动是正确的，隐含在内的一切是对被认为有价值东西的一种承诺。[1] 当我们认为一项有价值的工作正在被弄糟时，我们会以“蹩脚的”教育（“poor”education）来评价它，或者，当我们认为从事这项工作的大部分人所做的事情毫无价值，我们也会认为它是“坏的”教育（“bad”education）。尽管我们要面对一个需要慎重对待的问题，即我们凭什么来确定什么是坏的教育，甚至说它根本就不是教育。当然，也有一个中性的用法。社会学家和人类学家在谈及教育制度或社会道德准则时可能并不意味着他认可这种制度或准则。但是，在这种情形下，其隐含的意思是，在这些人看来，这种制度或准则是合乎需要的。社会科学家总只是描述其他人认为有价值的东西。但是如果他继续说，他并不认为一个社会的教育制度有任何教育价值，他实际上在传递自己的一个判断，暗示他认为的有价值的东西。

一、“教育”的任务——成就分析

这里隐含的意思是，正在传递或提倡某个有价值的东西使“教育”成为赖尔描述的一种特别词汇——“成就词汇”（achievement words）[2]。赖尔对“任务”（task）与成就两个词做了区分。“搜寻”（hunting）意味着一项任务，“找到”（finding）意味着成就。他的主要观点是，像“找到”和“获胜”（winning）这样的词汇，以及诸如“结论”（concluding）和“听到”（hearing）等认识论类

1　有关正当性的问题，参见本书第二部分。

2　赖尔：《心智的概念》（*The Concept of Mind*），伦敦，哈钦森，1949 年，第 149—153 页。

词汇，除了表达“看”（looking）、“跑”（running）、“推论”（reasoning）和“倾听”（listening）意思之外，并不特指一些活动和过程。相反，它们是在表示所谈及的任务获得了成功。但是，它并不意味着这种结果必定是有价值的，或者说，这种任务从道德上看是令人愉快的。听到什么或发现什么不一定是合乎需要的。然而，就“教育”而论，应当含有合乎需要的意思。教育某个人不仅仅意味着某种成就，而且也意味着这个成就是有价值的。同时，它也意味着，做这种事情的方式不应当是令人不愉快的。根据这个和其他的依据，条件反射（conditioning）可能会被排除在教育过程之外。[1]

在“教育”与赖尔的成就词汇之间还存在其他差别。“教育”包含一系列任务和成就，也被用来表示尝试和获得成功。正如谢弗勒所指出的，“教学”也有类似的双重性。[2]教育实践活动包括人们试图传递有价值东西的实践活动和确实获得成功的实践活动。成功的标志在于获得普遍的效果，例如获得适切感、精确性和专注力，也可以在于获得特别的效果，例如获得勇敢、敏感性和风格感。

“教育”与成就词汇之间还有一点不同。前文已经说过，即使“教育”将一些活动排除在外，它也并非特指某类特殊活动，[3]这一点后面还会论述。同样，心智的种种成就或有价值的状态是标以有价值旗号的。赖尔的大部分成就词汇是指与“任务”相关联的心智特别状态和

1 见本章第四节。

2 参见谢弗勒（Scheffler, I.）：《教育的语言》（*The Language of Education*），斯普林菲尔德，伊利诺斯，托马斯，1960年，第38—44页。

3 见本章第四节。

特别活动，这些可以在教育中传递的有价值的心智状态，导致了围绕其“目的”的许多争论。

二、教育的目的

我在其他著作中论述过，[1]导致“教育目的”（aims of education）解释混乱的主要原因在于人们用外在的目的来使“教育”概念的规范性特征抽象化。假定“教育”的意思在于用正常的不会令人不愉快的方式且有意识地使心智呈现合乎需要的状态，那就很容易把教育看成一个中性过程，对将外在目的视为有价值的东西而言，它就是工具。正如为了节省开支自己栽培家庭花园的花草一样，所以，孩子必须受到教育，这样既可以使孩子获得工作，也可以使整个社会的生产率得以提高。

但是，这样说话的方式不够恰当，因为当我们心智中有了这种外在目的时，我们一般规范地使用“训练”（train）这个词。[2]然而，如果我们要详细说明适当的“目的”，例如个人潜力的发展或者智力和品格的发展，按照我们对教育的理解，其“目的”则是内在的，因为，如果一个人的智力和品格没有获得发展，我们不会称之为“受过教育的”人。正如改革的目的在于激发个人的责任感一样。这就将实质性内容赋予了我们理解的使人变得更好的理念，所谓使人变得更好即意

1　参见彼得斯（Peters, R.S.），作为引导的教育（*Education as Initiation*），伦敦，埃文斯·布罗斯，1963 年。

2　参见本章第三节第三目。

味着改造他，这也正如智力和品格的发展决定了什么是有价值的理念一样，发展一个人的智力和品格即意味教育他。如果始于诸如此类的“目的”争论——例如，责任感是否比尊重人更为重要，或者，智力发展是否比品格发展更为重要——那它们不是在争论改造或教育的外在目的是什么，相反，它们是在争论受过改造的或受过教育的人的最重要的特征是什么。这样的目的标识心智的特别成就和状态，赋予“受过教育的人”的规范理念以内容。

另一个得出相同论点的方法是分析“目的”这个概念。在像“射击”和“投掷”等受到局限的活动中，“目的”这个术语有其自然的归属。“瞄准”（aiming）与集中注意力必须和射中或刺穿靶子的活动有关。其内在的“目标”与这一特定性质的说明相一致。当“目的”术语被更多地用于象征意义的时候，集中在一种活动方面的注意力也有同样的表现。奇怪的是，“意图”和“动机”等词汇被人们用来暗示受到争论的活动的目的。当我们想了解一个人为什么做一件事情时，我们可以合情合理地问他，建一栋新房子的意图是什么，或者，去看望一个生病的朋友的动机是什么。但是，如果我们不想因暗示的微妙性而苦恼，故直接询问这些活动的目的是什么，那就显得奇怪了。询问目的等于在要求对一个行动或活动做更为精确的说明。只有当人们似乎对所做事情的意图不甚清楚时，或者当他们在起草竞选活动的计划时，而且必须缜密地构思他们打算做的事情时，我们才会问他们的目的是什么。询问一个人的目的是一种方法，旨在让他集中注意力或者明白他打算要做的事情。“目的”也含有这样的意思，即我们在尝试获得我们可能得不到的东西，因为完成这一任务存在着困难。“靶子”是我们必须集中注意力注视的东西，如果我们想射中它的话。因此，如果我们以此作比喻，谈论我们做事的目的是什么时，我们也在暗示射不中靶子或失败的可能性。如果我们这样问人“你做这件事的目的是什么”，而不是问“你打算做什么？”，这是一个古怪的口语用法，既暗示对方需要集中注意力又暗示失败的可能性。

因此，显然这就是为什么“目的”这一术语如此频繁地在教育中使用。因为“教育”是一个领域，在其中，人们认真地从事着活动，但是，他们并不清楚自己试图获得什么，而且在这个领域，获得真正的成就并非易事。因此，询问教育目的是什么是一种方法，可以让人们清楚地了解并聚精会神地关注什么是值得获得的东西。而不是像教育家们那样，询问可以解释教育活动的外在目的的产品是什么。目的有高低层次之分。一个教师可以在他的教学笔记本上注明他的教学目的是在练习六之后开始上新课，或者说，他的目的旨在让学生能够说一点儿拉丁语，或者了解古罗马的什么事情。或者，他也可以说，他的目的旨在通过处理困难的即席翻译来训练他们的品格。但是，无论他说的目的是什么，他实际上是想通过单元化的活动来让他的活动更加有条理和更加紧凑。他这样做不是为了解释他在做什么，而是为了对他所做事情进行比较精确的详细说明。

询问外在目的的自然方式是问一个人做某件事情的意图是什么或者动机可能是什么。如果用来问教育目的，这些问题便显得奇怪了，因为“教育”隐含着传递的东西具有最大的价值之意，提这个问题有点像在询问美好生活的目的是什么一样。但是，询问以教育名义进行活动的目的是什么则是合情合理的。因为，像科学和木工手艺等事物既可以依据它们自己的内在价值进行操作和传递，也可以因为它们对诸如生产率、住房和健康等外在目的的贡献来操作和传递。但是，就它们被视作某个人教育的一部分而言，它们是被认为具有实际价值的，因此，它们被视作教育的一部分也就合乎情理，且为人们接受。教育目的混乱的原因在于，当一些活动可以被而且通常被视作具有教育价值时，人们对教育本身的说明就是适当的。

当然，掌握了“教育目的”概念特征的人能够十分合乎情理地回答：“那么，我就会反对接受教育了，我们没有时间做这些奢侈的事情。我们必须为人们提供合适的工作，训练足够数量的科学家和技术人员以满足经济发展的需要。”这是一个值得争议的立场[1]——只要它不戴上假面具，将其作为教育目的的一个观点。对于它，倡导训练说的人可能会这样回答，“教育”这个词使用的标准不是固定的，因为这个词常常是在有限的背景下使用的，在其中，更多的是缺乏创见的训练，例如职业训练。对于这种回答有两点需要说明。第一，没有理由认为职业教育为什么不应当是“教育”，对这一点，我在本章后面会详细论述。但是，使用“教育”这个词暗示的是它不同于训练的特征，而不是仅仅为人们提供必要的工作技能。有一本书名为《教育

1 在某种特定的受到局限的背景下，这是值得争议的，但很难一概而论，说在所有背景下都值得争议。因为，假定经济发展被认为是合乎需要的生活方式的基础，那么，怎么解释这一问题呢？

我们的统治者》（*Educating Our Rulers*）的著作，暗示的东西要远远超出纯粹的职业训练。一般情况下，我们不说把人教育成为统治者、士兵和经济学家，而是说训练他们成为统治者、士兵和经济学家。但是，训练也可以用含有教育价值的方式进行。第二，即使这个词经常是用这样一种有限的方式使用的，我们会需要另一个词或迂回说法来区分以实现有限的外在目标为任务的训练人和教育人之间的差异。教育人的概念不同于单纯的训练人，其差别反映在提出这个不同的概念的人所使用的词汇中。事实是，许多人并没有教育人这个概念，或者，他们虽然也使用，但含义宽泛，其概念不含有我想引起人们注意的那个特征。

第三节　“教育”的认知特性

迄今为止，“教育”的内涵，特别是与其成就相关联的内涵，受到的关注集中在道德要求方面。第四节将会思考道德及任务概念的要求等问题。但是，在分析教育过程需要满足什么标准才能将其作为任务归类“教育”概念之前，还需要先谈谈“受过教育的人”概念的规范性要求。作为成就，这些要求除了道德要求之外，还与知识与理解有关。

一、知识与理解

我们通常不将掌握技能的人称作“受过教育的人”，哪怕他掌握的技能受到高度的赞赏，例如，制作陶器。因为，作为一个受过教育的人，仅仅知道怎样做（know how）或者说仅仅掌握做事的窍门是不够的。他还必须掌握一批知识，能够从一连串缺乏相互联系的事实中抽象出某种概念系统。这就意味着要理解那些能够将事实组织起来的原理。我们也不会称一个消息灵通人士为受过教育的人。他也必须理解事物的“理由－为什么”（reason-why）。例如，斯巴达人受到过军事和道德训练。他们知道如何作战，也了解什么是正确的以及什么是错误的，他们同时还谙熟一些民间传说，只要待在斯巴达，他们就能应付生活。但是，我们不会说他们受到过军事教育或者道德教育，因为他们从来没有受到鼓励去探究制约其生活规则的原则。

一个受过教育的人应当掌握的知识必须满足更高的要求，对此，怀特海[1]有过许多论述。[2]这种知识不可能是呆滞无活力的，其意思有两个。第一，这种知识必须能够突出其关注事物方式的特征，而不是将其分割开去。可能出现的情况是，一个人知道很多历史知识，但这只表明他可以正确地回答课堂和试卷中提出的问题，而且，这可能一点也不会影响他对身边的建筑和机构的看法。我们可以将他称作“有知识的人”，但是，我们不会说他是一个“受过教育的人”，因为“教育”意味着一个人的观点会因他掌握的知识而有所变化。第二，这种知识不可能是呆滞无活力的，因为苏格拉底和柏拉图早在他们的学说里就以“美德即知识”对这一点作了强调。这种知识一定含有一种承

---

1 怀特海（Whitehead, A.N., 1861—1947），英国数学家、哲学家和新教育思想家。——译者注

2 参见怀特海：《教育目的》（*Aims of Education*），伦敦，麦克米伦出版社，1929 年。

诺，即它来自一种思想和意识形式的内部。一个人不可能真正懂得怎样科学地思考，除非他不仅知道必须为假定找到证据，而且也知道什么可以算作证据，且计较证据能否发现。在思想形式方面，证据应当有说服力、简明，且必须准确。如果不关注相关性、一致性或连贯性，那么，历史和哲学的思想会呈现什么状态？所有种类的思想和意识形式都有其自身的评价标准。了解它们的内涵既是对它们的一种理解，也是对它们的关注。做不到这一点，他们的论述就会不得要领。我认为，对于那些只懂得知识外在形式而不懂得知识内在含义的人，我们不能将其称作“受过教育”的人。

二、认知洞察力

然而，对“受过教育的人”的认知要求的论述迄今依然不够全面。一个人可能是接受过非常高水平训练的科学家，可是，我们仍然拒绝称他为受过教育的人。这不是因为科学中缺乏有价值的东西，科学本身实际上是有价值活动的最重要的例证。这也不是因为这样的人不在意科学的价值，没有掌握科学的基本原理，因为作为科学家有一个前提，即他应当是献身于科学且扎实地掌握了科学基本原理的。那么他到底缺少什么致使我们不愿意称其为“受过教育的”人？可以肯定的是，他缺少的是一种被称为“认知洞察力”的东西。这个人可能对他正在做的事情几乎没有概念。他可能对自己从事的科学工作与许多其他方面的联系，尤其对其工作在相关生活范型中的地位几乎一无所知。对他而言，这是一种认知漂移（cognitive adrift）的活动。

“完整性”在教育领域中常常是受到强调的。在会议上，讨论“教育”时，完整性指的是“全人”（whole man），这种说法听起来是有见识的且意味深长。然而，这种说法一定归属于某类说法，例如“整体大于部分之和”“自由并不意味着人可以随心所欲做事”等。这些说法的正确性取决于所涉及概念之间的联系。“教育在于培养全人”要证明的不是反对过多的专门训练，而是要发现“教育”与所正在做的不是太狭窄的事情之间的概念联系。有时，甚至同义重复也有意义，如“政府的职能在于治理”。所以，“教育在于培养全人”的论据是一个并未得到精确表达的概念性真理（conceptional truth），然而，这不能成为回避如此论述的必要理由。不过，它正好有助于认识这个显见的真理源自何处。当我们谈及将一个人训练成为哲学家、科学家或厨师时，我们希望引起人们注意到的是他们在某一领域获得的技能，不会用“受过教育的哲学家、厨师或者科学家”的短语来形容此人。因为“教育”不能如此地与专门能力捆绑在一起。然而，我们可以进一步提出一个问题，“这样的人是否是受过教育的人？”提出这个问题至少需要探究专业视野的局限性问题。

三、教育与训练

在不太专业化的领域探讨“教育”与“训练”的含义可以进一步证实“教育”和认知洞察力之间存在着概念联系。需要检验的一个假定是，“受过训练的”表明的是在有限技能或思想模式中的能力发展，而“受过教育的”则与信念的更加宽泛的体系相联系。一个具有“受过训练的心智”的人是一个有能力严谨地处理摆在他面前特殊问题的人，而具有“受过教育的心智”的人则能够从不同的方面和维度去认识这些问题。

在心智的不同表现中，“教育”与宽泛信念体系之间的联系的例子是大量的。例如，为什么我们自然而然会更多地谈论培养感情而不是训练感情，而我们则自然而然会更多地谈论训练意志而不是培养意志？可以肯定地说，这是因为不同的感情是由不同的认知核心（cognitive core）决定的，而与认知核心相伴随是不同的信念。“愤怒”和“妒忌”的基本差别只有在弄清楚它们各自的信念才能区分开来。一个妒忌的人一定认为其他人获得了本应当属于自己的东西，但是，一个人只要认为其他人正在使其遭受挫败便会感到愤怒。因此，如果我们期望改变人们的感情态度或反应，那我们的主要任务就在于尽力使人们从不同视角去认识与他们相关的这个世界。如果能改变妒忌者的什么是他有权利获得的概念，或者让他对情境产生不同的解读，那他妒忌的目光一定会渐弱。我们讲“教育”，是因为必须做的是涉及人信念的工作。

另一方面，当我们有时讲训练感情时，其含义是不同的。我们头脑里想到的是，这是一个重要的不能被感情左右的情境，或者是一个人应当在适当的场合中表达适当的感情。例如，我们认为，学校教育应当教育人不要向公共场所的灾难屈服，应当在危险和灾难面前表现出勇气。这里没有暗示要通过影响学生信念来改变其评价情境的标准，相反，它暗示的是一种完全标准化了的评价，来评价与相关对象相连系的诸如遗憾、愤怒和恐惧等感情，也不是去感受战胜了他自己的那些强烈感情。“训练”暗示的是，在有限的常规情境下适当的评价标准和反应习惯的获得，它缺乏的是“教育”的宽泛认知含义。换言之，“训练感情”可能与意志力量的发展有关。意志薄弱者知道他想要的东西或者应该要做的事情，但在做事时却因感情的缘故走偏了方向或者转移了目标。这就是为什么我们说“训练意志”而不说“教育意志”的原因，因为“意志”意味着在面对诱惑或使人分心的事物时坚定地坚持一些原则、意图和计划。在操作层面说，它受意图所制约，是意图的强化，而不是产生替代性意图的源泉。当然，需要（wants）是能够通过教育培养的（educated），因为在描述所需要的东西时可以从信念的不同维度进行。但是，意志是一种执行，它必须接受训练才能获得坚持一项计划、一个原则或一种意图的较令人乏味的功能。按照柏拉图所说，意志是灵魂的卫士，它的功能在于确保由理智决定的意图和原则得到落实。就需要和意图而言，人是可以受到教育的，因为，这些取决于他们如何看待这个世界。但是，就人的寄生于意图之上的意志而言，人只能受到训练。

在道德领域，我们自然而然地会谈论“性格训练”（training of character）。这是因为：一方面，当我们说一个人“有性格时”[1]，我们想到的是这个人与坚持原则有关的诸如坚持、廉洁、正直等特点，它多多少少与意志力量相等；另一方面，当我们说一个人的“性格”

1　参见彼得斯，道德教育与性格心理学（Moral Education and the Psychology of Character），载于《哲学》（*Philosophy*），1962 年 1 月。

或性格特征时，我们谈论的“性格”可能具有更宽泛的意义。这样，“性格训练”则暗示着为确保与一种准则相一致的反应的可靠性而付出的努力。这本质上是一种受到相当限制的操作。它并不暗示让受训者了解“为什么如此”的意思。另一方面，当我们谈到“道德教育”时，我们立即面对的是如何解决人的信念问题，我们会思考与这些信念相联系的事实及如何证明其正当性的问题。我们可以把这一观点讲得更加清晰一点。例如，“性教育”在于指导青少年了解身体的机能、人际关系和社会习俗，而“性训练”在于传授各种做爱技能。“身体训练”暗示的是，通过训练使身体获得带有狭隘目的的适应性；而体育则暗示，养成身体的适应性以作为平衡的生活方式的必要基础。

这些例子说明了一个基本观点，即当需要经过操练才能获得与特定目的相关的一种技能或能力时，或者，当需要获得某种特定思想模式或实践活动的原理时，用“训练”这个概念是适当的。如果说一个人“受过训练”，询问“做什么？”（To do what）、“为什么做？”（For what）、“像什么一样？”（As what）和“用什么方法做？”（In What）等问题是恰当的，因为不可能用通用方式对一个人进行训练。在技能领域，训练有其自然的家园，在其中必须做事，或者必须操作。当然，当我们说到“受过训练的哲学家”“受过训练的观察家”或“受过训练的大脑”时，训练的意思则拓展了。但是，即便是在这种意义下使用训练这个概念，概念表达的意思是，所谈及的人可以胜任某种日常工作，或者能够进行限定的活动，或者可以进行某种操作，或者用特定的方法娴熟地解决一个问题。然而，谈到“教育”，情况就完全不同了，因为，一个仅仅关注特定目的、功能和思想方法的人绝不会被称作“受过教育的”人。士兵、历史学家和厨师可能是受过教育的人，但是，人不是为了打仗才受教育的，不是按照历史学家来教育的，也不是在烹饪中接受教育的。我们说“教育在于培养全人”，至少否定的是专属某个人从事专门化技术工作的能力或思想模式。

第四节　教育过程的标准

人们一直认为，“教育”是指有意识地传递有价值的东西。提出教育“目的”的问题是想澄清和引起人们注意到这项事业中有价值的东西是什么。但是，引导其他人了解什么是有价值的东西有许多不同的方式。传统的假定是，教师在这些事务方面是权威，教师的工作是将有价值的东西铭刻在学生头脑和心灵深处。这样一来，教师就会倾向通过包括体罚措施在内的许多强制性手段来实现其目的。教育传递曾经被习惯地描述成用受到抵制的材料铸模或者用有价值的东西填满学生的心智结构。

建立在以道德和心理学基础上的“儿童中心”论对这种教育概念是持反对态度的。[1]从道德方面说，这场运动强调的可以被称作一种过程原理（procedural principles）观点对教育内容造成了伤害，因为它

1　关于“传统的”和“儿童中心的”教育的对照，可进一步参考阿尔尚博（Archambault, R. D.）编的《哲学分析和教育》〔（*Philosophical Analysis and Education*）（伦敦，基根·保罗，1965 年）〕一书中佩里（Perry, L. R）和彼得斯撰写的文章及克雷明（Cremin L.）的著作《学校教育的变革》（*The Transformation of School*），纽约，1961 年。

关注的是教育方式而非教育内容。它要求教师尊重儿童和尽可能地不干涉儿童，同时，要求教师从心理学角度理解学生的兴趣、需要和发展的阶段。这就需要提供一个社会环境，学生在其中可以通过经验来学习，学会自己做选择，自己“生长”（grow）和发展自己的自然爱好。

当今，很少有民主主义者会再去争论这场运动提出的自由和尊重人原则是否是可取的道德观，可是，证明这些原则的正当性是一件非常困难的事情，教育理论家对这一问题也一直未予关注。[1]然而，坚持这些观点不可能替代对内容的评价，教育内容决定着学生生长的方向和值得培养的兴趣。因此，信奉自由原则的儿童中心论教师会像家长一样存在一个做选择的道德问题，即是允许儿童去追求可能一点也不符合他们自身利益的兴趣，还是让他们去追求符合他们利益的东西。教师习惯地会关心并培养符合学生利益的兴趣。这是教育所含有的意思。对“生长”“自我实现”及如何使课程符合学生兴趣等问题的讨论掩盖了教育的基本规范特性。

毫无疑问，还有更多的正规教育者没有注意到发展的事实和动机的作用，或者说，他们在这方面是无知的。毫无疑问，他们有时对待儿童的态度及对自由原则缺乏尊重。但是，他们至少清晰地认识到，就教育内容而言，教育者的作用在于传递有价值的东西。他们关注教育问题，但是，他们的方法有时相当刻板，没有给学生思考和感知的机会。另一方面，儿童中心论的生长、自我实现和个人潜力发展等概

1 参见本书第二部分。

念掩盖了教育的问题，但是，由于它既让人们注意到儿童期的事实和学习环境，又让人们注意到对待儿童和促进儿童发展的原则，从而使教育方式发生了剧烈的变革。

“儿童中心论”的信徒常常将“教育”概念与“educere”——“引出”（lead out）相联系，而不是与“educare”——“培养”（bring up）或“抚养”（rear）相联系，因此，他们的教育概念关注的是内部的发展而不是来自外部强加的东西。正是这样，史蒂文森称作的“教育”的“规劝性定义”（persuasive definition）才能够问世，[1] 他的这个界定突出了术语内涵的一个令人赞赏的功能（例如“民主”），与受到青睐的政策相一致。在这种情景下，人们形成了一种观念，凡未贯彻“引出”过程原则的任何活动都不能称作“教育”。

第二节第二目已经提出了一个论点，即人们不可能依据定义或概念分析来推断道德政策，即便这些定义或概念分析与日常的用法十分接近。当它们如同这一情况一样，依据的是模糊不定的词源学，所表达的与日常用法十分接近，则更不能赞成把它们作为一种证明原因的方法。但是，仍然存在的问题是，在这种概念转换（conceptual shift）之背后是否存在着一种基本原理。这可能有争论，在我看来，可能会引起争议的观点是，“教育”的概念如果处理笨拙，可能会与“引出”相关联的道德原则相悖。人们希望的是，这种概念转换的内在机制（inner working）会变得清晰起来。

1 参见史蒂文森（Stevenson, C. L.）：伦理学与语言（*Ethics and Language*），纽黑文，耶鲁大学出版社，1944 年，第四章。

前文已经论述过，“教育”并不专指某种特殊过程；它暗含过程必须满足的标准。其中一个标准是，这些过程中必须含有某种有价值的东西。另一个标准内含理解和认知洞察力，问题在于是否还有另外必须满足的强调教育任务而非强调教育成就的标准。生长理论家认为，“教育”必须含有“引出”的过程。这个论点似乎有些道理，因为我们肯定不能称洗脑或条件反射为“教育”。而且正如在第三节第一目中所表明的，有的人仅仅了解一些文化活动但从不关心这些文化活动与其内在标准是否一致，对于这样的人，我们肯定不会称其为“受过教育的”人。这的确在表明，教育的本质在于使人们为他们自己理解和获得有价值的东西，而且，一旦为人们掌握就会得到人们的喜爱。因此，一些理念，例如“引出”“兴趣”“通过经验学习”（learning by experience）就显得特别的恰切；同样，在教师方面，遵守诸如不干涉和尊重人的原则，也显得同样恰切。另一方面，一些学校通过严格要求最终培养出一批有教养的具有同情心的绅士，如果把这种教育排除在“教育”之外，那也会显得过于武断了。

为了使这些概念的本质更加清晰，我们必须回过头去再看看第二节中有关“教育”作为任务词汇与“教育”作为成就词汇之间的差异。作为成就词汇，教育当然暗示，一个人会在意有价值的活动并对之深感兴趣，希望知道并掌握这些事物。我们不会将一个从不关心真理且仅将科学作为促进物质进步手段的人称为“受过教育的”人，尽管他懂得科学，了解科学思想并能从事科学实践活动。尽管成为“受过教育的”人最终也要关心并掌握类似科学的领域，但并不因此就意味着，教育过程必须从一开始就引导他去关注科学，教育过程需要兴趣的支持，鼓励的是自主的活动。换言之，作为成就词汇的“教育”，其含义没有必要理解成作为任务词汇的“教育”。科学家可能从孩提时代开始就被逼着去做他一点儿也不感兴趣的实验，但是由于在严格监督下反复地做，最终，他也许会对做科学实验产生兴趣。这时，无论被迫与否，他都会继续做下去。不管怎样，有关迫使男孩做他们在起始阶段毫不感兴趣的事情而又不试图去损害他们的实际利益是否是一种有效方法，属于一个经验问题。事实表明，许多教育机构一直在践行这种方法，而且培养出受过教育的富有献身精神的人。也许人们会认为这是偶然发生的，而不是所使用的教学方法的缘故。但是，这是一个经验的问题，如果缺乏证据就断言会显得十分草率。无论它有道理与否，将这种动机条件作为任务词汇植入“教育”的内涵是无效的。

还有一个相关的概念,它倾向于强调“教育”与“引出”之间的联系。迄今为止，人们谈到教育任务时相当轻松，然而却不清楚谈论的任务是谁的任务——是教师的任务还是学习者的任务？显然，两者都通常包括在内。但是，重要的是需要意识到，除非我们清楚学习者任务的理念，否则，我们就不可能说出教师任务的特征。因为，对于“学习”的特征，即便我们不了解“教学”的理念也能说出个一二，但不了解学习的理念我们就无法说出教学的特征。教师的任务在于运用各种方法使学习过程得以进行。反过来说，学习过程的特征如果没有最终成就作参照就无法描绘出，因为，学习某个东西是要达到某种标准的，是要在某一方面获得成功的。所以成就必须是学习者最终获得的东西。换言之，教师的成功只能用学习者的成功来证明。假定这是一个逻辑真理，它蕴含的意思是，所有的教育都是自我教育。它也解释了诱惑人们认为教育过程必须是一个“引出”过程的原因，因为，教育最终是唯有个人自己才能获得的某种东西。他必须完成某项任务或一系列任务，而且最后能为自己获得某种程度的成功。但是，这种联系不能用来解释另一种需要，即需要在学习的初始阶段就必须引导学习者去做他最终才能获得成功的任务。实际上，天才教育家恰恰是那些能够使儿童从事在初始阶段不含有特别要求的活动的人。

如果教师将自己局限于教学，那么，那种合并教育成就与任务的诱惑也许就合乎常规的了。引用谢弗勒的话：“我们可以说，在常规状态下，每一种文化都会使其新成员的行为符合它的规范，而且无论这些规范多么特别，每一种文化都有自己的机构在致力于这种工作。但是，并不是所有使人的行为符合规范的方法都是教学……确定的是，教学可以通过各种方法进行，依据‘教学’这一术语的标准来看，一些让人们做事的方法是排除在外的。”按照标准，教学至少有几个特点，教师需要致力于理解学生并独立地评判学生，需要有理性，需要有辨别相关解释是否适当的能力。教给某人这个那个不仅仅在于要使他相信它，例如，骗术能够使人相信，但它不是教学的方法或模式，教学有更深远的含义。如果我们试图让学生相信这个那个是如此的，我们也需要让他在其能力范围内理解我们的理由，这样，用这种方法进行教学就要求我们向学生讲明我们的理由，而且让学生自己去评价和批判。

“教某人，不是告诉某人这个那个，而是教他怎样做某事，正常情况下，包括教他怎么做（通过描述或示范），而不是仅仅设置一个环境，让他在实际环境中学习怎样做。将一个儿童扔进河里，就其本身而言，并不是教他学习游泳；将一个人的女儿送进舞蹈学校，就其本身而言，并不是教她学习舞蹈。甚至教某人去做某事（而不是教他怎样做它），也并不只是试图让他做某事；这也是在某个阶段给他一个机会，我们的理由和意图在于让他做事。这样，按照这一术语的标准用法，教在于承认学生的‘理由’，即承认学生对理性和理性判断的需要，即便这种需要在教学的不同阶段不全都是合适的。”[1]

对教师而言，这就凸显了教学与给出理由之间的联系。对学习者而言，这凸显了教学与所期望的活动之间的联系。教学是一项复杂的活动，它与指导（instructing）和训练等过程混合在一起，主旨在于使学生不仅获得知识、技能和行为方式，而且也要求他们能够理解和评价它们背后的基本原理（rationale）。因此，它特别关注的是采取适当的方法促进知识的进展和对蕴含在第二种“教育”标准中的原则的理解。可是，教学不是教育的同义词，这一点本章开头已做过清楚的论述。首先，教学是一种活动，只不过是一种复杂的活动。使受教育（educating）不是一种活动，“使受教育”暗示着，诸如教学、训练或指导等其他活动需要满足某种标准，它并不指任何独特的活动。在

1 谢弗勒：《教育的语言》，第 57—58 页。

用法上，两者有相似之处，不过，当使用教育一词时，强调的主要是成就，但是，从道德方面看，教师的成就可能是不确定的或者是有害的，而教育者的成就不能如此。一个教师可以进行占星术或伪造术的教学，但他肯定不会被视作在教育人。当今社会，实际上也很少有这样的“道德共同体”将占星术或伪造术视作教育的内容。他可能全神贯注教授数学而排斥其他学科。他可能也会因此不被称作教育者，因为在他的教学中，师生没有表现出他们的认知洞察力。换言之，教学可能被排除在教育之外，因为它没有满足这两种教育标准，对此，前文已有明确的表述。尽管如此，如果那些被称作教师的人除了教学之外什么都没有做的话，就其活动类型来看，他将教育成就与任务合并的意图可能情有可原。因为，教学包括讨论和解释，作为教学方法，它们可以培养学习者讨论和解释的能力。如果没有学习者的积极合作，这些方法就无法操作。

可是，教师并非总是进行教学。有时候，他们虽然在从事作为教学组成部分的活动，但是却完全没有打算培养理性的理解，使用的方法也没有鼓励或展示理性的理解；有的时候，他们只是在指导，像独裁主义者表述内心观念一样；有的时候，他们的活动更加接近于训练，旨在让学生做一些无需解释原因的操作；有的时候，他们将学生置于一种情境中，期望学生“通过经验学习”而无需教师任何清晰的传授。如果带有明确的意图，而且在教的过程中伴有适当的鼓励和解释，这些都可能成为教学的组成部分。但是，它们能够孤立地进行，也可能被视作教育过程，即便它们不是特定教学活动的一部分。实际上，有了儿童，这些活动有时可能被视作教学必要的预备活动。

那么，这种情况是否在说，只要最终结果在于培养受过教育的人，作为任务词汇的“教育”就必须含有师生间的相互作用吗？前文已经提及，条件反射和洗脑很少被视作教育手段。为什么它们会被排除在教育之外，而含有指令和单纯指导意思的手段却没有？当然有其原因，一种出自道德考虑的反对意见认为它们缺乏对人的尊重。但是，这种道德反对意见明显地是以过程的本质为依据的。可以肯定，问题在于，如果男孩们被指令做某事，或者被看成一个被动的储存器，他们就会获得一种重要的感受，知道他们在做什么，懂得人们对他们的期待是什么。他们会被一种有意义的方式引导进入活动。他们会做出一系列反应而不需要开动脑筋。在严格意义上说，一个儿童可能因条件反射去规避一条狗或者通过催眠术暗示被诱导去做一些事情。但是，如果他对自己所做的事情毫无意识或者毫不理解，我们就不会将这些活动称作“教育”。“教育”的核心在于要完成的任务，即受教育的个人被引导或诱导去达到某种标准或获得什么。这样，呈现给他的东西是他必须掌握的。“教育”这个概念只能被引申地应用于任务这一限定词，在其中，一般前提条件没有得到满足。[1] 依据这种观点，如果学生被迫像海豹一样重复一系列机械的老套动作而不动脑筋的话，一些训练形式也可能被排除在教育之外。

---

1 情况的确如此，在一种教育情境下，学习者可能“获得”未能明显引起其注意的东西——例如，习性、风格的细微差别和态度。但是，这些东西通常正如它们过去表现出的一样，处于学习者关注的核心事物的边缘。它们是被传授的。参见原著第 60 页（指原著页码。——译者注）。

这个观点有意思的含义是，灌输不能被排除在教育过程之外，而根据同样的理由，条件反射却能够被排除在外。其理由是，无论“灌输”有什么其他含义，[1]它都明显地带有某种与教条相关的属于信念的一种东西。当灌输发生时，这些教条必须用某种不成熟的方法理解和赞同。从另一方面看，条件反射在严格的意义上与信念没有一点关系。它只是一种反应，如流涎和眨眼睛是不会给主体带来任何意义的简单动作。一个无规则的动作是得到积极或消极强化后形成的。如果这种动作成了一个行动的组成部分，就其给主观意识带来愉快或不愉快的情绪而言，它只是用类推的方法应用条件反射概念。依据其他理由，“灌输”也可能被排除在教育过程之外。因为作为一个教育过程，这一点也许会有争议，它缺乏对学习者的尊重。或者，它可能引起的争议是，灌输的意图在于产生一种由相关成就构成的心智状态，获得这种心智状态的人要么没有掌握支撑其信念的基本原理，要么构筑的是一种不鼓励批判和评价其信念的基础（例如，求助于权威）。然而，这种反对灌输的意见受到的是前两种教育标准的影响，而不是受到有意和蓄意将条件反射排除在外的最低标准的影响。

如果某个东西被看作教育过程，那么，它必须含有最低限度的理解。这与正式的指导和指令十分相似，在这方面与灌输也相似，因为采用这种不成熟的方法，儿童的确能够懂得被传授的东西；他们知道

---

1 参见威尔逊（Wilson）、约翰（John）和黑尔（Hare, R.M.）在霍林斯（Hollins T.H.B.）编的《教育的目的：哲学方法》（*Aims in Education: The Philosophic Approach*）一书中撰写的文章，曼彻斯特大学出版社，1964 年。

自己在学习什么或者在做什么，能够达到教师期望他们达到的标准。而且，他们有一种隐隐约约的志愿代理人的感觉，因为他们可以反叛，可以拒绝做期望他们做的事情。实际上，他们也常常这样做。被传递材料所具有的意义和学习者的自愿行为，如果处理得当，会很容易地扩展为因兴趣而充满活力的自治活动的理念，对于“教育”的“引出”概念而言，这是最重要的活动。如果作为成就术语的“教育”的含义能够移植进入作为任务术语的“教育”中，那么那种将“教育”概念中的最不明显的暗示鼓吹为一个与自我指导的程序原则相关的做法倒是值得鼓励的。

但从历史的事实来看，情况并非如此。生长理论家审思了“教育”的概念，错误地将概念中最不明显的暗示鼓吹成一个过程原则。很可能是他们依据良心铸造了这个模式，因为从道义上看，他们对教育中缺乏尊重儿童的现象感到愤怒，对教育中缺乏儿童心理学依据感到惊骇。他们道义上的愤怒及不断增强的心理学洞察力化合成为一些过程原则，要求儿童受到尊重，不要强行灌输、不要强制和命令，应当允许儿童通过经验学习，允许儿童自我选择。但是，他们的教育概念是从“教育”概念自身貌似有理的某种最低标准的附加观点派生而来的。

第五节　“教育”与“自由教育”

可以说，这里探讨的“教育”概念与“自由教育”（liberal

education）难分彼此。实际上，有一个很充分的理由说明为什么教育这个概念要与“自由的”（free）这个词的功能联系在一起，假定“自由的”（liberal）依然保留着与这个词根意义之间的联系。如果说，一个人应当自由地去做他想做的事情，或者允许他自由地去做他想做的事情，但这并不意味着他可以做任何其他事情，而是意味着，应当消除阻碍他自由地做他想做事情的限制或障碍。这样，对自由教育的需求可能不是某种特别的教育，而是消除阻碍按通常方式理解教育的那些限制或障碍。这样一来，在教育的3种标准模糊不清的背景下，“自由”的功能会消极地强调其中某一种标准。简要地审视一下“自由教育”需求背后的东西应该能证明这一点。

从传统上看，提出“自由教育”的需求旨在反对将所教授的东西为某些外在目的服务，如生产一些商品，谋求一份工作，或者为某一职业输送人力等。换言之，它的诉求是教育而不是职业训练或者是为了某种功利性意图而进行的手与脑的训练。正如第二节所论述的，科学或木工手艺如果被视作某个人的“教育”的一部分，那么，它们会被认为具有内在价值，尽管它们实际上是为外在目的服务的。在这种语境下，“自由”一词的功能因此强调的是教育，反对将课程局限于被认为是与外在目的相关的内容。这对教学方式及大纲的内容影响极大。例如，假定在教师训练中，心理学的教学完全出于职业目的，这样，与教师任务相关的各种经验性研究成果会被收集起来，例如，有关学习、记忆、动机、智力和课堂氛围的研究成果等。受训者会被鼓励尽可能吸收消化他所获得的与其实际教学技能相关的材料。另一方面，如果心理学被视作教师的“自由教育”的一部分，那么，他就可能被引领去做与教师任务相关的调查研究，但是，他受到的鼓励是深入进行心理学研究，从这种科学思想形式的内部理解该学科的功用。他会被这种探究形式的内在价值吸引，进而产生浓厚兴趣。

然而，对“自由的”还有一种解释，它与第三节中谈论的认知洞察力更加接近。这就是，无论怎样自由地解释教育，按照“自由的”第一含义，教育是不能局限于专家训练的。这是指心智局限于或者被限制于一种思想模式。例如，如果对其他学科观察世界的方法缺乏深入的理解，例如说，对历史的方法和美学的方法缺乏深入的理解，绝不会有真正的科学家问世。在任何情况下，这相当于“受过教育的”人的概念，强调科学家也应当是严谨地探究其他思想模式的人。这里提出的观点是，一个“受过教育”的人能够在一个领域（例如在科学领域）受到训练，而且他又通晓观察世界的其他方法，如果这样，他便能了解自己工作的历史的、社会的意义或者美学的价值等。然而，一些现代“自由教育”倡导者[1]设想，每个人至少应当在某种程度上受到其他思维方式的训练。这是一种非常强烈的要求。然而，这显然从认知洞察力标准的含义派生而来的，强调了教育的本质。

第三，那些宣扬教育是“自由”的人常常是在抗议反自由的思

1 例如，参见阿尔尚博（Archanbault, R. D.）编的《哲学分析和教育》一书中由赫斯特（Hirst, P.H.）撰写的文章“自由教育与知识的本质”（Liberal Education and the Nature of Knowledge）。

想倾向，反对强行将人们的信念限制在狭窄的或教条主义的框架中，强调与我提出的第三种标准延伸出的自由（liberty）相联系的过程原则。

讨论“自由教育”，重要的是澄清所使用的“自由教育”概念的含义，尽管已有许多种界定。例如，经常有一种说法，职业训练应当“自由地”进行。第一，这个意思可能是，在教人们厨艺、木工手艺和“家政”时，教学方法中内含的活动标准常常受到强调，但强调的只是最终产品的消费价值；第二，它的意思或者是，这些实际利益应当是兴趣的中心，人们可能受到鼓励在这些与实际利益相关的更加宽泛的知识领域发展其兴趣。例如，厨艺可能会引起一种对烹饪材料来源的兴趣，从而对地理产生兴趣；修理保险丝会使人对电产生兴趣，从而去了解电；第三，它可能意味着，职业知识传授的方法不应当过于教条，应当鼓励受训者去批判他们被教授的东西。职业训练的所有的方法应当尽可能增加其教育价值。但是，方法和重点需有较大的变化。分析有关认识“自由教育”的不同方法，也许已经表明“自由的”这个概念存在某种模糊性。它也有助于证实“教育”含有的内在标准是本章已经清晰阐明的那些标准，即：

（1）“教育”必须将有价值的东西传递给它的传承者，

（2）“教育”必须包含充满活力的知识、理解和认知洞察力，

（3）“教育”至少要将学习者缺乏意愿和自愿的一些传统传递方法排除在外。

实际上，对“自由教育”的分析有助于对这些基本标准做有效的

精炼总结。它也同时表明了概念分析的必要性和局限性。因为，要想清楚地掌握当前论争背后的根本问题，只有将概念地图描绘出来且揭示内含标准的轮廓，才有可能。但要说明的是，概念分析能够提供的只是对有关问题和制度进行独立、敏锐的分析。概念分析本身并不能决定实际政策的路线。

第二章　作为引导的教育

导　言

至此，我们已经考察了“教育”的3种主要标准，第1种与内容有关，第2种与方式有关，第3种涉及的是认知洞察力。我们没有试图对“教育”进行界定，也没有描述这三种应该受到注意的标准的综合性质（synthetic nature）。然而可以说，迄今为止，人们思考过的教育情境模式已经都被证明是不合适的，因为它们只强调其中的一种标准而将其他标准排除在外。例如，传统“教育观”强调的是“教育”内容和认知洞察力而非教育方式；儿童中心论强调的是与方式有关的问题，而回避有关内容的问题。通过推测需要什么技能来解释教育的观点忽略了教育的认知洞察力。所有这些观点之所以不正确，其原因在于它们采取的是漫画式的描述方法，朝着一个特殊的方向歪曲了概念的特征。但是，它们是有价值的，就像漫画那样突出了某处鲜明的特征。然而，说出能够涵盖所有“教育”标准的一些普通特性应当是可能的，不能在强调其中一个的同时排斥其他。这是一个综合性的概述，而不是界定，因为在这一领域培根早已说过：“定义的难以捉摸性只是好奇心罢了”（subtleties of definitions are but curiosities）。做出这种综合性概述是必要的，它既与前面一章保持了一致，又为后面正当性问题的论述做了铺垫。

第一节　心智的发展

前文已经对作为成就的“教育”和含有若干任务的“教育”之间的区分作了分析。一个受过教育的人是这样一种人：他的心智应该发展到一种状态，即他已掌握并关心所传递的有价值的东西，且能应用某种认知洞察力去审视它们。教育内含的培养“全人”的要求暗含一个人在某一局限的方面受到训练的可能性。换言之，“教育”概念假定的不仅是信念的发展，而且也假定了在具有排他性方面心智具有差异性。那么，怎么去认识心智的这种不同发展呢？

在英国，自英国经验主义者（洛克、伯克利[1]和休谟[2]）时代以来，有一种关于心智的发展观点很有影响力。这个观点认为，个人心智的发展是一个缓慢的过程，因为只有通过个人经验的积淀才能悟出普遍化了的信念。有人认为，细微的感觉数据是从感觉的入口进入的。逐渐地，由复杂观念和期望构成的个人心智开始出现，其中，复杂观念和期望是建立在与感觉质量（sense quality）共存和联合的基础上的。教育者

1　伯克利（Berkeley, G., 1685—1753），爱尔兰主教、哲学家和社会活动家。他与洛克和休谟都是现代经验主义创始人。——译者注

2　休谟（Hume, D., 1711—1776），又译“休姆”，英国哲学家、历史学家和经济学家。——译者注

的作用要么在于提供一个适合个人发展的情境，要么在于主动地干涉，在儿童的心智里种植下与细致表述清楚的教育计划相一致的适当观念。

从一个重要的方面看来，儿童心智发展的这幅相当植物学性质的图画是正确的。它将“意识”（consciousness）挑出来作为心智的标识。希腊人没有真正地对“意识”概念做过清晰的阐释。他们也没有将人当作机器看待，或者说，他们没有注意到人有时会丧失意识，因为，意识活动——特别是推论活动——在他们看来是非常有意义的活动。实际上，柏拉图和亚里士多德曾十分惊奇地将推论活动看作天赐的意识特征。但是，他们没有对各种现象中的共同意识核心作出强调，例如数学推论、意图、痛苦、梦想和感情状态等现象。例如，亚里士多德将目标明确（goal-directedness）视作灵魂的标识。这一点在植物、动物和人类都有体现。和“理性”相关的“心智”的有明确目标的这一标识就被强加在计划和规则之中。

从历史上看，当意识被视作心智的标识时，强调个人经验假定的是，个人主义的发展是一种社会运动；城邦的希腊人生活在公众行为（public feats）和公众事务（public concerns）的公共世界中，在其中，“ἰδιώτης”（白痴）一词被轻蔑地用来特指一个将自己的事情仅仅视作个人事务的人。苏格拉底是一位道德革新者，他强调个人的自我认识，关心个人灵魂。随着马其顿的腓力[1]和亚历山大[2]的征服和自治的

1　腓力（Philip），指腓力二世（Philip Ⅱ，公元前382—前336），马其顿第18位国王，亚历山大大帝之父。——译者注

2　亚历山大（Alexander，公元前356—前323），即亚历山大大帝，生于古马其顿王国，亚历山大帝国的建立者。曾师从古希腊著名学者亚里士多德。——译者注

小型希腊城邦的瓦解，作为世界公民的自立理念取代了曾经大受赞扬的城邦自立理念。要么，他必须自我惩戒，使个人灵魂得以纯洁（斯多葛学派[1]）；要么，终生尽可能避免痛苦过一种平静生活（伊壁鸠鲁学派[2]）。人们对意志和感情的兴趣由此不断增长，且越来越强调个人意识的重要性。这种道德革新在斯多葛学派和伊壁鸠鲁学派的准则中系统化了。

基督教将个人救赎和灵魂纯洁从内心转向了制度化。作为知识的一种源泉，内省和启示展开了角逐。圣奥古斯丁[3]为笛卡尔[4]率先确定的——“我思故我在”理念的产生铺平了道路。与笛卡尔一起，柏拉图学派的灵魂观和知识观由于数学科学的兴起得到了重新的解释，但不同的是，后者强调个人对自己心智状态认识的确定性。“心智”不再简单地与“理性”联系在一起；它是意识的内心世界，在其中，每个人都有自己的个人通道和自己的理性活动。这个观点有点自相矛盾，值得怀疑。英国的经验主义者公开拒绝了笛卡尔关于知识的描述，他们更加准确地阐释了柏拉图的天赋观念。他们认为，知识不是通过理

---

1 斯多葛学派（Stoics），古希腊一个哲学流派。该学派公元前 4 世纪由芝诺（Zeno，约公元前 335—前 263）创立，强调人追求的目的应该是德行而不是快乐，主张顺应自然。——译者注

2 伊壁鸠鲁学派（Epicureans），古希腊一个哲学流派。该学派由希腊哲学家伊壁鸠鲁（Epicuru，公元前 341—前 270）创立，认为快乐与愉悦是唯一内在的善。——译者注

3 圣奥古斯丁（St. Augustine, 354—430），天主教神学家，著有《忏悔录》（*The Confessions*）和《上帝之城》（*The City of God*）。——译者注

4 笛卡尔（Descartes, R., 1596—1650），法国哲学家、数学家和科学家。其名言“我思故我在”（*cogito ergo sum*）影响甚广。——译者注

性活动从心智的幽深之处旋转而出；它是感觉经验在心智中积淀生成的。但是，他们默认了笛卡尔强调的意识是心智标识的观点。

在基本的观点上，笛卡尔和英国经验主义者都是正确的；因为即便是按照亚里士多德提出的目标明确的标准，目的明确的行为及被看作或被设计作为手段的行为，不同于对自身目的毫无意识的行为，诸如植物的生长一样。如果不作这种区分，心智可以归属于机器。对于机器我们了解的一个情况是，机器是没有智能属性的。然而，个人意识中的观念和期望并不是随着个人微小经验的积淀而产生的，这是经验主义的一个典型的误导。正好相反，它们是引导个人进入珍藏在语言、概念、信念和社会规则中的公共传统后的产物。

儿童出生时，其意识并非带有不同的信念、意图和感情。实际情况是，儿童的意识要在好几个月之后，即当他意识到母亲是一个与他完全不同的存在后，才得以发展。他的“心智”也许被一些稀奇古怪的杂乱愿望所主宰，没有特定的目标，缺乏时间和空间框架中的“感觉数据”（sense-data），没有执行或坚持的概念，他感觉不到朦胧的因果关系及手段与目的关系。儿童提出的一连串问题——“这是什么？”“它在哪里？”“什么时候发生的？”“为什么会发生？”——标志着范畴机能（categorical apparatus）在发展。意识模式的分化与心理结构（mental structure）的发展是同步的，因为它们都与公共世界中的客体和关系相联系。儿童开始通过有效的手段要东西，不再因不守规矩和不现实的愿望的困扰而敲打四周，开始害怕那些可能伤害他的东西，因为有了实证经验，他相信情况就是如此。再往后，在他的社会中，他学会了预测，学会表达自己的意图和许诺，还会通过自己发现和理解的规则来指导自己的行为。

在哲学史上，康德因为正确地勾勒了概念和范畴的结构而扬名。在他看来，依靠这一结构，秩序被强行加入变化的经验之中。他将此归属于每个人经验中积极的理性活动。后来在20世纪初，受康德影响很大的心理学家皮亚杰[1]竭尽努力，描绘了概念和范畴发展的阶段。但是，没有哪位思想家思考过，心智发展是将心智引入珍藏在公共语言中的公共传统后的产物。也许，黑格尔[2]和马克思[3]清晰地意识到心智发展的社会维度，因为前者阐释了“客观心理”（objective mind），而后者强调了社会对个人意识的作用。但是由于各种原因，他们有关心智的描述未能在西方思想的经验主义中扎根，也未能纠正对个人经验的过度强调。实际上，他们研究社会现象的集体主义和整体论方法走向了另一个极端，忽略了个人核心经验（centres of experiences）的重要性。

关键在于，作为心智标识的意识以不同的方式与客体相联系。例如，一个人需要某物，一个人害怕某人或某物，或对某人或某物愤怒不已，相信或知道某个东西肯定是那样的。意识的客体是用公共语言

---

1 皮亚杰（Piaget, J.，1896—1980），瑞士心理学家，曾提出“发生认识论”理论，被认为是20世纪发展心理学的先驱者。按照他的理论，儿童思维能力发展分为4个阶段，即感觉运动阶段（0—2岁）、前运算或符号运算阶段（2—7岁）、具体运算阶段（7—12岁）和形式运算阶段（12岁至成年）。——译者注

2 黑格尔（Hegel, G.W.F., 1770—1831），德国哲学家，唯心主义论者。——译者注

3 马克思（Marx, K., 1818—1883），马克思主义创始人。——译者注

标识和区分出的，而且是个人应当被引导进入的公共世界的第一个也是最重要的一个客体。语言学习和发现时空中公共客体世界（a public world of objects）的进程是携手并进的。但是，个人作为在自己独特个人经历中积累的经验的拥有者，所表达的有关这个公共世界的观点是特殊的和不可重复的。正如莱布尼兹[1]所说，每个人都用自己特殊的观点反映着世界。而且，随着他的发展，他对这个公共世界也做出了自己的贡献。如果没有他意识到的这个公共世界，没有这个与其发展相关的且烙有他个人风格和存在范式印记的公共世界，他的意识以及他的个性既不好理解，也无法从遗传学角度予以解释。但是，作为心智标识和伦理学关注的中心问题，个人意识的重要性并未因此有些许降低。

以时空架构（space-time framework）中的客体为对象且注意到因果关系和手段－目的范畴和概念结构的发展，只是心智发展的一个阶段。当掌握了的基本技能打开了丰富遗产的大门时，这些通过科学、历史、数学、宗教和美学意识的表述，同时通过道德的、审慎的和专门的思想和行动形式的表述积累而成的遗产就进一步分化了。对于儿童或者文字产生前的人的心智而言，这些分化是陌生的——实际上，也许对 17 世纪前的人也是陌生的。

这些不同的思想和意识方式中的每一种都具有自己的特征，要么由其内容或“知识体系”（body of knowledge）决定，要么由可以积累、

1　莱布尼茨（Leibniz, G. W., 1646—1716），德国数学家。——译者注

评判和修订其内容的公开程序（public procedures）来决定。每一种都有自己的特定概念家族和自己独特有效的方法。例如，在学习科学时，必须懂得诸如“质量”“力”“速度”和“引力”等概念，还要懂得实验和观察的程序，并通过实验来检验应用某一概念提出的假设。所有这些都必须是公开的。许多人熟悉的只不过是一种思想方式和其中的一部分知识。然而，很少有人自己将这种思想的模式发展到杰出的程度，为这种内容的批判和发展做出自己的贡献。但是，对于所有能进入这种思想形式内部和那些提出这种思想形式的人而言，公共世界的轮廓将会发生某种程度的改变。这种引导儿童进入这些思想和意识模式的过程就是教育过程。

第二节　主观意识的教育内容

前文对“心智”及其发展的概述是简短的和有选择的。其意义显然已足够清楚——它要纠正从经验主义者心智及其发展理论派生出的教育概念，还要清楚阐释教育必须与前三章已经论述的 3 种标准相一致的原因。同样，康德的概念及皮亚杰从康德那里派生而来的理论也有必要予以纠正。相对于古典经验主义的“白板说”（*tabula rasa*）[1]或“空柜说”（empty cabinet）而言，尽管认为通过范畴和概念结构

1　“白板说”（tabula rasa），英国哲学家洛克的一种观点。洛克继承和发展了亚里士多德的蜡块说，认为人出生时的心灵像白纸或白板一样，人的一切观念和知识都是外界事物在白纸或白板上留下的痕迹，最终都源于经验。——译者注

的发展，强调心智活动在经验变化中具有选择性和秩序对经验变化的强制已经是一种很大的改进，但是，如果仍然将心理结构视作天生的，或者简单地将其视作成熟的结果，这种观点仍有很大的缺陷。这种观念未能认识到，心理结构是从珍藏于语言之中的公共传统那里发展而来的，或者是对这种传统的回应。

柏拉图曾经将哲学形容成灵魂与自己的对话。遗憾的是，这条思路没有得到后续的探究。因为那一时期，理念还没有发展到能够认识理性是一个可以为个人所用的智力装置（mental gadget），或者按照休谟所说，还没有认识到理性是“我们灵魂中美妙的和难以理解的本能”。就批判地思考人的信念的哲学意思而言，只有当人们不断地批判，且做到批判与他自己意识的结合，理性能力才能得以发展。内心的对话与外在的对话是不可分离的。同样，只有当一个人生活在那些因为做了被认为是“错误”的事而谴责或羞辱他的人们中间，一个人才会产生内疚感。

对于教育的“铸造”（moulding）和“生长”两种模式所导致的道德和心理学的缺点，第一章已谈及。但是，我们并没有得出一个结论，说这两种模式有共同的缺点，或者将教育者视作孤独的操作者，在做一种在别人看来结果与他人无关的事情。铸造模式主张的是，将一些内容审慎地铭刻在心智上或注入儿童的心智中。根据以斯金纳[1]为代表的现代联想主义的说法，人是经过“塑造”（shaped）才与某种

1　斯金纳（Skinne, B. F., 1904—1990），美国心理学家和行为主义教育理论家，曾在哈佛大学任教。——译者注

令人满意的范式相一致的。儿童－中心模式则强调，应当根据儿童自己发展的规律去鼓励儿童“生长”。这两种模式缺少的是劳伦斯[1]所认为的处于教师和学生之间的一块“圣地”（holy ground）。将“教育”设想为将范式强加于另一个人，或者将教育固定为一个环境，结果导致个人的“生长”既不能公平对待所传递内容共同的客观性，也不能公平地对待用以批判和发展的标准。它忽略了一个重要的事实，即教育的基本任务在于引导其他人进入由一个民族的语言和概念构成的公共世界，在于鼓励其他人共同探究以各种较大差别的意识形式为标识的领域。

当然，在早期阶段，语言起的作用很小。对公共世界的探究始于味觉和触觉。在这个难以名状的世界里存在着几个实实在在的自然客体，例如母亲的乳房，这是所有儿童认识世界的最初范式。但是，被探究的大多数客体是有意图地放置在儿童面前的，在其上面有公共心智（public mind）的烙印。人类世界，即便是如此具体的客体，主要是一种选择性社会行为（social artifice）的世界。文明化的人类社会更是如此。当然，对于儿童的发展来说，玩弄和探究诸如排泄物、水、土和沙子等自然物质完全是有必要的。但是，这种普通客体为数不多，而且，不同的社会赋予这些客体的社会意义不同，儿童获得接触这些客体的机会也不相同。儿童能够接触的大多数客体是社会意图和信念的具体体现。

1 劳伦斯（Larence, D.H., 1885—1930），英国小说家。——译者注

很快，儿童就得使自己适应大量的规则和习俗，为个人生活标出终身发展的渠道。这种社会世界，正如涂尔干[1]所说，是儿童面对的现实（*comme les choses*）。为了生活的舒适，他不得不去理解其内在含义，使自己的心理结构与其结合。为做到这一点，他主要是通过语言学习，因为，一个民族的语言是打开他们所享有的生活形式大门的钥匙。通过语言学习，他们能分辨和创造出对于他们具有独特意义的公共世界。例如，工人阶级由于掌握的词汇和符号结构有限，所以不夸张地说，他们生活在一个不同于专业人士的世界中，后者掌握了大量的各种不同的词汇，他们接受的各种不同思想形式的教育比工人至少多10年。将语言学习视作单纯的工具性事务，或者将其视作为意图、标准、感情和信念服务的工具，那是一个重大错误。因为，语言中含有由语言构成的对浓缩的世界的看法。在语言学习中，儿童受到引导去分享一种其父母和老师邀请他分享的公共遗产。

如果教育中有什么东西只是起着单纯工具性作用的话，那么，只有读与写属于工具性的基本技能。它们为参与提供了机会和可能，但它们本身没有内在含义。所有的东西都取决于读与写的内容。然而，算术是不同的。处理数目及探究它们之间的关系表明开始探究一个特别世界，学习一种新的语言。掌握了基本技能，不同思想模式的发展便有了可能性，公共传统的最重要的意义也更加容易感知。因为在著作和杂志中，不同知识体系得到了安排和积累，其中有着探究和争论、

1　涂尔干（Durkheim, É., 1858—1917），法国社会学家、社会学奠基人之一。——译者注

证据规则和批判标准等方面的主观方法。在早期阶段，教师的主要职能是让学生进入他们所关心的思想和意识形式的内部。在稍后阶段，当学生心智已经吸纳了概念和探究方式之后，教师与学生之间的差别将不复存在。因为他们双方都分享了探究普通世界的经验。教师只是更加熟悉其特征，在发现路径和抄近路方面更有经验。好教师是一个用其服务帮助其他人少走弯路的向导。

近代以来，对主张教育旨在传递知识体系的与铸造模式相关的旧观点进行抨击成为一种时髦。取而代之的是，批判性思维、个人探究和实验法受到了强调。在知识体系被当成“无活力的理念”传递的时代，在漠视起着知识积累、批判和修正作用的公共程序的时代，这种强调是有益的。但是，如果认为只要传递方法无需传递内容，那也同样是荒谬的。批判性思想如果没有具体的批判性内容则毫无意义。有多少学科就会有多少种“批判性思维”。在诸如科学、历史和哲学等各种思维模式中，在掌握问题的特别性质之前需要学习许多东西。一门学科的程序只有在有经验的人的指引下，通过探究已经确立的内容才能掌握。

在这些不同的思想和意识模式中，内容和程序都是主观性质的。一套知识体系是累积而成的遗产，经受过公开的审查和讨论，在其概念系统中蕴含了难以计数的男男女女的观点。批判性程序是一种通过它可以使已经确立的内容得到评价、修正以适应新发现的程序，它假定作为客观标准的公共原则是教师和学习者必须遵循的。在科学或哲学中，这个公共原则便是真理，在道德中，它就是正义，在宗教中，它是指对自然秩序偶然性的敬畏。这些基本原则标画出了劳伦斯所说的“圣地”。

一旦掌握了心智发展的社会维度，同时掌握了不同意识模式的主观特性，教育与引导过程的联系就十分明显了。这是对教育的基本特征最为确当的描述，教育的特性在于有经验的人能够引导其他人的目光向外关注那些基本不受人支配的东西。“引导”，即便它与各种礼仪或仪式相联系，它也暗示着一条通往信念系统的道路，甚至也许是一条通往年轻人未曾了解的神秘事物的道路。人是不会被引导去学习仅仅包含怎么做或做事窍门的事物的。因此，把教育与引导联系起来是与“教育”的第二种标准一致的，因为第二种标准将“教育”与某种深度的理解联系了起来。再者，“引导”突出的是走向成功结果的过程，这与第三种标准相一致。因为，正如“教育”要求受过教育的人通过各种过程达到一种状态，这些过程对有意愿行为和志愿行为是有共同最低要求的。“引导”也如此，它通过各种不同的过程传达了一种思想或意识形式的内在暗示，其中至少包含被引导者的某种意识或某种赞同。没有其他特定的过程可以称作引导或教育。换言之，两者都是非常普通的术语。然而，根据教育的第一种标准，“教育”的要求更为特别，要求应该传递的或者已经传递的东西是有价值的。另一方面，引导掌握的东西可能不是有价值的，例如赌博或诅咒。因此，将“教育”作为引导，必须强调所引导的活动、思维模式或行为应当是有价值的，应当完全与其内在的 3 种标准一致。

第三节 教育与个人发展

有人可能会说，这种对“教育”的描述强调的是教育主观内容，完全没有公平地对待人的要素（personal elements）。这可能意味着，它忽略了学生的差异性，或者说它忽略了教师和学生必然存在的某种个人契约，即教育必须以令人满意的方式推进。教育中人的要素的这两个方面需要分开论述。

认为教育的目的在于发展每个人的潜力，或者在于使每个人能够自我实现，几乎是一种老生常谈的民主思想。这里描述的教育似乎显得和这种目的毫无干系。但是，深刻反省不是要揭露它们之间的矛盾，而是进行适当的审视。当教育系统为了满足国家对更多数量的科学家和技术人员的需要时，或者当个人被无情地按照教条主义范式铸造时，强调个人自我实现是有益的。在这样的环境中，有一种观点强调人的差异性，强调尊重每一个人的独特世界观的伦理原则，以及尊重每个人的抱负、能力及其自己特有的倾向性。但是，当教育家看到诸如贪图安逸者或萨德[1]提及的能力和倾向时，没有谁会同意将这些能力发展到极致。教育家对自我实现的呼吁是对选择原则的呼吁，不过，可供选择的活动或行为方式应当是合乎需要的。由于并不是所有合乎需要

1　萨德（Sade, M. de, 1740—1814），法国作家，著有《美德的厄运》（*Justine, or, The Misfortunes of Virtue*）和《朱莉埃特》（*Juliette*），以性倒错色情描写出名。——译者注

的东西都在每个人选择的范围内，在一些人的心智中，并不是所有合乎需要的活动都是有趣的，甚至难以溅起最微弱的兴趣火花，因此，要呼吁的是，既应当量体裁衣，也要遵循程序原则，允许每个人去实验，除了遵循作为社会成员的行为方式之外，允许选择他们自己的生活方式。

这样一来，个人的自我实现的发展就被限制在那些被认为是合乎需要的，或者至少被认为不是不合乎需要的活动和行为方式的范围内。而且，这些活动和行为形式几乎都具有社会性。它们交织在一起，即便它们以游戏或消遣活动形式出现时，也总是有一套知识体系或者某种“学问”与它们相关联。开展活动既有好的方法也有坏的方法，人得向有经验的人学习。只有在被引导进入由社会组织的某种追求的框架中，个人的“潜力”才能发展。

就引导的途径及就教育目的而论，前文对教育的描述已经对人的差异性做了特别强调。实际上，对传统学习理论非常严厉的批判在于它们过于强调学习者的普通环境而忽略了个人的风格。[1]尽管陈腐的口号——“我们教的是儿童，不是学科”忽略了一个事实即动词“教”（teach）有两个宾格，但是它至少吸引人们注意到个人差异的重要性。在教育的初期阶段，特别是当幼儿的心智受公共传统影响相对小的时候，个人差异性是最为重要的。因此，活动方法就应当十分注意个性特质和不同的生长速度。这种“儿童－中心”的方法同样也适用于智

1　参见里斯曼（Riessman），弗兰克（Frank）：《论风格》（*The Strategy of Style*），载于《师范学院档案》（*Teachers College Record*），1964 年，第 484—489 页。

力迟钝者或困难青少年，如同在婴儿阶段一样。因为，至关重要的差异不是年龄差异，而是认知结构发展的差异，是被引导掌握公共的不同思想方式程度的差异。然而，在教育事业的另一端，在大学，在成人教育的课堂，以及在中等教育的稍后阶段，更多强调的是思想和意识形式中的内在准则而不是引导个人的途径。当然，应当指出，对待不同的人应该采用不同的方法。一些诗歌或问题对一些人有吸引力，另一些诗歌则对另一些人有吸引力。但是，在教育的稍后阶段，假定的是，争论还会继续或者见解会受到尊重，问题的根源受到了忽略，除非过分突出人的特质致使公共事业受阻。这是教育不同于群体治疗（group therapy）的一个方面。

其他强调个性的人也许在心里看重的是个人发明和创造能力。这是教育的另一个合乎需要的方面，必须予以探讨。讨论发明能力是一种空谈，除非一个人是在传统环境中长大的，而这个传统能够让他发现刚刚露头的问题及其解决方法。一些情境之所以被称作困境，是因为它们无法通过确立的传统去论述。如果一个人掌握了一种传统，在面对困境时，他面前便不会有问题存在。同样，谈论创造力也是言不由衷之词，如果儿童没有具有这种能力。怀特海[1]对这一问题的看法非常聪明，他认为，个人必须从浪漫阶段，即从儿童兴趣还很微弱的阶

1　怀特海（Whitehead, A. N., 1861—1947），英国数学家、哲学家和新教育思想家。在《教育目的及其他论文》（*The Aims of Education and Other Essays*, 1932）中，他将儿童心智发展分为三个阶段，即浪漫阶段（romance）、精确阶段（precision）和综合阶段（generalisation）。浪漫阶段包括儿童头 12 年的生活，即从出生到小学毕业这一阶段，精确阶段则指中等教育阶段，综合阶段则指大学教育阶段。——译者注

段开始向精确阶段，即向学科兴趣已经产生的阶段发展，最后向综合阶段，即他们已经能够依靠自身能量前进的阶段。[1] 换言之，他们已经把握了活动的本质，既掌握了确立的内容，也掌握了内容得以发展的程序。现在，他们已经站到了一个新的位置，可以修正活动内容和开展自己的活动，发明或者开辟自己探究的新路径了。但是，只有处于公共传统提供问题的环境和解决问题的方法的背景下，个人的发明才可能问世。

同样，在许多人看来属于教育应当培养的个人性格，代表的却是他自己遵守规则的独特风格。但是，它强调的是，个人化的范式是从公共池塘（public pool）汲取水分的。性格特征是内化了的社会规则，如诚实、守时、说真话和自私等。一个人的性格代表着他自己的成就，代表着他自己坚守规则的方式。但是，他遵守的是自他作为社会人出生以来就一直被引导遵守的规则。

第四节　教育与人际关系

许多人都强调，人际关系在教学过程中具有重要作用。也许可以这样认为，前文明显强调教师和学生都应恪守客观标准。因此，这里有必要对这种强调再作分析。

首先，必须要说的是，无论做什么事情，用一种正常的或不受阻

1　怀特海：《教育目的及其他论文》，伦敦，麦克米伦，1929 年，第二章。

碍的方式建立和维持良好的人际关系几乎可以说是必要的条件。如果爱与被爱的需要不能得到满足，人的信念易于扭曲，会出现行动效率不高或者行动失控的现象，而且，忠诚可靠性亦不复存在。[1] 由于缺乏信任和自信，学生的学习也会受挫。因此，爱与信任的坚实基础，以及不间断的人际关系教育，是从事非常特殊的教育事业的至关重要的基础。如果教师想有效地做好自己的工作，在这一方面，教师自己必须明显地成为一个榜样。护士、心理学家和社会工作者也同样必须如此。教师和学生之间的关系还需要专门予以说明。

关于教育情境的描述，绝大多数围绕的是一个教师对一个学生间的冲突展开的。学校教师发现自己单独处于这种情境的情况几乎很少发生。通常，一个教育情境是一种群体经验的形式。当发展到一定的阶段，当所有人不同程度地深入一种思想和意识形式的内部，这种群体经验是一种与严格准则相一致的共同探究，在其过程中，所有人因共同的热情而齐心合力。友爱的感觉使那些有共同追求的人团结在一起。从事教育事业的教师将会受这种具有感染力的感觉的影响。但是，教师也同时对其班级成员还有特别的关注，这是因为他肩负着特别的责任，即在他自己已经探究过的领域引导他们。

一个教师不可避免地会对一些学生表现出更多的喜欢，正如一些学生会受其影响而另一些学生则不会一样。这种相互吸引是教师所处

1　参见彼得斯：“作为教育目的的心理健康”（Mental Health as an Educational Aim），载于霍林斯（Hollins, T.H.B.）所编《教育的目的：一种哲学观》（*The Aims of Education, A Philosophic View*），曼彻斯特大学出版社，1964 年。

情境的一部分。作为教育者，这种相互影响的存在与否并非教师的意图所在。实际上，这种相互吸引并非教师能够掌控。这正如对教师的要求不是要求他炽烈地喜欢学生而是要求他将学生作为人予以尊重。对于教师和学生之间的这种特别关系而言，这种尊重也许具有特殊性，因为这种爱或尊重不拘形式。这样的感觉与把人视作儿子或者兄弟、同事或者竞争对手的感觉不可分割。一般而言，只有当另一个人占据了独特的意识中心，其感觉和意图都烙有制度角色标记时，尊重人才是一种被唤醒的感觉。它与人的一种意识相联系，即，无论每个人特质如何不同，人能够意识到每个人都有自己的抱负和自己的世界观，每个人都为自己的成就而骄傲。尊重一个人就是认识到而且十分关注所有这些。

在教学情境中，这种一般的尊重人被一种意识遮蔽了，即认为人面对的是发展中的意识中心。教师必须坚定不移地忠诚于他的划分“圣地”的原则。但是，特别是在引导的早期阶段，在应用原则处理学生犹疑不决的或被误导的冒险行为时，教师一定不能蛮横。因为这样会不尊重冒险活动创造者的贡献，打击了另一个人尚未成熟的想法或感觉。人是通过致力于发现自己的错误而学习的。通过参与富有想象力的批判的演练，学生可以学到许多东西。但是，有一种观点认为，没有人能够完全了解自己在想什么或感觉到什么，除非他自己能够清楚地予以鉴别并公开为其辩护。在学生还没有为自己辩护的足够能力时，扼杀学生的贡献，不仅可能抑制或扭曲他在这种思想形式方面的生长，而且也可能弱化他作为人的意识。当苏格拉底将自己比喻成旨在为真理服务的助产士时，他形象地说明了教师的双重身份。他一定既关注自己的训练原则，也关注他的学生对其正在引导他们探究的世界的见解。这两种关注的形式都是应尽的责任。文科教师只关注学生能否准确表达自己而不去评论学生表达的形式，他们的不足和习明纳（seminar）主持人一样，后者会不客气地嘲讽所有明显不当的结果。

教学中人的要素的另一个重要维度更加难以捉摸，特别是在教育的最后阶段，这一时期教师已经成为首席角色（*primus inter pares*）。这与教师技能和判断的发展有关。理解训练和行为模式的准则，有能力采用或多或少自治的方式去工作是一回事，能在特定的情景中应用这些技能和判断准则完全是另一回事。郎吉努斯（Longinus）说，判断力是许多经验结出的最后花朵。但是这种经验通常是一个已经具有判断力的人才能获得的。亚里士多德的关于实践智慧（practical wisdom）的教学，以及近代奥克肖特[1]对设计政治教育时拘泥于形式做法的责难，与广为流传的一种看法相一致，即教育情境中的微妙性是捕捉到的而不是被教出来的。假定说，它们是依赖模仿和依赖为人们所熟悉的“鉴别”机制的，对此，心理分析家已有许多著述。我们可以假定，已经获得这些能力的人是被某种特别艺术从业者所吸引，或者被某种可以作为样板的思想方式所吸引。因此，技能和判断力就这样一代代相传了下来，每个人都为普通股的增值做了自己的贡献。

---

1 参见《政治学中的理性主义》（*Rationalism in Politics*, London, Methuen, 1962）中奥克肖特（Oakesshott, M.）撰写的“政治教育”（Political Education）一文，伦敦，梅休因，1962 年。

也许可以这样说，令人感到奇怪的是，教育事业最后果实的获得具有相当大的不确定性。因为，一些人认为，“教育”的核心工作在于完成任务，然而，教师的最后回报，即培养出掌握足够技能和判断力的学生，似乎是无法清醒地想象到的。对这个问题的肯定回答是，这种技能和判断力的传递可能是一个不确定的工作，但是，它完全不像恋爱中的男人或在其他非理性活动过程中处于从属地位的男人一样，因为教师可以主动地展示某种艺术、态度，或者传播某种思想形式（form of thought）。有一句波兰成语，其大意是，射手瞄准了靶子，但最后只有上帝才能决定是否射中。教学也同样如此。如果教师充满热情地用自己掌握的全部技能全身心地坚持探究这块“圣地”，教育的花朵才会最终绽放。如果他毫不在意能否获得门徒，他将获得真正的门徒。

第五节　教育与动机

教育最后花朵的难以捉摸性引出了另一个重要问题，即动机的难以捉摸性。有人常常声称，对教师的钦佩是学习的最强有力的激励之一。如果情况的确如此，那么存在一个影响整个教育事业的不确定性。因为，正如前文已经指出的，这种吸引和反感是不可能预先计划的或者随意唤起的。也许，它们取决于教师是否让学生回想起他的令人尊敬的家长，也许是教师的面庞、语调或某种气息使学生消除戒备心理。怎么去看待这难以捉摸的黏结剂呢？

如果回避一个主要论点，即认为文明化生活形式的活动和行为方式是难以掌控的，那么，我们几乎没有为教育做什么服务。在现代，由于大众媒体可以引领儿童高兴地沿着不够严谨的道路前行，这就解释了教育者在与现代大众传媒竞争时面临的任务为什么如此艰难。教师在初期可能引起儿童的兴趣，但是每当怀特海称作的精确阶段到来时，儿童会发现继续前行困难重重。这就是动机的因素之所以如此重要的原因。

学习中的动机因素可以分成内在因素和外在因素两类。内在因素有两种——一般因素和特别因素。一般因素在心理学家对它们作精确调查证实之前已是人们熟悉的常识，包括发现事物和探究环境的欲望、操控事物的欲望、竞争和掌控的意识及成就动机。[1] 这可以比作挽具，不仅无益，而且有害。它可能蜕变为强迫性神经症。但是，如果它们是有价值的活动和行为方式的挽具，则会变成动机的非常有用的源泉。

特定动机源自活动和思想形式的内部，取决于是否掌握了适当的程序。科学家、数学家和哲学家并不仅仅只有发现真理的欲望，他们也想设计精密的实验去进行严密的论证，去阐释精确的有说服力的论点。作家的欲望则是构思简明的情节，做出诙谐的评论，用适当的词汇来表达他们的感觉。这些快乐发自特定活动和思想形式的内部，强化了一般

1 参见伯林（Berlyne, D.E.）：《冲突、唤醒和好奇心》（*Conflict, Arousal and Curiosity*），纽约，麦格劳·希尔，1960 年；怀特（White, R.）：《能力和发展的心理－性阶段》（Competence and the Psycho-sexual Stages of Development），载于《内布拉斯加动机论坛》（*Nebraska Symposium on Motivation*,1960）；麦克莱伦（McClelland, D.）：《动机的成就》（*The Achievement of Motive*），纽约，阿普尔顿—世纪—克罗夫茨，1953 年。

动机，促使人们调高了他们的“必要的味口”（necessary appetites）。

教育者的目的在于使其他人能够把握这种有价值的活动和意识形式的内涵，以使他们能够去探究对他们而言具有内在价值的东西。但是，在早期阶段，教育者也许得利用外在动机，这样做既可以使儿童因外在动机的激发而对学习产生兴趣，又可以在精确阶段令人厌烦的学科到来之时维持其兴趣。在“铸造”学校的教育者使用的奖惩手段中，惩罚手段受到了过分的重视。“儿童 – 中心”学校则试图利用基本技能和有价值的活动为儿童当前的兴趣服务。他们推崇技能，而鄙视支撑当前需要的基础东西。其他教育者则采用各种技术手段激发学生的想象力，从而创造新的需要和兴趣。在所有的外在动机中，也许最强有力的是学生对教师的钦佩，因为，对教师的这种钦佩会影响学生对教师所教学科的热情。不过，如果教师获得了这种钦佩，那么他们就处于一种危险之中。因为教师很容易也很自然地期望保持其门徒对其的依赖，而不是利用这种钦佩将对学生的兴趣转移到教育事业的目标上去，即转移到活动的内在目的上去。在这一方面，教师像是一位分析者，他会发现自己处于一种移情情境（transference situation）中。对教师的正直的考验在于他如何处理这种令人愉悦的情境。

讨论了所有跟内在和外在动机相关的情况之后，一个毫不夸张的事实真相是，教育是一件不确定的事务。教师只能凭着热情去工作，坚持学科的内在标准，但是要对学科内容做一定的调整，并用符合学生特质的方法展示它。结果可能是，一些学生能够掌握，另一些学生则不能。在教育中，正如在人类其他交往中一样，只要愿意，我们便会沐浴精神之风。所有的教育最终都是自我教育。不论用什么方式，个人必然会高度关注这些有价值的活动的内涵是什么，而不再有任何外在动机的需要（存在着一些有助于这一进程发展的规则，但没有一条规则可以确保它的实现）。也许，最伟大的教育家是那些不知不觉地传达这些活动的品质感的人，以致隐隐约约的内在价值不断地得到暗示。结果是，其他人被引导来共同分享不同生活的探究经验。但是，我们中究竟有多少人不只是一个安安静静学习的人？

第六节 附录："教育"概念在当代英国学校中的应用[1]

导 言

到目前为止，有关教育的话题已经说了许多，但对应当承担教育任务的机构却几乎没有讨论过。实际上，用一般的概念去讨论诸如中小学和大学这样的机构是困难的。客观地说，一个社会学家可以根据这些机构在社区中所做的实际工作来检视它们的功能。例如，他可能会注意到，大学在社区中提供的是声望地位，学校发挥的是筛选和社

1 这篇附录是在本书写完之后增加的，旨在对人们的批评作一应答。由于涉及不同教育机构的“教育”概念的含义（如大学和小学）未能厘清，因此，这篇附录只有一个目的，即进一步厘清“教育”的概念。附录包含对当代政策和实践活动的评论，这些评论参照第一章阐释的不同的“教育”标准对不同类型的教育机构做了一定程度的探讨。因此，这篇附录对本书的主要观点并未做出多少补充，也不属于严格意义的哲学文章。因此我建议，那些已经掌握了“教育”概念主要观点的人，或者那些对当代英国教育机构不感兴趣的人，可以忽略本附录。

会化功能。由于这种概括相当程度上揭示了这些机构的差异，因此没有人会表达异议。但还需做一件事，即发现那些掌控且作为这些机构成员的人是如何认识自己的。外在的目的，例如挣一份薪水，不会有相关性。其他的特别动机，如满足一种控制欲，也同样没有什么相关性。因为，作为一名警察也会有这种动机。对于中小学和大学或者警察机构，不会有任何特殊差异。法律的强制执行和公共秩序维持，一定会突出警察力量作为一种机构的特征。这一机构成员的行为会无法说明，除非他们自认为自己在做的事情已经作了说明。基督教知识促进会（the Society for the Propagation of Christian Knowledge）就是一个很简单的例子，因为它的明确目的表明了这一机构的性质。

然而，大学和中小学不是目的如此明确的机构，因为它们的成员对自己正在做的事情于己何益有不同的认识。这样就构成了不同的教育目的观，或者构成了与严格教育目的相左的其他目的观。这些需要简短地讨论一下。

一、大学

可能有人认为，前文对“教育”的分析大致是沿着正确的路线进行的，实施教育的卓越场所应该是大学。但是，这是许多大学教师关于大学概念的天真看法。他们可能会认为，大学的本质在于追求各种形式的真理。按照本书前文提出的观点，教育至少包含有目的地传递值得追求的东西，在许多学者和研究人员的“大学”概念中，将指导其他人看成与他们的“大学”概念无关的事务。当然，在追求真理的过程中，如果其他人喜欢围绕在周边，倾听和参与，那是没有害处的。这样的机会是大量存在的，如果追求真理本质上是一种公共事务，其中包括与同事的讨论和研究成果的出版。所有一切都可以在不试图进行任何教学的情境中进行。[1]

这当然可能是对大学概念的一种解释，但是，这既不是英国的也不是美国的概念。“大学”给我们的暗示是，它不仅是采用各种形式无偏见地追求各种形式的真理的场所，而且也是教育场所——至少含有引导其他人追求真理的意思。但是，一旦承认大学与教育相关，视野便会开阔起来。因为，人们一直在争论，大学在多大程度上与人的认知能力发展这一作为受过教育的人的标志有关。[2]承认教育是大学的事务等于在门缝中插入一个楔子，可以轻易地使房门洞开，满足探究各种思想和意识形式的需要。特别要强调的是道德意识和社会良心的培养，正如过去巴尼奥尔学院所做的那样[3]。也许可以声称（前文或多或少提及过），这种道德意识是受到某种特别研究形式鼓励的，而非受到其他的鼓励。斯诺[4]和利维斯[5]至少同意一个观点——道德敏感性

1 对于大学概念的这种辩护可参见（Griffiths, A.P.）：《大学的推论》（A Deduction of University），载于阿尔尚博所编《哲学分析和教育》（*Philosophical Analysis and Education*），伦敦，基根·保罗，1965 年。

2 参见第一章第三节第二目。

3 巴尼奥尔学院（Balliol College），牛津大学的一个学院，建立于 1263 年至 1268 年间。——译者注

4 斯诺（Snow, C.P., 1905—1980），英国小说家、科学家和政府官员，曾在剑桥大学从事分子物理学工作 20 年，担任过英国政府的科学顾问。——译者注

5 利维斯（Leavis, F.R., 1895—1978），英国文学评论家，曾在剑桥大学任教。——译者注

能够或应该受到无偏见追求真理的各种形式鼓励。在这一方面，他们不赞成那种认为科学和文学研究各有所长的观点。

很清楚，如果“教育”被包含在“大学”概念之中，那么，一定有个涉及优先权问题的决定。例如，在美国，不同类型机构强调的重心是不同的。文理学院强调培养“全人”（the whole man），研究生院和技术研究所（Institute of Technology）的任务是拓展知识前沿。然而，在英国，近代以来，所有的大学都认为自己承担的主要责任是研究，也承担一定的教育职责，即在推进知识的进程中引导其他人深入不同的学科领域进行探究。它们对广义的教育应当作为其主要任务的认识还是有很大差异的。也许，它们对坚持开设辅助学科的观点或者对授予联合的和普通学位的观点做了让步；也许，它们已经假定，在师生休息室里的非正式谈话和持续到午夜后的讨论，已经非正式地培养了受过教育者的全面的知性。它们也已经建立起职业训练和技术学校，在从事训练的时候，也试图对学生进行某种程度的教育。但是，它们一直坚定地认为，它们的最主要任务还是追求真理，以及引导那些可以继承其事业的人，这就构成了技术训练和教学的性质截然不同的背景。

然而，假定“教育”已经是我们理解的“大学”概念的一部分，那么，如果“教育”概念的外延得到进一步拓展也就可以理解了，因为概念通常会因其引导的某个东西的发展而得到拓展。通常，这种现象的出现，一般不会是思维敏捷的人坐在那里沉思缅想一些新鲜点子的结果，而是因为经济和社会的变化及相伴的社会压力所发挥的稳定的不易察觉影响的结果。这种压力形成了被称作“膨胀”（bulge）和“潮流”（trend）的现象，在过去的10年里对大学发挥了史无前例的影响。英国大学数量自1939年以来已经增长3倍；8所相当新的大学正在建设。就扩张与特别类型教育的需求联系而言，伴随科学、技术和职业训练的需求，一种比职业训练意义更加宽泛的教育需求日益增长，例如对“全人”教育的需求。

罗宾斯报告[1]提供了一份充分阐述各种压力的文件。论述“高等教育目的”[2]的那一节与那些杂乱的高声赞美这些陈述的声音产生了共鸣。但是，至少它足够清楚地表明了这种压力。首先，它直接将“适应劳动分工的技能训练”的需求摆上了桌面。其次，它引起人们注意用一种可以促进“心智一般能力”发展的方法进行职业训练的需求，将为“实际技术”提供扎实理论基础和培养“有教养的男男女女”而不是“纯粹的专家”做法结合了起来。[3]只有当这些作者谈到他们的第三个目的时，即推进学问和无偏见地追求真理时，他们才会提及大学的核心目的。

因此，可以期待的是，报告隐含的需求可能会导致按照这些压力来铸造“大学”的概念——特别是新大学。但是，审读一下他们明晰阐述的报告可以发现，报告与这一期待并不一致。相反，报告表明，

1 《罗宾斯报告》（*The Robbins Report*），英国以罗宾斯（Robbins L.）为主席的高等教育委员会于1963年公布的一份报告，该报告对战后英国高等教育的大众化起到了重要影响作用。——译者注

2 《高等教育》（*Higher Education*），伦敦，皇家文书局，1963年。

3 换言之，这是将第一章第三节第一目和第三节第二目阐述的各种显然不同的标准合并在一起。毋需多说，“需求”是有很大差异的。

他们在考虑这些压力时注意到了学术的安排，坚持强调推进知识的进展以提供一种合适的背景。

一个权宜之计是在学部和院系中不采用传统的导致学科设置僵化的方法。所希望的是，来自不同学科的师生日常有更多接触和交流，使他们更有机会发展作为一个受过教育的人的特征的“完整性”。教育改革的另一个动作是开设宽泛的课程，或者在第一年开设宽泛的课程（像基尔大学有争议的“基础年”课程那样），在中学和大学课程间的沟壑上架设一座桥梁。非常有趣的是，还没有一所大学提出计划，在第三学年开始职业训练时开设更多的普通课程，尽管这样做事实上更合乎教育的需要。

除了这些一般的权宜之计之外，粗略地说，还有两种设计课程的方法，可以防止被称作过早职业化的危险。第一种是鼓励或者规定学生跨学科学习一门以上课程，并达到该课程高级阶段水平，正如基尔大学、约克大学、兰开斯特大学和沃里克大学目前所做的样。第二种方法比较激进些，它试图将“大学”的概念朝着“教育”的方向延展，强调从某“领域”出发去探究由许多学科自然组成的领域，通过多方面的方法训练，渐渐地再回到这一领域形成自己的专门化。引起这种发展的部分原因是，现在许多最有希望的研究领域是那些往往跨越被传统分割的不同学科边界的研究领域，例如，化学和生物学之间的交叉领域，或者例如历史学和社会学。还有部分原因是，联合颁发的学位［例如，牛津大学的哲学、政治学与经济学学位（PPE）及政府和社会资本合作学位（PPP），伦敦大学颁发的一般文学学士（BA

General)、哲学和经济学学位、哲学和心理学学位]受到了批评，人们认为这些学位要么相互间缺乏联系，要么(如果是的话)事实上是用一种分割成各自独立的方法获取的。萨塞克斯大学、东安格利亚大学和埃塞克斯大学采用的是这种方法。肯特大学学位课程的第一部分采取的是这种方法，在学位课程的第二部分采取的是第一种方法。

“教育”也内含引导其他人过有品质生活的方式(manner)。新大学对“教育”在这一方面的“引领”是十分在意的。大部分学校强调为大多数学生提供导师辅导；一些学校——特别是约克大学——以学院为基础，将学院视作社会生活和智力生活的中心，用一种开明思想解决住宿问题及师生参与大学治理方面的问题。简而言之，人们还缺乏信心，表现在人们不清楚一种文明化的教育观或者说一种大学教育无形的品质是否会因与急切的当代人的偶然接触而被接受，或者会因为与传统，有时也与因优雅外观而倍显神圣的建筑中兢兢业业的大学教师的接触而被接受。所有这些都必须通过机构设置和环境规划来设法做到。

然而，迄今为止在英国，还没有一种新的“大学”概念出现。确切地说，已经确立的大学概念正在沿着“教育”的方向伸展，希望其采用的方式不要危害知识的推进。但是，教育机构有它们自己的逻辑。为了应对内外部压力，它们在发展过程中采用的方法常常背离了机构创建者明确表述过的意图。机构的和概念的许多主要变化是由那些从未打算建立机构的人操作的，例如，与宗教改革有联系的人。机构的设置是否会实际决定“大学”概念的变化，或者会决定所涉及机构变成其他什么机构（例如，改成文理学院）尚待观察。这也许会证明我们谈论的这些对我们未来大学的性质来说是非常重要的。

二、技术研究所和技术学院

人们认为，大学是有本质属性的，这就是无偏见地追求各种形式的真理和引导其他人加入这种追求。迹象表明，尽管现代存在着拓展教育概念压力的影响，英国的大学一直在力图做到不严重损害这种本质。问题主要在于偏重研究还是偏重教学。

另一个有影响的现代需求是，大学对教育应该少一点而不是多一点的关注。但是，以鲍登勋爵（Lord Bowden）热情的眼光来看，[1] 这并不意味着它们应当更加专注发挥它们作为学习中心和无偏见追求真理中心的基本功能。确切地说，它们应当以美国"奶牛学院"[2] 为样板，成为"工业知识"的中心。他们应当像麻省理工学院和加利福尼亚理工学院一样为社会提供解决实践问题所必要的理论。

很少有人会质疑成立这等学院的可取之处，但是将这样的机构视作大学的范例，特别是已确定了名称的"技术研究所"，适时地传达了这种流行的见解，这是令人称奇的。在英国，许多大学已经合并一些大型技术学校。埃塞克斯和兰开斯特等新大学则明显在提供大规模

1　1964 年 12 月在伦敦大学伯克贝克学院基金会发表的演讲。

2　"奶牛学院"（Cow-college），指美国 19 世纪后半叶根据《莫雷尔法案》（1862）建立的农工学院。这些学院强调大学的社会服务功能，开设的科目以服务地方工业、农业和商业为主。在崇尚古典学术科目的人士看来，这些科目难登大雅之堂，因此被戏称为"奶牛学院"。——译者注

的技术教育，高级技术学院获得了大学地位，包括颁发学位的权力。这种机构是被称作“大学”还是被称作“技术研究所”，取决于它们寻求占支配地位的实践的程度。

显见的问题是，这样的机构在何种程度上才能算作教育机构，因为它们关注的主要是实践的需要。但正如鲍登勋爵所说的，它们也不是一点也不关注教育。例如，麻省理工学院为它的人文学院和哲学的自豪正如为它的物理学自豪一样，因为该院许多学生用五分之一时间用来学习人文学科。这意味着它鼓励理解显然不同于在技术层面知道怎么做的基本原则。罗宾斯报告强调了这一点的可取之处：“这是健康高等教育的典型特征，即便它关注的是实践技术，它也要向学生传递一定程度的一般原则，使他们可能应对许多问题——在许多问题中发现一个解决的方法，发现特殊中的一般特征。”[1] 换言之，这就意味着“全人”的发展，其中蕴含着“教育”所暗指的认知能力的发展。在一个强调技术的背景下能否取得这样的效果是一个争议相当大的问题。其中有3种主要观点，大致能够应对新大学的学生如何能够受到更加宽泛教育的问题。其中一个观点认为，应当强迫或鼓励学生去发展一种或多或少与技术不大关联的生活观。应当像以往一样根据需要开设文学、哲学和历史课程及其他相似学科的课程。第二种观点认为，应当力图通过把这些科目的学习与主要课程联系起来的方法发展这种

---

1 《高等教育》（*Higher Education*），罗宾斯委员会报告（Report of the Robbins Committee），伦敦，皇家文书局，1963年，第6页。可以发现，这与第一章第三节第一目探讨的“教育”标准有联系。

能力，例如，在历史和源自特殊科学研究的科学哲学之间建立联系。第三种观点认为，这种自由的态度更多的是对话的结果而不是课程的结果。那些坚持这种观点的人反对建立这种孤立的技术机构，他们声称，如果这些机构与大学合作，使其学生有机会接触其他学科的学生，同时也追求自己的发展，特别是，如果住宿条件允许，提供一种环境氛围，两类学生可以互惠。

第三种观点提出了一个关系到作为教育机构的地区性技术学院未来发展的非常重要的问题。当前，高级技术学院并不只关注技术教育。它们的高年级学生倾向于去获取伦敦大学校外学位[1]及技术文凭（Diploma in Technology）。一直有种说法，即它们要么会被赋予大学地位，要么和新的或者现有大学合并。然而，最近一段时间，政府宣明了实施高等教育“双重制”[2]的意图，使这种演进的步伐停了下来。还有一条获得学位的路径，即通过全国学位授予委员会[3]为地区性学院或其他机构的学生，如向地方学院和商业学院的学生授予学位，这些

1　伦敦大学校外学位（London External Degree），伦敦大学为其他不能独立颁发学位的高校毕业生颁发的学位，但是，学位申请者必须符合伦敦大学学位的要求。——译者注

2　高等教育“双重制”（binary system of higher education），英国1965年设立的一种制度，将英国高等教育分成两部分，一部分是可以独立授予学位的大学，另一部分是不能独立授予学位的其他高等教育机构，也称公共教育机构，包括多科技术学院和其他学院。英国《1992年继续教育和高等教育法》宣布取消该制度。——译者注

3　全国学位授予委员会（Council for National Academic Awards），1965年随着高等教育双重制的建立而建立，1993年取消。职责主要是为英国非大学的高等学校毕业生颁发学位。——译者注

学院仍然隶属地方教育行政当局[1]管辖。这样，这些学院和地方社区之间就保留了一种联系——特别是与地方产业合作开办“三明治课程”[2]、日制课程和部分学时制课程。当然，这些学院大部分是走读的。人们希望，这些学生最终能够获得和全日制大学学生同等的尊重。他们只是受到一种不同的教育，受到的是一种与商业和工业联系更加紧密的教育。大学将会在这种与其他类型的高等教育的竞争中获益，更多学生将有获得学位的机会，而在过去，仅仅通过大学缓慢的扩张，这些学生获得学位的机会则要少得多。

显然，这种决策在很大程度上是由经济发展的需要决定的。大学一个学额花掉国家的经费要远远超过技术学院的学额，而且，国家经济活力取决于大批训练有素的技术人员。但是，遗憾的是，打扮它的衣着是如此寒酸。这表明，以技术为本或以职业为本的教育是地方教育当局的关切点，自有某种逻辑。但是，当高级技术学院已经皈依大学的时代，当技术和职业训练已经成为大学关注的对象时，这样的论点是令人奇怪的。“平等而不同”（equal but different）的口号听起来令人疑惑不解，就像带有偏见地欢呼那种注定命途不佳的现代中学[3]一

1 地方教育行政当局（local educational authorities），英国地方教育行政管理机构，由地方议会和教育局构成。——译者注

2 三明治课程（sandwich courses），即工读交替制课程。——译者注

3 现代中学（secondary modern school）。根据《1944年教育法》，战后英国建立了三种类型的中学，即文法中学、现代中学和技术中学，从而形成了中等教育三轨制。文法中学以升学为目标，技术中学以职业教育为主，现代中学属于一般普通教育。因在教育质量、教学设备和招生标准上存在不平等性，三轨制在英国引起了较大争议，被认为不符合公平原则。1965年后，英国中学逐渐走上综合化道路，到20世纪末，综合性中学逐渐取代了以前这三类单独设立的学校。——译者注

样，无论现实可能如何，但没有人会将全国学位授予委员会颁发给地区性学院学生的学位与大学颁发的学位同等看待。这种水平的高等教育将会创造一批二等公民，正像《1944 年教育法》在中等教育水平上创造的二等公民一样。

事实上，对于拒绝将“大学”概念进一步延伸到包括那些极少关注研究的机构的观点，以及在高等教育机构中保留“大学”作为一种高等教育形式的观点，人们有许多话要说。但是，不加区分地倡导扩张大学教育来取代双重制的声音遮盖了一些主要的问题。因为，除了“同等尊重”问题外，大学扩张的倡导者关心的是大学为学生提供的教育不能仅仅局限于训练。[1] 他们认为，大学为学生提供了一个可以相互交往的社团，一个以中世纪大学学生社团为范式的社团也为学生奠定了以人为永恒关切点的学科基础，这个基础表达了人理解其环境的基本途径。这与另一种校园氛围形成了鲜明对照，在有的学院，学生没有与其他学生交往的机会，没有与思想的领导者们接触的机会，学科学习关注的主要只是短时间内的应用而非基本原理——关注的是会计而非数论，美容术而非化学。简言之，他们主张大学立足于教育进行扩张，但他们却未探究教育是否是大学的本质。

这当然会削弱大学的这一本质，因为，如果教育环境只表现为大学特有的住宿制特性，教育的本质是无法得以维持的。因为，从一

---

1 参见尼布利特（Niblett, W.R.）：“扩张与传统价值”（Expansion and Traditional Values），载于里夫斯（Reeves, M.）编的《18 岁青年》（*Eighteen Plus*），伦敦，费伯，1965 年。

方面看，有些大学是没有灵魂和生命力的。在这些大学上的是大课，没有导师辅导，也没有小规模的习明纳。缺乏必要的物质条件，也没有形成鼓励促进学生心智碰撞的传统。而这些传统类似超市，有着可供学生选择的各种知识。另一方面，一些非住宿制的教育机构，如莫利学院（Morley College）和沃尔瑟姆斯托学校（Walshamstow Educational Settlements）的学生虽然是部分时间制的，却充满生气，它们是智力激发和思想交流中心。住宿制度本身并没有将其神奇的特性赋予一个机构。如果为公共生活提供适当的设施，那么就没有理由怀疑，在非寄宿制学院怎么就不能进行这种非正式教育。同样，导师制或习明纳制，以及坚持与学生利益息息相关的书面作业，这些与教育的“引出”密切相关的做法，也不一定非要在大学中才可实践。我斗胆地推测一下，单纯依据这些标准，则工人教育协会（the Workers' Educational Association）和导师制班级运动（Tutorial Classes Movement）已证明它们曾经是英国最成功的探索之一。而且，它们是部分时间制和非住宿制的，常常也没有合适的校舍作为教学场所。这些由工人教育协会和导师制班级教学坚持的标准也同样可以在拥有合适的教师队伍和办学富有想象力的地区性学院坚持下去。

因此，这样的机构中缺少的一定不是使教育成为可能的必要条件，也不是某种用以区分非住宿制教育中心与大学的东西。其重要的差异在于它们缺少许多探究知识前沿的人和某一领域中公认的权威人物。人们一直认为，大学是学者和研究者的社团，其成员也应将引导其他人追求真理视作自己的事业。他们的教育活动是在促进知识进展的过程中进行的。从另一方面看，在地区学院，受到重视的是教学而非促进知识的进展。

可以确切地说，演进的逻辑路径过去已经采用。学院应当坚定不移地加强与已设立的大学之间的联系，可采用它们过去通过校外学位与伦敦大学联系的方法。但是，此举应当以地区学院为主，而不能增加伦敦大学推广部的负担。当这些学院发展到拥有一定数量既从事促进知识进展的工作又进行教学工作的人员时，它们就可以成为自治的大学，自己颁发学位，或者与其他大学合并。这种类型的演进可以避免"双重制"隐含的许多不规范的行为。也许，其明显的不足在于这种演进需要一个时间过程及大学对此所持的保留态度。但是，当前教育"升级"最大的危险是教育发展主要是由经济因素决定的。需求更多并不意味着更差，但是，如果教育决策交给经济学家，那就意味着更差。问题不是简单的增加社会教育和训练数量的问题，而是要想出一个也能提升质量的方式。

三、教育学院

如果在学院工作的人自己有办法的话，这种演进范式应当是教育学院模式。教育学院要么是由教育与科学部直接拨款支持的非官办学院（voluntary college），要么是由地方教育当局负责的。过去，它们被称作"训练学院"（training colleges）。但是，随着课程从两年延长为三年，随着对有别于训练的教育的日益重视，[1]它们的名称有了改

1　参见第一章第三节第三目和第44页（指原著页码。——译者注）。

变，这也是罗宾斯委员会建议的结果。[1] 它们大多数是住宿制学院，强调导师制、习明纳和个人指导等过去被认为是大学特有的制度。因此，它们既是教育机构又是训练机构，不过，由于缺乏研究，它们不被算作大学也就合乎情理了。

第二次世界大战之后，人们日益深刻认识到，教育像政治学一样包含着需要得到坚实理论基础支撑的实践活动。没有心理学、社会学、哲学和历史研究的支撑，教育决策和实践活动可能会完全依赖感觉、充满偶然性和偏见。教育学院与大学联系的需要日益明显，因为相关学科在大学受到的关注更集中，研究的方法也更加规范。《麦克奈尔报告》[2] 曾倡导训练学院和大学加强联系，这一建议促成了作为审查机构的大学教育研究所（University Institute of Education）[3] 的建立，负责周边学院的审核工作，协调学术安排，同时作为研究和高级课程教学中心。罗宾斯委员会 1963 年提出了上述更名的建议，论证了为完成了学院第四学年学习的、经过选择的部分学生提供从附近大学获得教育学学士学位（BEd.）的可能性，以及建议将学院的行政管理和财务管理权从地方教育当局移交给大学中将被称作“教育学院”（Schools

---

1 其蕴含的原理参见本书第四章第四节。

2 《麦克奈尔报告》（McNair Report）。1944 年，以利物浦大学副校长麦克奈尔（McNair, A.D.）为首的委员会负责调查英国教师录用和培训的问题，该委员会于当年公布了一份报告《教师与青年领袖人物》（*Teachers and Youth Leader*），因负责人是麦克奈尔，所以又称《麦克奈尔报告》。——译者注

3 也可以译为“教育学院”。伦敦大学的“Institute of Education”，一般译作“教育学院”。该学院本来单独设置，现已并入伦敦大学大学学院，全称为“伦敦大学大学学院教育学院”。——译者注

of Education）的大学研究所。1964年，工党上台后，决定落实前两种建议，但是由于地方教育行政当局强大的压力，工党决定，学院目前仍然必须在行政管理和财务上维持现状，不纳入大学管理。这种决策所造成的学术与财务和行政管理之间的紧张状态是不难想象的。

这种紧张关系在短时间内是可以忍受的，只要令人期盼的用语“目前”暗示着学院最终会融入大学。这种缓慢的演进是符合逻辑的，因为大学研究所的发展并不稳定。教育学学士学位和日益受到重视的教育研究需要加大力提高学院的学术水平。此外，还需要一定时间去证明，学院的讲师的确能够名副其实地促进知识进展，同时也能得到培养。人们一直认为，这是一条重要标准，决定着这样的机构是否应当并入大学。然而，如果拥有一支学术水平很高的讲师队伍的学院并入大学后，学术上按固定的标准要求他们，但行政管理和财务管理却仍然保留在地方教育当局，这一局势是令人难以容忍的。人们只能得出一个结论，最终决定结果的是权力和威望而不是基于逻辑的和教育的考虑。

四、学校

不是所有的学校都关注教育，大多数学校关注的也不只是教育。例如，在驾校和高尔夫球学校，教育扮演的只是小角色。大多数关注教育的学校同时也是选择和训练学生的代理机构。在现代环境中，这些学校接管了家庭的许多职能。它们有自己的医生和牙医，还得为学生的伙食和衣着操心。它们几乎变成了孤儿院，尽管学生都有家长。

换言之，这些学校必须小心翼翼地关注国家和每个儿童的利益所在，不可能只关注追求什么是有价值的东西。[1]这部分地意味着，它们必须关注那些仅具有工具性价值的东西，也部分地意味着，它们必须使有价值的东西适应儿童兴趣和能力的差异性。学校的这些附带任务不应当受到忽略，尽管有些人会认为学校的本职工作是教育。

自卢梭以来，强调儿童中心的教育者常常说，教育的每一个阶段都有其自身的价值，成人不应当将他们的价值观强加给儿童。弄懂这一点是困难的，因为教育一定包括引导儿童了解什么是被认为有价值的活动。离开教育，儿童不会具有评价和选择能力。而且，如果什么东西是有价值的，教育就是有价值的。它不是因为受到儿童关注而非受到成人关注才变得有价值。[2]然而，实际情况是，儿童在早期阶段可以接触的有价值的东西非常有限，让儿童欣赏的有价值的东西的形式必须是简单而非复杂的。一个不易被说服的儿童可能喜欢一条造型精美的小船。可以假定，儿童中心论的信条是警告热衷于说服工作的成人，防止他们忽略造型精美船只中的内在价值。

如果这涉及如何解释这个问题，这个建议是有益的。但是，如果它是鼓励教师在某一教育阶段不去考虑他们所做的工作与一般教育概念的联系的话，这是个令人遗憾的建议。人们一直认为，教育目的的内涵在于唤起人们对培养受过教育的人的各种途径的注意。如果小学教师不了解什么是受过教育的人，他们一定会使他们的任务概念缩水

1 对这一特征的进一步阐释，参见本书后面的第五章和第六章。

2 参见本书第三章和第五章。

不少。一般认为，一个受过教育的人是一个为了追求有价值的东西而去追求的人，他所掌握的知识和获得的理解不是呆滞无活力的，也不是狭隘的专门化的。学校关注的应当是不同发展阶段成就的不同方面。

（一）小学

教育的第一阶段，大致持续到6岁，[1]这一阶段上关注的基本是儿童对世界和其他人的探索和态度。各种性质的客体被挑出来按照时空框架赋予各种名称。因果关系、手段与结果的关系及它们与希望、恐惧和想象力之间的差异必须得到识别。意识的模式——认知、需要和感觉——与公共世界中客体的联系必须得以区分。在智力发展方面，这是概念和第二章第一节提及的范畴机制（categorical apparatus）发展的重要阶段。没有这方面的发展，儿童的社会和情感的发展将会受到阻碍。对满足需要的适当客体的学习要采用适当的手段。而且，在情感方面，对环境做实际评价时，感觉要适当，也需控制和疏导。标准应当内化在规则中，以规范需要和情感对自然物体和人的反应。在这一阶段，儿童与同龄人的社会联系不密切。他逐渐脱离对母亲的依赖，自我感开始萌芽发展。他必须学习如何通过回报和分享来成为同辈群体的成员。

在这一阶段，儿童重要的教育是其自己的活动，特别是其游戏，以及对家长的模仿和认同；最重要的是与家长的交谈。人们常常认为，

1　这一节提到的年龄阶段只是粗略的估计，其中存在相当大的个人差异性。显然，在这一节存在许多具有争议的心理学假定。它是根据一般教育理论所作的一种评论，而不只是根据“教育”概念所做的一种尝试。

儿童自己的操作和探究的活动与其环境有关，儿童自身的意愿使儿童了解教师认为在这个阶段儿童应当知晓的概念。这个观点忽略了引导的社会特征。如果这种自发活动不断地伴随着与成人的交谈或成人的解释，这些概念才有可能生成。显然，这些活动对儿童的运动原[1]发展有帮助，而且使儿童获得了满足。实际上，这种理论曾经得到辩护，被认为是儿童情感发展的决定性因素——特别是弗洛伊德学派[2]的辩护。但是在现代，随着人们对智力发展日益的重视，以及对作为辅助手段的“具体运算”重要性的日益重视，人们常常确信，儿童自己可以习得概念。可以肯定地说，恰当的观点是这些概念必须通过对话和探究才能获得，而且概念必须与呈现在他们面前的具体实例相一致。如果获得的理念与他们相关的经验没有具体联系，这些理念则不会有活力。但是不借助语言的区分功能，这些经验本身是杂乱无章的。一般而言，通过语言学习，概念机制才得以发展。这就要不断地进行引导式对话。

如果到 6 岁时所有这些教育活动都能进行，那就可以非常合理地坚持一个观点，即儿童没有上学的必要。所有这些都可以在家庭中进行。只有当儿童准备学习读写时，儿童才应当上学。因为这些技能的教学所需要的专长，很少有家长能够掌握。对于这一论点有许多话要说，特别是在教师紧缺的时代。有说服力的事实是，英国是世界上少

1　运动原（motor）指肌肉、运动神经及其中枢。——译者注

2　弗洛伊德学派（Freudians），奥地利神经心理学家弗洛伊德理论的信奉者。——译者注

数几个儿童在5岁时上学的国家。对于儿童在这个年龄上学的问题，人们提出了非常充足的理由，要么是大多数家庭在这个阶段缺乏教育的能力，要么是这个阶段教育与其后果的关系只有那些受过特别训练的人才有能力处置。当然，这个年龄的儿童上学接受教育的事已有安排。这些教育安排完全不同于基于经济和社会需要的安排，后者强调的是早一年将母亲从家庭事务中解脱出来的重要性。

对于这两种不同的教育观点有许多话要说。无数英国家庭的文化贫困可以作为例证。相当大比例的英国家庭单调乏味，住房也很狭窄，没有为儿童早期发展提供所需要的丰富的不同类型环境。最重要的是，正如伯恩斯坦[1]所指出的，与儿童同室居住者的语言十分有限，以致儿童不容易获得必要的语言机制。同样，社会控制的方法似乎有漫无目的和专制的趋势，而不是有智慧地适应每个儿童的特质，以致儿童道德和情感的发展遭受阻碍。最后，儿童几乎没有与其他儿童一起活动的机会，而这是儿童获得社会发展的必要条件。按照心理学家坚持的意见，如果早期学习是有决定性意义的，那么就有充分的理由让儿童尽早地在白天有一部分时间离开贫困的环境。按照这种观点的推论，学校必须提供足够的设备，以便聪明且善于表达的成年人监督分组儿童的探究和语言活动，每组儿童人数应尽可能少，以便儿童获得充分的对话机会和获得丰富的经验。然而，我们大多数幼儿学校的班级规

1　参见伯恩斯坦（Bernstein, B.）：“社会阶级和语言发展”（Social Class and Linguistic Development），载于哈尔西（Halsey, A. H.）、弗拉德（Floud, J.）和安德森（Anderson, C.）著《教育、经济和社会》（*Education, Economy and Society*），纽约，自由出版社，1961年。

模使这种要求成为一种乌托邦梦想。

假定儿童在这个年龄上学，他所接受的教师引导对他未来发展至关重要，那么，这种引导是一般家庭所不能给予的吗？在学校里，一批对儿童日后学习思想模式极为重要的概念明显会受到强调。换言之，环境设计不能掉以轻心，需要考虑环境能够自然地诱导儿童做受约束的和有利于培养表达能力的探究。这一阶段，同样重要的是态度和习惯的形成，没有良好的态度和习惯，儿童日后永远无法洞察有价值活动的内涵。探究环境、塑造环境、掌握它或操纵它是儿童发展的普遍倾向。从一方面看，在这些一般化了的动力之外，还应培养一种决心，去匡扶正义，去追求真理，去探寻事物的根由；另一方面，培养一种做事彻底、准确、精细的荣誉感。没有这些态度，没有人可以成为受过教育的人。[1]但是，儿童是从坚持各个阶段标准的教师和家长那里学到这些的，而不是无人指导的探究的产品。

现今，很多人呼吁要重视儿童自发的好奇心，要求允许儿童为自己去发现。这是值得欢迎的一种意见，因为它反对的是让儿童坐在课堂里听老师讲他们毫不感兴趣的事情。但是，这种方法效率的可靠性令人怀疑。这不简单是因为在拥挤不堪的大班额课堂里采用这种方法是否有实际可能性的问题，还有一个原因是存在着一个事实，即儿童好奇心具有偶然性且反复无常，它经常会因一个很小的原因而转向，而且，儿童好奇心很大程度上因人而异，他们必须发展一种有约束的

1　参见本书第 37 页及之后页码的内容，参见第 60—62 页（指原著页码。——译者注）。

好奇心。在这方面，成人的赞同和榜样是至关重要的。人们一直认为，一个受过教育的人，必须是一个有着内在动机的人。他必须因内在动机的激发去追求有价值的东西。但是，在早期阶段，他需要从拥有内在动机的其他人那里获得这种态度。现在，许多人在幼儿学校和小学倡导的“发现”法是与这种受约束的好奇心有关联的。但是，儿童们常常会忘掉他们“发现的事物，甚至是重复发现的同一事物。”他们常常“发现”错误的东西。[1] 在赞美自发活动的长处时忽略实践和精确性的重要性是愚蠢的。

“形式主义”的反作用在培养创造力与材料铸造的背景下也许更为深远。自我表达在治疗学上来说是重要的，但教师不是治疗学家。他的任务在于让儿童高兴地从事与适当标准相一致的创造性活动。没有实践活动是不可能获得精确性的。在过去，儿童一排排坐在教室里，必须学习切割物件、糊信封和使用画笔，而且总是在机械地制作东西。对这种青睐自发活动持不同意见的人认为，这种做法忽略了标准，忽略了需要通过练习才能获得的基本技能的实践和学习。而通常通过小班化教学，儿童获得这些技能是可能的、必要的，也是合乎儿童需要的。这种小班化教学可以和更多的个人探究和创造形式交替使用。

这些关于“进步主义”教育方法的观点意味着对它的修正而不是批判。对待这些涉及原因、情感和观念形态等事务的问题，的确也有

1　参见弗里德兰德（Friedlander, B.Z.）：“一位心理学家的再思考：概念、好奇心和教学过程中的发现”（A Psychologist’s Second Thoughts on Concepts, Curiosity and Discovery in Teaching and Learning），载《哈佛教育评论》（*Harvard Educational Review*），第 35 卷，1963 年第一期。

一个理性的和实验的方法。没有哪位优秀教师曾经“正式”地把儿童看成聪明的海豹，或者看成一排等待灌满知识的茶壶。也许她会强调具有多种功能的指导，包括提出引导性问题、给予暗示、提出建议，将学生的兴趣转移到任务和实践活动中去，等等。大多数“进步主义”教师也采用过相同的方法。[1] 但是，他们有时倾向于讽刺“正式”教学，例如，认为“正式”教学是对“死记硬背式学习”的热爱。

小学里一个严酷的现实是班级人数超过40人，教室里拥挤不堪。我们的幼儿教育概念受福禄培尔[2]幼儿园理念影响很大，她的幼儿园班级规模从未超过20人。通常，幼儿园中的孩子就像他们的先驱者伊萨克斯（Issacs, S.）和罗素（Russell, D.）一样来自富裕家庭，他们的家庭对他们的智力和态度有着持久的影响。将这种方法应用于幼儿学校的大型班级，由于这些班级中有难以计数的文化被剥夺了的儿童（以及数量不断增长的移民子女），因此会引发各种问题。在这样的条件下，“要迎合每个儿童的兴趣”，要保持认知和情感发展的相同步伐，让每个儿童获得合乎需要的习惯是困难的。出于认知发展的需要，儿童要不断地学习新词汇，但是，在这种背景下，要想按照每个人的基础进行也是困难的。当然，没有人会倡导完全重新采用旧日大班教学和呆板学习方法——考虑到现状，教师唯一的选择是采取经验主义的

1 参见加德纳（Gardner, D.E.M.）和卡斯（Cass J.），《幼儿学校和幼儿园教师的角色》（*The Role of the Teacher in the Infant and Nursery School*），牛津，珀加蒙出版社，1965年。

2 福禄培尔（Froebel, F.W.A.），德国学前教育家。1837年在勃兰根堡开办了一所幼儿教育机构。1840年该机构被正式命名为“幼儿园”（kindergarten）。这是世界上第一所幼儿园。——译者注

折中态度。在这种背景下，小学教师遭遇的问题非常类似于将教育理念应用于教育机构的现实情况一样，它需要灵活性、经验和掌握潜在的原则。没有哪种诀窍或观念中的陈词滥调可以替代巧妙的智慧。

如果现今有谁当众宣布到了应当进行读写教学的阶段，而且教学应当达到某种程度，那这会是一个鲁莽的人。但是，可以肯定的是，儿童一旦有时间去探究身边的环境，开始学习如何完成任务时，他就必须获得这些基本技能，以便他拓展经验的范围和表达感受，学习如何把握和交流这些经验。儿童大约在 8 岁之后很快就开始用更细化的和各种各样的方法了解世界。数学、初等科学、历史、音乐、艺术、地理、宗教知识等，开始以“学科”面目出现在课程中。在这一阶段，儿童是顽固的亚里士多德学派信徒。他们获得了大量的经验，既有第一手经验，也有从书本和直观教具中获得的，并将其分门别类进行整理。这个年龄阶段的儿童可以接受更加正式的指导，“他们渴望获取事实，也能很好地记住它们”。由于经常合作共同进行群体项目研究，具有教育情境特色的“同辈团体”已经形成。教室能够变成小型的“吕克昂”[1]，一种自律类型的道德观能够得以培养，从而标志着康德[2]“目的王国”（kingdom of ends）[3]的实现有了可能性。

在小学稍后阶段，当然同样要强调自发的或内在的动机，这是受

1　吕克昂（Lyceum），希腊哲学家亚里士多德建立的哲学学校。这所学校与柏拉图学园（阿卡德米）有所不同。后者只重视教学，而它不仅重视教学，也重视研究——译者注

2　康德（Kant, I., 1724—1804），德国哲学家。——译者注

3　参见第 226 页（指原著页码。——译者注）。

过教育的人的重要特征。[1]但是，强调内在动机决不能以牺牲以下两方面价值为代价：一个是精确性，另一个是“储存事实”和“获取知识”。1931年《哈多报告》[2]的意义在于它强调了作为鼓励儿童兴趣、防止观念呆滞的“活动”和“经验”的重要性。但是，当今存在着的一个很大的危险是忽视知识的价值。除了其本身价值外，在高度工业化的社会，一个人如果没有掌握大量知识而想获得成功简直不可能。也许，也会有人存有奇怪的念头，认为儿童即便对科学一窍不通也可能学会科学的方法。他们甚至将“你自己做”（do it yourself）的态度与包含系统实验的学科混为一谈。这相当于鼓励儿童批判却没有交给儿童具体的批判对象，或者，相当于在没有奠定坚实的道德规则基础时建议儿童依据自己的原则做出行动的决定，且希望他们从内心体会道德，清楚地了解现实社会中他们需要辨别的不同价值原则间的冲突。获得知识与获得态度同等重要。人们认为，这两者都是受过教育的人的特征。

在小学稍后阶段，教育应当关注用不同的方法了解稳定的知识体系，没有一套知识体系，有关“理解原则”和培养批判与探究心智的讨论都是言不由衷的套话。但是，这个知识体系的获得不能用一种打击好奇心、兴趣和扑灭展示个人独特性欲望的方法。教育的最终目的是使儿童从活动和意识形式的内部了解我们称之为文明化的生活形式

1 参见本书第二章第五节。

2 《哈多报告》（*Hadow Report*），1924年，英国成立了以哈多（Hadow, W. H.）爵士为首的调查委员会。该委员会在1926—1933年间共提交了3份有关青少年教育的报告，一般称为“哈多报告”。——译者注

的特征。

与小学有关的考虑还有 4 点也十分重要，如果小学被看作教育机构的话。[1] 第一是，与中学相比，它存在的可变因素要多得多，因为儿童承担生活责任的能力存在差异。在儿童教育连续统的一端，不同于日托所的幼儿园是以强调教育为自豪的，幼儿园教师也需要花费很多时间做一些诸如打扫厕所、穿衣和吃饭等事宜，而在另一端，在中学，教师把这些事情都交给儿童去做。小学处于这两种机构的中间，它的教师给予这些广义的“社会化”进程的注意力有显著差别。

第二，每一个教师都必须关注儿童的健康和一般福利，否则教育无法进展。但是，在早期阶段，她必须对儿童的健康和一般福利给予更多的关注，因为这一阶段的儿童自己还无法承担这一方面的责任。在教育的各个阶段，教师究竟应当承担多少责任是一个有意思的问题。显然，对于儿童的教育来说，教师通晓任教的“学科”是重要的，了解学生家庭及接触家长也是重要的。但是，如果教师知道一个家庭面临“破裂”危险，她应该根据儿童利益去发挥她的影响吗？这个问题不仅提出了一个涉及家长责任心的社会工作原理的一般问题，而且也提出了一个特殊问题，即教师承担的社会工作者角色应当得到多大程度。显然，小学教师要做的比中学教师要多。幼儿学校教师只负责一个班级的事实表明，幼儿学校对这种工作的重视是不同的。

1　参见布莱斯（Blyth, W. A. L.）：《英国小学》（*English Primary School*），伦敦，劳特里奇和基根·保罗，1965 年，第一卷，第七章，第三节。这本书出版得太晚，来不及细细阅读参考了。

第三，在小学，教师在某种程度上扮演着代表社会做筛选代理人角色。十一岁考试[1]使小学的这一职能变成非常有压力的职能，导致了与分流和班级拥挤相关联的许多异常现象的出现，这些现象正在受到国家教育研究基金会（National Foundation for Educational Research）的调查。但是，在教育系统内，教师还得以教师身份扮演这种角色。

第四，也是最后一点，许多问题是以相当特别的方式与英国初等教育发展产生着联系。以上所做的阐释是以儿童发展的阶段性为依据的而不是以管理的阶段性为依据的。它提出的不是这些阶段儿童个别差异的显而易见的问题，也不是加速扩大这些差异的可能性和必要性问题，也没有将它们与不同于幼儿学校[2]功能的初级学校的功能联系起来。这是因为在英国，还没有出现可以导致制度中断的节奏和原因。儿童从5岁到7岁上的是幼儿学校，7岁到11岁上初级学校（junior school），然后根据11岁考试成绩进入相应的中学。这种间断并不意味着在儿童一般发展方面具有重要的意义。它们是《1918年教育法》的部分产品，该法规定义务教育至14岁为止。人们认为，需要为学生提供3年合适的中等教育。所以，11岁似乎是区分初等教育与中等教育的最佳阶段。[3]

---

1 十一岁考试（11+examination）是英国曾经设立的小学毕业考试。考试后，学生依据成绩、能力和性向分别进入文法中学、技术中学和现代中学三种不同类型的学校。1967年，这一考试制度被取消。——译者注

2 英国小学分两个阶段，5岁至7岁为幼儿学校（infant school），7岁至11岁为初级学校（junior school）。——译者注

3 参见《咨询委员会关于青年教育的报告》（Report of Consultative Committee on Education of the Adolescent）（伦敦，皇家文书局，1926年）和通常被称作《哈多报告》的《咨询委员会关于小学的报告》（Report of Consultative Committee on the Primary School），皇家文书局，1931年。

希望高级学校（senior school）能够确保中等教育合乎情理的标准。

回想起来，初级学校与幼儿学校在7岁时分开似乎有点随意。初级学校是在30年代即1931年第二份《哈多报告》公布后出现的，因为咨询委员会认为，这个年龄段没有单独设立学校的特殊需要。但是，初级学校这个概念并不清晰，无法与中等教育和幼儿教育明确区分。因此，初级学校的功能更多与中等教育功能相联系，而不是与幼儿学校功能相联系，尽管传统上是与后者的联系。人们还没有依据清晰的教育概念来思考连续性发展问题，或者说对儿童发展的阶段认识不足。

在这方面出现的这个问题相当复杂，而且，普洛登委员会[1]不久将会就它们发表声明，在这个时候，继续讨论这一衔接问题显得不合时宜。

（二）中学

正如本书第一章第三节所论述，如果一个人仅仅了解一些事实，即便他做事精细且好奇心强，也不能算是受过教育的人。他还必须理解一些潜在的原则。在大约12岁时，儿童从皮亚杰所称的具体运算阶段向假设－演绎思维阶段发展。他的思想与身边的环境还没有紧密的联系。假定他已经可以了解运动守恒定律及命题形式的倒置（inversion of propositional forms），他便能够开始像科学家一样系统地用排除法思考。这样一种对原则的理解并不依赖于额外知识的积累。确切地说，它需要反思已知知识以便发现能够解释事实的原则。这常

1　普洛登委员会（Plowden Committee），1963年，英国成立中央教育咨询委员会，负责调查英国和威尔士的初等教育状况。新成立的委员会由普洛登女士（Lady of Plowden）任主席，该委员会于1967年发表了报告《儿童及其小学》（*Children and Their Primary Schools*）。这也是本书作者所说的即将发表的声明。——译者注

常需要假定用未观察到的现象去解释已经观察到的现象。在小学大受赞扬的这种“经验”和“活动”，可以通过对事实中的形式和富有想象力的实验而得到深化。学生这时已有能力对两种可供选择的解释进行批判性讨论，且有可能理解对两种解释做出决定的程序。少数掌握了这些程序的人是最终能够拓展知识前沿的人。但是，从教育观点来看，本质的东西在于理解较为抽象的概念系统而非研究的技能。在中学阶段也同样，青年对内心和人际关系兴趣的不断增长，使社会的和历史的学习成为可能，而年幼一点的儿童则对此毫无兴趣。同时，这也增加了文学研究及通过各种媒体获得创造性成就所需要的洞察力和持久力。

人们常说，中学的专门化会阻碍作为受过教育的人的全面发展和认知能力的发展。[1]但是，整合以差别为前提条件。人观念中的“完整性”以相互联系的部分为前提条件。将知识建构成不同的思想和意识形式不是一件偶然的或随意的事情，因为没有其他路径可以使深奥的知识得到发展。数学概念不同于道德、科学和宗教的概念。真理的标准和试验的方法也不尽相同。[2]无论怎么说，目前学校科目的构成方面存在一定程度的随意性。许多人认为，有必要按照能够阐明各学科领域中不同思想形式的新方法来组织学校课程，这也是一种可以防止观点碎片化的方法。正如前文介绍过的，一些大学——如萨塞克斯大学

1　参见本书第一章第三节第二目。

2　这一观点的详细阐述参见赫斯特的《自由教育和知识的本质》（Liberal Education and the Nature of Knowledge），载于阿尔尚博所编《哲学分析与教育》，伦敦：基根·保罗，1965 年。

和东安格利亚大学——正在尝试培养“全人”的方法。也有少数中学和初级学校在讨论这个话题和做相关研究。这可以防止对问题的看法一边倒，但是，一旦学生真正希望理解事物，他必须通过探究经验的不同方面深入地了解一种思想形态，这与全景审视问题是不同的。

这里不应该讨论这些相互独立又相互关联的思想形式教学的优缺点，也不应当讨论某些令人感兴趣领域的特点。需要强调的重要问题是，在学校里学习一种知识形式，如科学或文学，不能排除其他科目的学习。在中学的第六学级[1]中有一种一边倒的倾向，认为专门化正在成为教育的敌人。这主要是因为来自大学传统的压力，大学决定着入门资格的形式，以及因为中小学在筛选机制中必须扮演的角色。这个问题的历史要回溯到对这个问题处理得不够认真的《克劳瑟报告》[2]。近一时期采取的一些激进补救措施非常复杂，描述起来像是为人们所熟悉的传奇故事。

另一个枝节性的事实是人们对训练必要性的关注，这会促使作为教育机构的学校转向。因为它不可能不受儿童对职业的兴趣及社会对技术员、打字员等需求的影响。但是，学校的这些工具性职能也同样可以作为教育事业的强有力刺激而发挥作用。实际上，对于许多男孩

1　第六学级（the sixth form），英国中学的一个阶段，相当于我国的高中阶段，为期两年，以升学为主要办学目标。——译者注

2　《克劳瑟报告》（*Crowther Report*）。1956 年英国成立了一个调查委员会，负责调查 15 岁至 18 岁男孩和女孩的教育问题。委员会由克劳瑟爵士（Crowther, Sir G.）担任主席。该委员会于 1959 年和 1960 年以《15 岁至 18 岁》（15 to 18）为题先后发表了两卷本的报告，即人们所称的《克劳瑟报告》。——译者注

和女孩而言，成人世界向他们步步逼近的现实也许是他们青春期有效收获的唯一证明。训练的收获取决于怎样利用这种外部刺激。训练也可以作为紧迫的兴趣中心，围绕着它，知识、理解和认知能力可以得到发展；或者它可以被作为一个目标来看待，为了实现它，一切必须作为工具性手段来使用。同样，儿童也可以被引导去认真学习某一事情，因为他们可以发现其功利主义价值；但是，一旦他们开始学习，他们也许会欣赏其内在的价值。用这样的方法，“教育”的第一种和第二种标准能够得到满足。

当前的争论围绕的是中等教育是否还按照《1944 年教育法》规定的三轨制来组织，或者是否按照与“综合”原则相一致的各种解读来组织。将这些问题与学校教育本质的问题直接联系在一起是困难的。就围绕这一名目进行的争论而言，它们没有关注到学校是否应当教育人，而只是关注学校的布局是否能最佳地促进教育的发展。[1] 这些问题太繁杂了，在这里无法讨论。无论怎么说，更为紧迫的是如何做到公平及如何最佳利用社会资源。这一问题在本书第四章会进一步详细讨论。

《1944 年教育法》的一个明显影响是学校系统，特别是初级学校和中学越来越习惯被用作社会的筛选机构。由于大学学额不足，学校的教育活动深受其害。目前，11 岁考试即将消亡，但是普通水平普通

---

1 对各种可能性的简要概述可参见埃尔文（Elvin, H.L.），《教育与当代社会》（*Education and Contemporary Society*），伦敦：沃茨，1965 年；以及参见本书第七章和第四章第四节。

教育证书[1]考试依然是中学的分水岭。当然，考试发挥的作用不仅仅是筛选功能，它们也可以作为成绩的检验和激励。但是，如果它们的主要功能是筛选，那么，教师就会发现自己身陷一种必然的情境中，即他们必须利用其专长帮助儿童通过这些考试，而不是教育他们。中学教师一直在抱怨，考试制度妨碍了他们做他们认为在教育上值得做的事情。他们已经蜕变成一种官僚政治的代理人。他们的任务成了工具性的任务。许多人不会在意其任务的工具性现象越来越明显。因为他们会认为，对于一些儿童而言，直接的职业训练是合适的，而且会认为这样的训练确实提供了具体的刺激，使教育得以发展。但是，适合考试的课程，其自身不是教育，也不可能为教育活动提供适当的核心内容。人们寄希望的是，新的中等教育证书会更加直接地与合乎需要的教学内容相联系。为了使学生获得这种证书，教师自己将肩负更多的直接责任，通过提供少一点筛选意义的但又符合教育需要的内容来缓和学校的紧张形势。

在中学，另一个影响教育的事实是英国许多现代中学糟糕的现状及人们对这些学校学生的态度。[2]《1944 年教育法》对这一现象的影响究竟到了何等程度，总体的社会环境对这一现象的影响究竟到了何

1　普通水平普通教育证书（O'Levell Certificate of General Education），英国的一种初中毕业考试所发证书。现已被中等教育证书（Certificate for Secondary Education）取代。——译者注

2　参见《我们未来的一半》（*Half our Future*），"中央教育咨询委员会报告（英国）"〔A Report of the Central Advisory Council for Education.（England）〕，皇家文书局，1963 年。

等程度——特别是家庭背景和先前接受的低质量“教育”的影响——也许值得争论；但事实是，当前许多中学教师的任务不可避免地是“再社会化”（re-socialization）的任务而不是教育任务。他们必然关注儿童基本技能的发展和几年前儿童获得的态度。纪律和学习的激励问题数量激增。现今，令人稍有惊奇的是，许多人将教师角色与社会工作者角色混为一谈。在学校里，这两种角色开始合体。学校的这种现状需要立即采取激烈的行动。但是，不要让它误导我们，忘记了我们最终的教育目标。

因为我们的中小学存在许多难以让人满意的现状，因为糟糕的家庭境况使许多儿童在其人生关键的早期阶段失去了最好的教育机会，英国许多儿童的发展受到永久性的阻碍，被剥夺了通往本来应在他们人生后期为他们敞开的探究道路。甚至在理想的条件下，与其他人相比，一些儿童因为遗传和大脑结构的原因也会缺乏进行这种探究的潜力。在动机、兴趣及认知能力方面也存在着显著的个体差异。因此，中学的功能从来不是简单地用不加区分的方法从事有价值的活动，而是根据个人差异量体裁衣安排活动。例如，一些儿童也许会用非常实际的以职业为导向的方法来对付任何学习，而其他人也许会着迷于动物、机器或烹饪。如果学校课程与考试的挂钩不是那么紧密，如果教师对儿童及“学科”都感兴趣，那么在安排课程时，就有可能根据每个人的自然倾向量体裁衣，安排相应的有价值的活动。

这样，我们就可以采用一种具体的方法来落实一句老生常谈的教育理想，即教育的目的在于个人的自我实现。正如以前所论述的那样，它不能被理解为应当鼓励个人随心所欲的发展，而是应当被理解为，在合乎需要的范围内，每个人应当受到鼓励去做他力所能及的且能够证明他自身价值的事情。每一个儿童都应当从所做的有价值的事情中获得成就感和满足感。教育既包含对不感兴趣活动的专注，也包含不同的规训了的世界观的发展。一些儿童也许在教育认知能力方面明显缺乏发展的潜力，但是，这并不意味着他们在做简单一些的事情上缺乏必要的能力。虽然客观地说，这些事情的价值可能小些，但是，学校应当关注每个儿童及有价值的事情。大众教育产生的问题，即为每个人提供一条自我实现的合适道路的同时不能降低教育质量，导致那些有天赋的儿童的发展受到影响。这些问题在美国和英国教育制度中都没有得到令人满意的解决。

五、非正规教育

最后，绝不应该忘记的是，教育并不局限于课堂和学习。还有一些机构（如青年俱乐部）的教育通常以非正式形式进行的。一个男孩首次参加一个俱乐部的原因或者是他的朋友是俱乐部成员，或者是他想在俱乐部中结识女孩。但是，他会发现，他渐渐地被吸引到使他着迷的一些活动中去，活动带给他的规范感和成就感逐渐改变了他的观点。特别是在道德教育领域，学校和俱乐部发挥的非正式教育作用要超过正式场合的作用。这两种教育有必要为了共同的任务进行合作，相互协调。大龄男孩和成人的榜样，普遍社会风气发挥的作用远远超过任何课堂教学，即便是那些认为文学课是道德教育的钥匙的利维斯追随者所讲授的课程。当然，学校是非常关注道德教育的。寄宿制学校被社会学家们恰切地称作“完全的机构”，它们在这一方面之所以效果显著，完全是因为它们提供了这种非正式教育的氛围。

我们再来看看大学，大学住宿制度为道德教育提供了很大的潜力，许多大学教师都说这是他们关注的问题。就一般情况而言，这种非正式教育在“全人”的发展方面也许能像正式课程一样发挥影响。毫无疑问，对专门化倾向的正规的矫正是必要的，尽管人们在争论这种矫正的合适场所应是中小学而不是大学。但是，确保观点统合的古典方法肯定不是课程，而是对话。对话不能安排在只有一种思想形式的讨论小组中进行。在对话中，讲授是一种蹩脚的形式，之所以如此，是因为讲授是用其他人的话来作为自我展示的跳板。对话的意义在于创造一个人人都有贡献的共同世界（common world）。尽管没有人宣布要教授其他人任何东西，但参与这种经验分享，可以从中学到很多。而且，其中学到的一点是换位思考。当然，要想能够积极地参加真正的对话就必须有学业上的成就，没有知识和理解，对待他人缺乏客观性和敏感性，对话是不可能进行的。但是，它也是非正式教育的一种学习情境。在所有成就中，最重要的是能够真正倾听别人，无论别人说什么，也不论有用无用或者他是谁。这也许是受过教育的人的主要标志之一。如果不细致地设计，我们不正在失去对可能出现的有价值的东西的信任吗？或者说，我们不正在成为空间不足、数量压力大和教育制度官僚化的牺牲品吗？

第二部分

教育的伦理学基础

第三章　古典正当性理论

导　言

教育问题必然会引起伦理问题，这不是偶然的现象。本书第一节对“教育”概念的分析已经表明为什么这是必然的事情。“教育”概念中含有“改进”（improvement），“改善”（betterment）和“传递有价值的东西”的意思。因此，教育必须含有伦理价值观是逻辑的必然。然而，逻辑上也没必要将特殊社会的特殊价值归因于“有价值的”事物的可变性。这种价值正当性的证明必须跨出概念分析的王国进入伦理学理论王国。

大多数作家谈及“教育目的”时，均竭力宣称教育有一种特别价值，即“个人自我实现”。但是，他们几乎没有提供证明其正当性的方法，所表达的态度缺乏伦理学理论坚实基础的支撑。要充分讨论这些论据需要写一篇论文。在一本入门著作中要做的事是，对古典理论做一个简短评述并提出一个立场明确的纲要。这个纲要肯定很不完美，可以接受各种批评。这并不太要紧——只要它具有哲学足够清晰的优点以致暴露出的错误明显。重要的是它应当在那里等着别人去批判。教育哲学处于一种不发达的状态，长期以来一直在等待将完美的论据付诸笔端。只有当一些哲学家准备沿着大致正确的方向去开垦这块尚未成熟的耕地，教育哲学才能发展成为一个生气勃勃的研究领域。

教育的内容和方式两个方面非常需要伦理学基础的支撑。本书头两章对它们的特征已做过介绍。一方面，必须给出论据来说明引导儿童进入的是诸如科学和诗歌的活动和意识形式而不是宾果[1]或恐怖电影；另一方面，必须给出论据来证明引导程序的正当性而非证明其他。有人认为，“教育”概念没有暗示特别的过程，尽管它也许能排除一些过程。然而，依据伦理基础，证明涉及儿童的诸如“公平”“自由”等原则的正当性还是可能的。但是，还需提供涉及这些原则的论据。没有任何哲学家能够仅仅满足阐述他的儿童观态度。

显然，关于内容和方式的问题是相互联系的。实际上，会有人认为，如果方式能够表明它促进了一种以内容为特征的生活形式的发展，方式的正当性就会得到证明。例如，自由能够通过声明它是推进各种有价值的活动唯一有效率的程序使其正当性得以证明。其他人可能认为，结果并不总是能证明手段的正当性，或者，其他人可能认为，在这一方面，手段－结果没有明显特征。这两个都是伦理学理论内部的主张，需要在适当的时候予以思考。在开始评论古典理论时，这里只是附带提及有价值的活动和程序原则两者间的区

1　宾果（Bingo），一种用纸牌搭方块的赌博游戏。——译者注

别。无论怎么说，建立一种实证的理论，需要另辟一章专门去论述道德生活不同方面的正当性问题。

第一节 伦理学与教师

当一个教师问道，与烹饪相比，艺术是否是一种更有价值的活动，或者问，欺凌其他同学的男孩是否应该受到惩罚，表明他的问题源于高度条理化的假设和期望。作为教师，他的角色要求他用一定的行为方式和态度对待儿童。无论是从他自己学生时代的经验出发，还是作为接受过培训的教师对待学校教学科目，教师会有自己的态度。他已经将社会一般习俗和社会对待学习的态度内化于心。他十分清楚法律、校长和考试制度的理念。而且，即便他对这些并不清楚，他提出的这个问题涉及具有显著差异性的意识形式，在其中，不同形式的问题预先假定了差异迥然的回答形式。例如，他会了解，没有哪个实验室的实验或者儿童身体解剖学能够回答男孩是否应当受到体罚的问题。因为，人们使用诸如“善”“有价值”和“应该”等词汇，不是为了描述用这种方法发现的东西。

然而事实上，即便教师能够提出这些不同形式的问题，而且有时候也能回答它们，而且他也非常熟悉不同的话语形式，但这并不意味着他十分清楚这些问题背后的原理。在比较稳定的时代，当社会变革微不足道时，就不需要意识到这样的原理。传统规定的一般情境和社会中应该做的事情不会有明显的差异，致使标准的冲突成为常态。教师是按学徒制的做法被引导进入已经确立的传统中的，这个传统规定了教学方法和对待学生的态度。在课程应该包含什么和教育目的方面，几乎没有争议出现。如果教师因为不知道应该做什么而焦虑，他们可以求助于传统和权威。通常情况下，他们是能够得到指导的。

现今，一切都发生了变化。教学制度在不断变化，教育目的各有所见，围绕课程内容的争论喋喋不休，如何对待儿童也有许多不同的意见。在一个比较稳定的时代，只有那些愿意思考的教师会被引导去探究传统制约下应做之事背后的原理。现今，只有懒惰或教条主义的教师才不会去做这种探究。在求助权威方面，现代教师也只是寻求一个缓冲，因为权威的不同意见无论怎么说也只是一个建议，而不是必须给予注意的。但是令人不快的事实是，现代教师除了自己想出解决问题的办法之外没有其他选择。教师再也不能只是一个受过训练的人，他们还必须是一个受过教育的人。

如果教师开始思考他所面对的各种有关教育内容和方式建议背后的原理，他便进入了一个并不像他的理论兴趣假定的那样有着完美结构和规划的王国。他也许不知道铁受热后为什么会膨胀，或者不知道水渠为什么是从特林（Tring）流到威尔士。但是，他清楚地知道怎样去找到问题的答案。他知道如何做实验，怎样查阅参考书目和档案。最后，他还会知道，这些问题的答案取决于对假设中的表述与所观察到的结果的比较。而且，他也会知道，如果反思的话，诸如什么是善或什么是恶，或者什么是应当做的事情这类问题是不可能用这种方式轻易表达清楚的。他不可能看见一个恃强凌弱学生的脸上写有不公正的字样，或者也不可能将手作环装置于耳背来倾听诗歌中的善。然而，人们在谈论这些事情时是非常严肃的，假装他们是在讨论可以回答的问题。他会认为，奴隶制和谋杀显然是邪恶的，而赌博、通奸也许是邪恶的，但不是那么明显的邪恶。其中必有某种原理，借此原理，显而易见的不同水平道德知识才可获得。明确阐释这一原理是道德哲学的任务。

第二节　自然主义

当你面对应当做什么的问题时，显然最佳的建议是，将它们视作现在是什么,过去是什么,未来会是什么等更加直截了当的问题。例如，人们常常认为，如果能够很容易地确定人的本性，那么，人应该怎样生活就很清楚了。著名的哲学家们一直以来都认为人的理性基本是由本性决定的。人与动物在理性发展方面是不同的，表现在人有能力针对欲望做计划和制定规则，还表现在人有能力进行抽象思维和编制高度复杂的符号系统，只有考虑到人的理性，人的行为才能得以理解。因此，有人认为，那些能够展示最高度理性的活动是最佳活动。数学明显更适合宾果，因为它完全能够满足作为理性人的本性。

还有一个类似形式的论据常常被用作人际关系重要性的证明。即人们认为，只有人类有能力用这种方式处理与其他成员的关系。其他动物可能会有天生的或习得的社会倾向，但是，它们不可能有意识地欣赏它们的同伴，将它们看成人。因此，人们认为，人类应当尽可能地过与其他人有人际交往的生活，而不能只是一个纯粹的生物有机体，或是只能发挥某种单一功能的个人。

少数文明人——特别是教师——会质疑这种人生策略（policy）是否合乎道德需要。在合乎需要和人的理性之间，也许的确存在某种联系。但是，将这种策略作为结论有着各种各样的困难。在阐释“人的本性”（the nature of man）前提时，首先我们需要明确什么是“本性”。这里说的“本性”是指人的不同于与其他动物的一些重要特征。起初，反对意见也许针对的是专断性论点，即认为人的理性能力具有选择性或者在构建人际关系时具有选择性。没有哪种生物会像人类一样大笑，或者花费这么长的时间抚养后代，人类也拥有可以抓住东西的拇指，从而可以使用工具，这也许比人的抽象思维能力更重要。一般说来，正是有了拇指，具体运算才有可能，操作工具的能力才能得以发展。事实上，赫胥黎[1]曾经指出大约有20种方法可以用来区分人类与其他动物。[2]但是，无论什么能力被建议用来作为区分人类与其他动物的关键因素，其论据的形式依然是同样的。而且，很难发现人类不同于其他动物的事实自身在某些方面构成了一种理由，可以声称它就是在这一方面应该得到发展的。卢梭实际上也愿意赞同人类不同于动物的观点，但是他坚持认为人是堕落的动物。理性的运用导致人类从其他本性中异化了出来，这是令人不快的。如果从同样一套前提中推论出矛

1　赫胥黎（Huxley, J., 1887—1975），英国生物学家、哲学家和作家。托马斯·亨利·赫胥黎（Huxley, T. H., 1825—1895）之孙。——译者注

2　赫胥黎：《人类的独特性》（*The Uniqueness of Man*），伦敦：查托和温达斯，1941。

盾的结论，那么，论据形式一定存在问题。

其他人会认为，因为人类在侵略性和对游牧（horde）的需要方面与动物是一样的，这些倾向应该得到发展。哲学家很少将此作为论据。但是，可以肯定的是，因为其他原因，哲学家已经承认的是合理性策略而不是野蛮方式。作为一种经验性概括，这不可能是因为含有“不同于”（different from）而非“相同于”（same as）的前提在逻辑方面更可取。

这一论点可以归纳成为对伦理学中朴素自然主义理论的批评。自然主义有时候可以被看作是一种依据事实推论道德判断的主张。但是，这种描述自然主义的特征不太严谨，因为那些构成事实的理念也不够严谨。从词源上说，“事实”一词暗示的是显然已做的事情。事实可以用来与理论、虚构和意见对比。[1] 人们之所以能对“事实”和“价值”进行对比，在于什么是有价值的被作为一种意见看待。但是，完美无缺的英语常常这样表达：“让我们从痛苦是令人不快的事实开始吧”，或者，“显见的事实是人们应当守信”。另一方面，经验性观察则提供了什么不是推测、虚构或者意见的可靠证明。所以，发现理念的内容是否是事实就容易了，那就看它能否被观察到。

然而，善或合乎需要不是呈现在人的活动中能够被观察到的事物、关系和品质，那些有关什么是善或什么是合乎需要的声明也不能从被

1　参见哈姆林（Hamlyn, D.）在《哲学季刊》（*Philosophical Quarterly*）发表的论文“真理的相似理论”（Correspondence Theory of Truth），该文关于“事实”种类的讨论非常富有启发性。1962 年 6 月。

观察到的现象中直接推测出。关于人类本性的经验性概括，就与动物比较而言，也没有提供任何推测的基础。如果有人认为，人应该发展他们的理性，因为在这一方面，人与动物是不同的。如果内含的原则能够得以外显，即人应该发展得以区分他们不同于动物的能力，这是唯一有效的方法。只要一个原则得以外显，即让人的理性或人拥有可以抓住东西的拇指成为确当考虑因素的原则，那么，就明显地会出现关于证明这种基本原则正当性的问题。

这种论据形式的无效性并非简单地源于根据人与动物的比较而做出的解释。任何经验性概括都会遭遇这样的反对意见，如果提出时它的前提没有得到伦理学原则支撑的话。例如，霍布斯说过，人类应当接受必要的简单规则以维护和平，因为从本性上说，人是害怕死亡的，有追逐权力的热情，且希望自己比其他人优越。穆勒[1]曾经想以人普遍有获取幸福的欲望来作为幸福合理性的基本论据。所有这些论据的逻辑困难在于，对于什么是应当做的实践问题的回答是从什么是应当做的理论问题那里推断出来的。正如休谟曾经指出的，当人开始对这种证据形式越来越清楚的时候：

迄今为止，在我看到的各种道德制度中，我总是注意到，在一段时间里，创始人开始使用一般思维的方法确立了上帝的存在，

1　穆勒（Mill, J.S., 1806—1873），英国功利主义伦理学家和功利主义教育思想家，著有《论自由》（*On Liberty*, 1859）和《功利主义》（*Utilitarianism*, 1863）。——译者注

> 或者观察了涉及人类的事务；突然，我吃惊地发现建议交媾时，人们通常不明说，而是以是还是不是（*is and is not*）来替代，但我还没有碰到过提出的建议与“应该”（*ought*）或者“不应该”（*ought not*）相联系的。这种变化是难以察觉的，然而，它关系到最后的结果。因为这种“应该”或“不应该”表达了某种新的关系或对关系的肯定，但是它需要得到观察或解释清楚，同时必须给出理由，对于那些不可思议的东西予以说明，说明这种新关系是怎样从完全不同于它的其他关系中演绎而来的。[1]

休谟在这里断言，现今所谓的伦理学的自律（autonomy of ethics）表明，从那些本身不含道德判断或原则的前提中是无法演绎出任何道德判断的。作为伦理学理论的自然主义忽略了获取严格演绎论据的需要，前提中没有内含的或外显的东西是不能通过结论抽象出来作为论据的。如果在前提中没有实际的原则，如禁止某种活动的形式，或者禁止表达某种偏爱，那么，这种形式的判断如何能作为结论呢？

推论家的理论试图将行动影响后果的原因合乎需要性作为其推论基础，是会遭到同样反对的，除非能阐明一条能够影响相关后果形式的伦理学原则。假定有人认为，将一个尖锐物刺向他人是错误的，因为那会造成痛苦。这只有在假设痛苦是令人不快的前提下，它才可能成为反对这种行为形式的一个有效论据。还有人可能会争论说，这是

1　休谟：《论人类本性》（第三卷，第一部分，第二节）（*Treatise on Human Nature*, Book Ⅲ, Part Ⅰ, Section 2.）。

最令人满意的行为形式，因为它会使人流血。血液是红色的，这种行为形式会为黄褐色的世界增加一定量的红颜色，因此它是合理的。在我们中的大多数人来看，这种论据只有精神错乱者才会提出来。因为，痛苦应当最小化的原则比红色应当最大化原则更易让人明白。但是，论据，即便疯狂行为的论据，至少有两点意义。一是让人明白，伦理学原则需要表明其与后果是有关联的；二是表明做这些事的一些原则似乎比其他原则更加容易被接受。

自然主义者也许会回答说，这些例子表明的正是他想强调的意义——一些后果而非其他后果具有相关性的缘故在于人性。事实是，人类普遍地会规避痛苦，而不是寻觅红色。因此，人们倾向于挑选含有痛苦的后果而不是红色的后果与原则联系在一起。这个论据中的每个东西不是所有自然主义者可能会声称的。因为，一般而言，人的需要的存在并不是一种坚实的维系所需要东西的合理性基础。如果弗洛伊德是对的，所有男人就有一种普遍的诱惑其母亲杀死他父亲的欲望。但是，这种行为的合理性不会因论证了这种冲动欲望的普遍性而得以成立。实际上，正如弗洛伊德自己论证的，道德规则的主要功能之一是规范这种“自然的”欲望。然而，如果在道德规则和人的需求之间不存在丝毫的联系，那就会显得非常奇怪，道德规则的典型特征之一是它们指导着行为。如果在规则所禁止的东西和人类倾向于获得的东西之间没有联系，实用话语的实际指导功能就令人费解了。

自然主义的缺点在于，它把人类本性与道德话语的指导功能捆绑得太紧了。这即是说，有关人性的概括是一个前提，从中可以推断出行为的准则。或者，它暗示（例如，霍布斯所说）了“善”意味着“人之欲望要做的事”，这是一种非常难以令人置信的暗示。因为，在宣称和平是件好事和没有人想要和平之间没有逻辑矛盾。我们也可以用具有完美逻辑性的语言说，人们想要的是不需要的东西，或者说，他们要的东西都是错误的。而且，当我们抚养儿童时，在我们告诉他们应当做何事时，或者在告诉他们某物是好东西的时候，我们却十分清楚，这些不是他们想要做的事或者想要的东西。

如果在回答时宣称“善”意味着一个人的基本和长远需要，当他仔细地思考过什么是自己的利益后，那么他碰到的问题是，在不参考评价人类需要的准则的情况下如何解释这些先决条件。[1]

然而，不可想象的是，像“善”和“应该”这样的词汇可以在公共语言中发挥指导人行为的作用，如果在所描述的和可能需要的之间没有任何联系的话，这样会令人惊奇的，例如称让世界变得鲜红是一种善。如果有人想要这样一种状态的世界，那是难以令人置信的。

实际情况是，诸如“善”和“恶”这样的语言在作为公共语言教授时是与客体和事物的状态联系在一起的，如吃东西和经受痛苦。它们是普遍的欲望和普遍反感的对象。如果它们明显地与欲望和反感的客体相联系，则它们可能有指导功能。但是，正如过去一样，作为公共语言词汇，一旦离开了原来的基础，它们可被用来指导人们去做人们实际不想做到的但可能又是欲望驱使的事情。实际上，一旦人们掌

1　参见格里菲斯和彼得斯：“谨慎的自律”（The Autonomy of Prudence），载《心智》（*Mind*）杂志，1962 年 4 月。

握了“善”和“应该”这些词汇的指导功能，它们便会成为教育人们处理需要时频繁使用的词汇。

也许，作为伦理学理论，自然主义最有意义的一点是它公平地对待通常所称的道德判断的“客观性”。“客观性”的意思是，在道德事务方面犯错误是可能的，一个人在道德事务方面是否犯错误取决于不受任何特定个人或团体意见与态度影响的事实。声称客观性就是否定道德价值的确仅仅是个人的感受或对团体的忠诚。诸如“应该”“错误”“善”和“恶”等词汇典型地出现在一种话语形式中，这种话语形式不仅具有决定行动的功能，而且也有让人们依据理由做事的功能。提出理由，如果认真地且依据理由做出决定的话，就需进行公开讨论。这相当于承认决策不能依据权威或任何个人的奇思异想，而应当依据理性的力量和作用。也可以假定，讨论中出现真理和谬误是可能的。因为没有这样的假设，讨论还有什么意义呢？

自然主义者在一个假设上意见是统一的，就是道德事务容许这样的讨论，用来支撑道德判断的理由必须与经验的概括相一致——通常与人性或人的需要相关。坚持认为在道德话语和说明理由之间存在着联系是有益的。但是，忽略伦理学原则或其他必要的与理由相关的原则，以及忽略在休谟发现的“是”和“应该”之间架设一座联系的桥梁是它的不足。简言之，自然主义对道德话语客观性的评判是公正的。多数道德话语形式通过将道德话语与人性或人的需要联系在一起的方法公正地评判了其指导功能。但是，它对自律的评判是不公正的。

第三节　直觉主义

通常被称作“直觉主义”的第二种古典理论中需要思考的最显著的意义是，它保护了伦理学的自律。在它的所有形式中，有两点意义十分清楚，也就是，像“善”和“应该”并不代表可观察到的品质或关系，而且道德判断不是从任何经验概括的形式推断而来的。在这方面，直觉主义比自然主义有了一个很大的改进。然而，遗憾的是，它对自然主义的批判和它作为一种替代发展起来的理论保留了被它批判的理论的主要特征。它使道德判断类似于提供针对任何纯理论形式问题的答案。它假设，像艺术创造这样一种活动的“善”，或者像正义或自由这样一些原则的“正确性”，最终是一件能“看见”的事务，或者是理解一种性质或关系的事务。

这种“看见”的过程一直以来是根据两种不同的模式来解释的，这两种模式都试图将道德知识建立在某种不容置疑的和不证自明的假设上。一种理论假设，像“善”这样的术语，指明了某种可以为灵敏心智所理解的特性。例如，穆尔[1]这位现代柏拉图主义者认为，“善”指的是某种非自然的不可分析的特性。它是一种非自然的感觉，不是可以通过感觉发现的，或者不是通过普通内省过程可以察觉到的，例如，通过内省意识到口渴和疼痛。然而，它取决于可观察到的能够在

1　穆尔：《伦理学原则》（*Principia Ethica*），剑桥大学出版社，1903 年。

呈现时才能得以辨认的品质的存在。例如，艺术创造的善不是某种可以通过感观观察到的东西，也不是一种可以通过观察进行检验的推断。尽管如此，在同时具有其他可观察的品质时，它只有直觉的内在眼光才可以察觉，这样我们就可以说（例如）一个人在画画。这一理论使用了观察像黄色这样简单品质的模式，在许多人看来，这是属于经验类型的模式，是我们确定这个世界的基础，也是我们发表“这是黄色”等坚定不移陈述的基础。这样，它就假定了一种特别的非自然类型客体或品质的存在，即一种柏拉图形式的存在，作为特别的内在“看见”的对象。经验知识被认为是建立在对简单品质和关系的感觉经验基础上的，同样，道德知识被认为最终是以智力理解为基础的。“直觉”一词源自拉丁语“*intueor*”，意思是“我凝视”（I gaze on），是赋予“看见”的用脑过程的名称，是这一理论的关键所在。

当面对道德原则而非善的活动时，直觉主义常常采用另一种“看见”模式。这种模式更接近对不证自明的领会，也曾经被认为是数学的基础。数学被柏拉图，也被后来的思想家——如笛卡尔[1]看作知识的范式；所以，可以做出这样的结论，即如果道德知识是一种知识的话，它必然在结构上类似数学知识。数学知识，特别是几何学，被认为是以清晰独特的理解基本形式为基础的，或者是以能通过直觉感觉到关系的简单本性（simple nature）为基础的。从这种不证自明原理的基础出发，便可得出确当的定理。笛卡尔认为，科学、道德和数学中某

1　笛卡尔（Descartes, R., 1596—1650），法国数学家、科学家和哲学家。——译者注

些知识的获得是可能的，只要这种命题的逻辑结构能够阐释清楚。

这种道德知识观后来被后文艺复兴（post-Renaissance）的自然法理论家所持有。在洛克手中，它成了认识论基础，认为人有某种不可侵犯的权利——生命、自由和财产——后来为革命教义及为美国独立宣言提供了原理的一种信念。近代，罗斯爵士[1]等道德哲学家认为，所有道德责任都是建立在数量有限的不证自明的基本义务之上的，诸如应当遵守诺言，这是可以通过直觉感受到的义务。

直觉主义形式作为一种知识形式，源自柏拉图对数学重要性的强调，在伦理学发展史中有一段悠长的有影响的历史。然而，对直觉主义，以及对穆尔详细描述的这种理论的许多反对意见认为，在描述道德知识基础的特征时，直觉主义模式采用的是审视品质的模式而非理解关系的模式。

首先，数学自身必须以通过直觉领会的原理为基础的观点现在已经被广泛接受。此外，自从休谟和康德对笛卡尔的理性主义抨击以来，数学方法有时候必须适应世界的事实表明，它本身就是一个问题，数学思维必须以某种方式成为世界的镜子的理性主义的假设已经被抛弃，或者至少在现象之下存有世界的真实结构。这是柏拉图在他的形式理论中提出的假设，也是笛卡尔在他的简单本性理论中提出的假设，这些理性主义者的假设已经被抛弃。无论关于世界的假设是否真实，最终要取决于从它那里推演出来的结果能够通过观察得到证实，而不

1　罗斯爵士（Ross, Sir D.）：《权利和善》（*The Right and the Good*），牛津：克拉伦登出版社，1930。

是取决于假设自身的不证自明。

直觉主义者的观点通常与不证自明的某个观念手挽手并行，后者被认为是已理解数学和道德原理的特征。“不证自明”是一个将逻辑和心理特征结合在一起的术语。从心理学角度说，当这些原理被理解时肯定会引起内心的某种反应；从逻辑角度说，“不证自明”被认为是内心的一种肯定。逻辑的要求在陈述中是容易展示的，即被肯定的真理来自可以掌控组合这些术语的规则。“正方形包含一些直角”或者“每一个结果都有其原因”就是这样的例子。然而，陈述的真实性最终并不取决于使用这些词汇的习惯。“父亲”这一术语的界定并不能揭示弗洛伊德假设的真理性，即父亲受到儿子的仇恨，但它却能揭示一个陈述的真实性，即如果是父亲，那他必定有一个儿子或者女儿。当然，若关于世界的陈述能够得到充分的肯定，其中的内在关系就能够得到发展。例如，“金子是黄色的”已经被发现是一种真实的陈述，因此，根据这种标准，我们不会将任何非黄色的东西称作黄金。但是，这种联系必须通过观察来建立。它不像数学的一些真理那样依靠常例建立。对于这样的陈述，人们也可能经验到一种确凿无疑的感觉。但是这种感觉取决于用其他方式确立的陈述的真实性，它是真实性陈述的一个伴随物，不是真理的标准。有一种确凿无疑的感觉也许是有益的，因为它们压缩了怀疑区域的范围，使心智得以解放去思考有限的问题王国。但是，对实际生活的一种援助不应当纳入真理标准的讨论。

一些道德判断，如“谋杀是错误的”，会产生一种附带的感觉。

许多这样的判断在公共意识中也几乎因习惯地认为“谋杀”几乎等于“错误地杀害”而成为真实的，而不管法律是怎样界定的。但是，这仅仅使问题又回到了是什么制造了这种杀害的问题上，依据术语“谋杀”来判定这种行为是错误的。界定本身并不能决定正确或者错误。人的确定的或“不证自明”的感觉更不能决定。许多人强烈感觉到这正像流产和男子同性恋的界定不能决定对错一样。这种感觉在其他对同一事物做出不同判断的人看来是极其专断的。

因此，人们对作为伦理学理论的直觉主义的主要反对意见是，对基本原则的探究没有得到充分的鼓励，停止得过早且论点**太专断**。如果正如罗斯爵士指出的那样，一些基本的义务是不证自明的，但许多人却对这一点表示怀疑。对此，惩罚是一个具有充分说服力的例子，许多人对直觉主义的、应当让那些破坏规则的人承受痛苦的观点表示了异议。例如，即使他们赞成一般情况下应当遵守诺言，他们也可能否定这是“不证自明的”，因为他们会争辩说，遵守诺言可以有很多理由。如果没有充足的理由说明它在社会实践中具有重要作用的话，遵守诺言能够认真地得到维持吗？如果像这样的义务被认为是不证自明的，那么，面对那些坚持认为黑人只是因为其肤色而应当受到不同对待的人，面对一个绝不允许世界有过多红颜色的人，能够说些什么呢，或者，赌博是不证自明的错误？他们会说，他们仅仅是凭着直觉了解这些的，正像直觉主义哲学家声称的一样，他们是凭着直觉知道人不应该撒谎，不应该不守诺言，不应该不公平的。证明原则正当性的尝试停留在专断立场上。而在专断王国中，*de gustibus non est* *disputandum*[1]。这绝不是直觉主义者一贯坚持的非个人的和客观的令人满意的道德基础。

另一种直觉主义从更为紧贴字面的意义方面，把意识到"善"比作"看见"，但它在指责专断性方面也不见得高明多少。在一般情况下，"看见"是有标准的，这一标准用来区分某个东西"真实地"存在那里与被描述得"好像"存在那里。标准条件和观点视角可以人为制定。但是，能够"看见"善的非自然品质的标准条件究竟是什么，它能够摆脱同样的专断吗？再者，在普通的"看见"例子中，如果观察者未能看见存在的东西，或者看到的不正确或属于幻觉的话，有着成熟的检验方法，可以用来判定观察者的错误。在道德案例中有同样的检验方法吗？能够用判定色盲一样的方法判定一个人是否是道德盲人吗？[2]

这两种直觉主义还有一个根本的缺陷，这在前文已有暗示，而休谟是指出这一缺陷的第一人。对"看见"的强调，无论是看见品质或理解关系，使道德变成了一个理论问题。如果一个人看见桌子是正方形的，或者理解了一个数学原理，并不表示他需要做些什么事情。在注意到需要注意的东西及在理解了需要理解的东西之后，他可能会评论道："太有趣了。"但是，任何事情是否需要做是深一层次的问题。目前，有关"善""错误""应该"等概念用途的一个显而易见的现象是，它们与做过的事情有着密切的联系，它们被用来指导人们的选

1　这是一句拉丁语，意思是"众口难调"（In matters of taste, there can be no disputes）。——译者注

2　要想进一步了解这种反对意见，参见诺埃尔－史密斯（Nowell-Smith, P.H.）：《伦理学》（*Ethics*），哈姆斯沃斯，企鹅图书，1954 年，第一章。

择。这种联系的精确形式是难以确定的，但是，这样一种联系是道德语言的基本特征之一。直觉主义者将“看见某个东西是好的”，或者“理解了应然之事”与“对其进行处理”之间的联系视为完全偶然的。

柏拉图是首先建议以直觉为道德知识基础的人之一。但是，他没有想到与行动的联系是偶然的。因为他从苏格拉底那里继承的信念是美德即知识，以及没有人会愿意去做明知是邪恶的事情。因此，柏拉图相信，一种实现善的情感欲望是伴随对什么是善的认识而产生的。苏格拉底学说在其他方向上似乎不正确，因为他使道德知识与行动联系得太紧密。如果一个人说他知道什么善，但他又不打算行善，则他的话没有逻辑矛盾。然而，苏格拉底坚持认为，这样的人不可能真正地懂得善。

然而，苏格拉底的观点似乎要比后来直觉主义者的观点站得住脚，后者把道德知识比作感觉或者比作理性的赞同，因为它的的确确在道德知识和行动之间建立了联系，尽管联系得过于紧密。正确的观点肯定是，道德语言的**一般功能**在于指导行动或使人做事。说某件事是好的意在暗示有做这件事的理由或促进这件事发展，而且必定有充分的理由诱使某个人去行动。否则，道德知识绝不会具有使人做事的功能。但是，从心理学角度说，特别情况中暗示的理由不一定有着足够强大的力量让使用公共语言交流的人用一种可以描述的方法去行动。他可能会说或者认可和平是件好事情——意味着有充足的理由去谋求和平。但是，他也深知，他自己并不想不遗余力去争取它。然而，如果没有什么值得某个人或其他人去尝试促进它的原因，就不会有人明确地说这是件好事情。

尽管直觉主义如同自然主义一样不是一种合适的伦理学理论，但它像自然主义一样，用一种扭曲的方法暗示了道德知识和话语的重要特征。因此，它是有意义的。前文在对直觉主义的批判中提出了一个观点，即诸如“善”和“应该”这样的词汇以话语形式出现时，它们具有指导人行动的特别功能。这不是唯一用语言来规范人的行为的方式。另一个普遍的实际话语形式是命令。在诸如“善”和“应该”等术语出现时，道德语言区分的功能在于暗示有理由做所说的事情。“关门”和“你应该关门”这两种表述都有实际的功能。但是，“应该”关门不含有强制性。当然，没有任何事情依据使用“善”和“应该”等特别词汇去发挥这种功能。一旦语言有足够的差异，通过命令让人做事与通过晓以道理让人做事就会有明显的差异，任何词汇都可以达到这种效果。所以，它不是一种根据特殊词汇的使用来推断其实质意思的词语争论，确切地说，它是发生在词汇与试图用一种以话语形式差异为依据而提出的假定之间的争论。它声称所假定的是一种通过说明理由让人做事的概念的发展，这是一种特殊的规则形式，与一类特别词汇相关联。在我们的词汇中，能够起到这种作用的最为普通的词汇有“善”“恶”“应该”“不应该”“正确”和“错误”等。作为伦理学理论的“直觉主义”非常坚决地表明，道德中的推论或实践理性，就其正当性而言，完全不同于它是什么，曾经是什么和未来是什么的推论，后者属于科学的和历史的描述性及解释性话语的任务。但是，它用一种误导的方式这样做了，因为它保留了适合用于回答理论问题的模式，将道德知识建立在所提出的两个“看见”形式中的一个基础上。

这一模式突出了实际话语的另一个主要特征，即常常被称为自律的特征。事实是，我们不能仅仅根据经验性观察和概括来解释和推断什么是善或什么是应该做的。“非自然”的品质和关系的假定，以及有内在眼睛（inner eye）在督查和控制它们的假定，用一种戏剧般的但却是带错路的方法证明了这一点。因为，如果假定道德知识的理由可以通过凝视而获得，那它忽略了道德话语的实际功能，即它与行动之间的密切联系。因此，在这方面，直觉主义采用使人产生误解的方法来证明一个涉及道德术语分析和道德说服正当性的重要观点。

在另一方面，直觉主义还用一种使人产生误解的方法得出了一个有关道德话语的重要观点。断言道德话语就是通过说明理由来规范行为的实际话语形式，实际上是在断言道德话语的某种客观性。有人认为，被描述的东西都有其存在的理由，主张将道德语言与个人的喜好和怪念头区分开来。“我喜欢斗牛”表达的意思不同于“我赞成斗牛”，正如说园艺学是好的不同于说园艺学令人愉快一样。直觉主义者试图通过假定一种品质或关系难以为人察觉的客观性范式来表达他们的客观性和人际关系标准的主张。正如已经表明的，它不能用这种特别的形式来坚持这种客观性的主张。因为由内在眼睛所看到的“非自然品质”和关系引出了标准条件和规范观察者的问题。但是，至少直觉主义者一直在坚持认为这种做法的客观性。这样的确是正确的，因为其中内含的意思是在每种理念中都存在着做某事的理由。

另一方面，当这种由理由支持的理念被强迫接受时，直觉主义的优点和弱点也暴露无遗了。直觉主义者，特别是柏拉图，一直强调“看见”的终极经验只赋予那些反省的人，即那些公正且清楚地思考了处境和活动的人。“直觉”像以往一样提供一种基础，离开它就不可能进一步思维。实际上，当我们说某个东西是“凭直觉”知道的，而不用人们常常说的“知道”，其意思是暗示所说的东西是真实的，而且确认它是真实的，它与说“知道”不同，因为，对于说知道，其理由是公开的。就这样，直觉主义者保留了与理性的联系，但是很快放弃了对非专断道德原则基础的探究。在实践理性领域，这些原则是什么及这些原则如何显示出非专断性必须留到后面再做考虑。[1]

第四节　情绪主义

有人认为，直觉主义的伦理学理论受到人们的批判，原因在于它的道德判断的专断性。然而，这并不是直觉主义理论倡导者的初衷，因为他们认为，如果没有例外的话，他们所构想的道德判断会像数学中的判断一样客观。另一方面，那些“感情”或唯意志论的倡导者接受了这种专断性的判断。这至少表明，在他们看来，理性证明这些判断的正当性是不可能的。他们将它们比拟成感受的表达或命令。

这种理论的强烈意义在于它们拒绝承认道德判断是对特殊理论问题的回答。在近代，狭隘的意义观随着其陈旧的理论模型频繁地受到

1　参见本书第四章至第八章。

抨击。自然主义和直觉主义假定的是，词汇必须具有其名称所“代表”的事物、特性或关系的意义。由此，有一种倾向认为，“善”和“应该”必须真正意味着可观察的特性或关系，或者代表特别种类的“非自然”特性和关系。一旦人们意识到，并非所有词汇都具有其代表的名称的含义，道德术语就有可能具有用一种会带来不同意义的方式所赋予的意义。奥格登和理查兹曾尝试解释流行的“情绪”概念的意义。[1]伦理学术语意义被曲解的方法在艾尔和史蒂文森那里得到了发展。[2]有人认为，像“善”这样的术语，表达的是人们如何感受的，且希望让别人获得相同的感受。史蒂文森将“这是善的”分析成“我赞成它，也会这样做”，也许是这种方法最臭名昭著的一个例子。

意识到道德话语具有指导功能并不新鲜。伯克利在其《人类知识的原理》（*Principles of Human Knowledge*）（导论部分第二十节）中评论道，由语言作为标识的思想交流并非是语言主要的和唯一的功能。他说，语言还有其他目的，如“唤起激情，激起或阻止行动，使心智具有特别的倾向”。他还提出一个观点，这个观点也是在当今人们通过对道德词汇的褒奖功能的详尽讨论中提出的。他说：“例如，难道我们能不被别人许诺一件好东西而感动吗？尽管我们不知道这个好东西是什么”。这个观点的新颖之处在于认识到了指导功能是道德话语与众不同的特征。

1　奥格登（Ogden, C.）和理查兹（Richards, A.）：《意义的意义》（*The Meaning of Meaning*），纽约，哈考特·布雷斯，1923年。

2　参见艾尔（Ayer, A.J.）：《真理与逻辑》（*Truth and Logic*），伦敦，高兰兹，1936年，以及参见史蒂文森：《伦理学和语言》，纽黑文，耶鲁大学出版社，1944年。

当然，休谟是非常清楚道德话语这一特性的。实际上，他依据伦理学理想主义理论提出的最有破坏性的批判，是认为道德话语没有说明其对意志的影响。“道德可以激起热情，引发或阻碍行动。在这方面，其自身的理性是不起作用的”。[1] 无论怎么说，休谟自己对道德话语的表达十分感兴趣。因此，他的理论中“情绪”的要素在历史上发挥了非常大的影响，例如，对斯密[2] 和韦斯特马克[3] 理论的影响。唯意志论要素的重要性直到近代才受到重视，这是黑尔[4] 和波珀[5] 理论的特征，他们将道德判断与命令和决定联系在了一起。

休谟在分析道德话语时依赖情绪要素在他所察觉的“是”和“应该”的沟壑间架设了一座桥梁。他认为，“……当你宣布任何行动和人物是邪恶的时候，你只不过在本能地表达一种感觉或者谴责的情绪”。[6] 根据他的观点，也根据后来的情绪主义者的观点，以“善”“应该”和“错误”这样的词汇为标识的道德特征必须根据它们表达的情绪或感觉来进行解释。因此，道德自律得到了保留，因为道德话语是自成一类的。也因为它表述的特殊性和褒奖性质，它是理论话语不可缺少

1　休谟：《人性论》（*A Treatise of Human Nature*）第三卷，第一部分，第一节。

2　斯密（Smith, A., 1723—1790），即“亚当 · 斯密”，英国政治经济学家。——译者注

3　韦斯特马克（Westermarck, E., 1862—1939），芬兰社会学家、人类学家和道德哲学家。——译者注

4　参见黑尔：《道德的语言》（*The Language of Morals*），伦敦，牛津大学出版社，1952 年。

5　波珀：《开放社会及其敌人》（*The Open Society and Its Enemies*），伦敦，劳特里奇出版社，1945 年，第一卷，第七章。

6　休谟：《人性论》，第三卷，第一部分，第一节。

的；道德判断也不可能是来自那些不包含道德原则的前提的推断。但是，道德话语的自律是以牺牲客观性为代价的。因为休谟曾经煞费苦心地指出，不合理的道德判断所产生的唯一意义——如果能这样假定的话——是对能够唤醒我们感觉的情境的原因、特征或后果等经验性事务做出错误性推断。同样，史蒂文森强调道德方面的意见分歧常常预先假定了世界观方面的信念分歧，不过，后者可以通过理性得以调解。迄今为止，无论怎么说，由于分歧是完全以态度不一致为基础的，因此，理性地说，没有什么事情可以做成，因为态度不是某种可以用理性证明其正当性的东西。最后，可以说，道德判断是件极为深奥微妙的事情。

由于这种理论的表述常常是粗略的，因此也使它招致明显的反对意见。反对者认为，人们常常是在冷静状态下做道德判断的。休谟也承认这一点，他说，满意或不满意的情绪常常导致推论错误，冷静是其原因所在。他也注意到，人们赞成或不赞成一种行动是由他们的成长经历决定而不是因为确信这些活动是邪恶的或是值得赞扬的。他可能也像史蒂文森一样认为，假如在某种情境下，一个人的感情被激起以致他自己可以亲自根据第一手经验进行道德区分，他的情绪不一定会为他做出的每一个道德判断而激动，因为他能发展一种应对这种情境的相对稳定态度。但是，根据这种周密解释，这种反对意见很容易包含在深奥微妙的理论阐述里。

对这种理论还有一种更为严肃的批评，即以未经分析的“情绪”或“情感”概念为依据做出的价值判断是靠不住的。分析“情绪”或“情感"概念的第一步是要表明,能够被称作情绪的心智状态特征,诸如"恐惧""愤怒""嫉妒"或"懊悔",是通过对与其有内在联系的目标或情境的评价描绘出的。这样说的意思是,一个人如何看待情境对于描述心智状态而言极为重要,无论描述的是作为整体"情绪"的状态,还是描述单个的情绪状态,如"恐惧""愤怒"或"怨恨"等。为了得到这样的描述,一个人必须将情绪方面的惬意或不惬意的两种不同情绪看成特定场合的惬意或不惬意。例如,一个害怕危险的人看到险境便会感到不惬意。只有参照人所处的特定情境,嫉妒才不同于单纯的愤怒。一个嫉妒的人在特定情境中总觉得自己失去了他有权得到的东西,而一个愤怒的人在特定的情境中总认为自己遭受挫败的原因是遭到别人的暗算或境遇不佳。包含在"情绪"中的"感情"是与人对待情境的态度分不开的。

现在,伦理学的情绪理论试图根据感情、态度或者根据赞成及不赞成的感觉来解释道德判断。但是,除了根据一个行动是正确的还是错误的评价之外,又怎样能描述"赞成"或"不赞成"的特征呢?这种理论力图根据情绪、态度或不赞成的情感来分析"那是错误的",但是,"不赞成"概念假定的是"错误的"理念在前。特别是,这种评价本身也有感觉的支持。这就是为什么它被恰当地称之为评价的意思。但是,感觉特有的性质源自评价的认知核心。因此,评价是一个"错误的"行动。简言之,伦理学"情绪"理论的主要缺点是它缺乏一个适当的"情绪"概念。

事实上,休谟对评价的叙述要比现代观点深奥、微妙和合理。他将这种情绪反应与公正的旁观者的“普通观点”联系起来，旁观者为所观察到的行动所感动，因为这些行动对代理人或对社会而言是有益的或者是令人惬意的。所以，他设计了一种特别的评价用以评价赞成和不赞成的情绪。在他看来，道德情绪可以归类为“公正的激情”，当公正的旁观者的普通观点被采纳时，这种激情便会迸发。在道德情绪的认知核心里，理性态度必不可少。

人们认为，客观性是道德判断的显著特征之一，意思是说，诸如“应该”“正确”“错误”“善”和“恶”等术语表明了对理性的支持，如果理性假定的是像“公正”一类的事情或是采纳“普通观点”的话。

这样，在休谟的描述中，道德判断的客观性通过它对评价的认知特征的分析而被无意识地保留了下来。他否定道德特征以理性为基础，因为他狭隘地将推论解释成要么是展示证据的事务，要么是科学推论的事务；也因为他未能发现他所描述的深奥微妙的道德情绪包含一般意义的理性的基本内容。从休谟描述的“公正的激情”中抽象出作为理性基本假定的公正准则的任务留给了康德。

也许，伦理学情感理论最重要的贡献在于它通过与感觉的联系坚持道德话语的指导性功能。那种根据感觉来解释判断形式的尝试必须被抛弃，正如以同样的理由根据狭隘的“情绪”概念解释判断形式一样。因为，如果将“感觉”从认知核心剥离，那么，“情绪”的特性怎样才能得以描述呢？一个人肯定可以感觉到快乐、高兴及愤怒、嫉妒和害怕。但是，如果将这些感觉与看到的情境分离开来，那么又怎样鉴别这些感觉呢？当然，人们会产生与所处情境无关的奇特模糊感觉，以及能够维持一段时间的情绪，如隐隐约约不安的感觉和莫名的焦虑。但是，这主要是感觉模糊的、莫名的特征使它们显得奇特，这需要给予特别解释。

无论怎么说，感觉是与评价情境密切联系的而不是与依靠自立的存在相联系的。这一事实并不影响一个极其重要的观点，即并非所有认知都具有这种特性。在这方面，认为一个人有 6 英尺高的感觉完全不同于认为他是一个危险或邪恶的人的感觉。“危险”和“邪恶”的感觉是能够被称作“评价”的认知的家族成员。这些评价会得到一种感觉的支持，因为被发现的品质对我们而言有积极的或消极的诱发力。正如过去认识的一样，心智运动是根据其特征得以描述的方式走向或离开客体或情境。这种评价功能或者作为行事的动机，或者就情绪而言，作为对我们遭遇的事物的解释，它与我们的植物神经系统有着密切的联系。[1] 我们能因恐惧或者因羞愧而行动，我们的牙齿可能因恐惧而打颤，我们的双颊可能因恐惧而变色。这种“感觉”能够根据评价的认知特性得到辨认，因为它们也是评价的一部分，但是无法用更加明确的方法来描述它们的特征。

这种分析并不是说，当人们评价情境时必须处于高度兴奋状态。毕竟，热烈、紧张和紧迫的感觉有很大的差异。但是，这种感觉一定是人们在某些场合亲自获得的感觉。还有什么其他方法能够诱导人们去行动或引发他们的痛苦呢？事实上，一些与人类普遍存在的恐惧和

1　参见彼得斯：“情绪与被动性范畴”（Emotions and Category of Passivity），载于《亚里士多德学会公报》（*Proc. Aristotelian Soc.*），1961—1962 年，第二节。

愤怒的感觉相联系的评价也为学习其他感觉提供了范式。但是，一旦相关的评价得以习得，这些评价便可以形成不同程度的感觉和形成较持久的态度。但是，区分这些态度的认知核心总是不变的。

有两种水平的道德评价取决于“道德”理念的特性。在最普通的意义上说，当它与高频率使用的概念，如“善”“应该”“恶”和“错误的”联系时，情境或行动得到了积极的或消极的评价，同时也意味着有存在的理由或者有做事的理由，以及有不应存在的理由或者不应做事的理由。换言之，这些词汇暗示着积极或消极评价特征的理由而无需明说。在更加明确的意义上说，它与诸如“令人满意的”“仁慈的”“危险的”和“残忍的”等内含评价理由的术语有关系。

道德哲学的一个主要问题是要去发现为什么这些理由是可证明为正当的，而不是其他理由。休谟的理论是，作为一种事实，所有道德评价最终源于对什么是有益的估计，或者源于对什么是与社会或者公正的人的观点一致的估计。无论怎么说，当一个人声称要当社会科学中的牛顿[1]时，他只是简单地注意到一个人做过了的事情，且试图尽可能地给予简单的解释。然而，当他认识到他无法为这种基本选择提供任何理性的论据时，他不可能积极尝试去证明他所认为的人类普遍态度的正当性。就像所有倡导情绪理论的人一样，休谟认为，最终要证明内含在道德原则中的这种态度是不可能的。问题是这种令人沮丧的结论是否有充足的理由。

1　牛顿（Newton, Sir I., 1643—1727），英国物理学家。——译者注

对于教育家而言，这不是一个学术问题，而且这也不是教师需要回答的问题，因为，在现时的英国教育界内外，教育是一个激起道德热情的话题。教育分配的不公正受到了严厉谴责，正如收入分配不公正曾经遭受的谴责一样。学校应该怎样对待儿童，即是允许儿童做自己喜欢做的事还是用一种权威的方式对待儿童，依然是容易激起公众义愤的问题。学校的惩罚，特别是体罚，依然是尖锐辩论的中心话题。教育已经像婚姻和政治一样道德化了。

所有这些讨论的背后有一个假定，即存在诸如公平、自由和考虑人们利益的原则及什么是人们的利益的评价。争论主要围绕这些原则的应用和具体情境的评价方面。提出的问题很少是针对原则自身的正当性的。此外，在本章对古典理论所做的简要述评中，还没有发现有人声称这些原则能够得到证明。这些辩论就像过去教义辩论一样对一些人是有意义的，即对那些沉湎于其中而又因缺乏理性地获得真理的程序而犹豫不决的人有意义。情况会是这样的吗？像过去僧侣们辩论教义问题那样，我们没有求助于棍棒，而是求助于选举。这是一个令人沮丧的类比。

第五节　实证的正当性理论

无论怎么说，这些道德原则的理性基础的可能性不应当过快地剔除，因为还有一个康德采用的论据形式尚未得到检验。如果这种争论形式是有效的，那么，当人们相信道德原则的正当性是不可能得到确切证明的时候，也就不令人吃惊了。因为从根本上说，证明这些原则正当性的形式在于探究它们背后的原因以弄清楚它们的内在假定到底是什么。康德对两种现象印象深刻——牛顿物理学的兴起和法国革命者倡导的正义和自由对旧秩序的挑战。针对这两种现象，他问道："我们对使这些现象成为可能的人类心智做过什么假设？怎么能够这样阐释世界呢？普通人怎么能够诉诸抽象的是非观念来谴责现状呢？"他对这些问题所作的专门回答也许不能令人信服，但是这种争论形式也许是有效的。实际上，这也许是唯一的争论形式，通过这样的争论，能够表明一般道德原则有着扎实的基础。

下面是一种不同的争论形式。人们一直在假定出现一种不同的话语形式，这种话语形式通过提供理由产生一种能够指导人们行为的实际功能。当人们在问应不应该做某件事的时候，或者当人们判断善恶时，人们会采用这种话语形式。古典伦理学理论之所以没有给出令人满意的回答，原因是这一问题实际是要证明这些与理由相关的原则的正当性问题。如果第二章描述的心智发展受到认真对待，对古典理论需要做的显而易见的一点评论是，他们把人完全视作一个孤立的存在，就好像一个人在拧自己的私人装置的开关一样，应用自己的"理性""感觉"或"直觉"。他们所忽略的是情境的公共特征，在其中，这种应用能力是伴随着用一种抽象原则的形式做公开的假定而出现的。

一个人实际所说的话中存在着他实际假定的东西，这种仅依据个人情绪表达观点的现象是可能出现的，但一定是取决于个性特质的非常偶然现象，而且显然对普通伦理学道德发展毫无益处。其中，在他用公开话语形式与其他人或者他自己认真探讨个人应当做什么和必须假定什么的时候，更加重要的是能够拿出证据来说明。同样，一个人也可能探究科学话语的假定。这些争论不一定关注个人的特质探究，但是会关注公共假定的探究。它们可能会引起人们依据话语形式中概念之间已确立的关系注意到意义的考量。例如，如果一个人拒绝遵守无矛盾原则，那就很难相信他会用一种清晰的方法将术语联系起来。争论也许来自这样的思考，即需要什么样的条件，才能保证在一种话语形式中所说的东西可以确认是真实的。这种条件是否得到公认无关紧要，只要它是某个可能存在的领域中的一个真实系统。但是，如果说它在这个世界具有应用性，那就必须假定有真实的条件。例如，毫无疑问，神学的陈述是清晰的，而且具有内在的一致性。但是，如果要将它们应用于这个世界，那就有个相关条件必须得以满足的重大问题。最后，尤其重要的是，就道德判断而言，假定是与话语形式的特点相关的，或者是与人们认可的功能相关的，人们不会只用一种方法使用语言。他们可能用它来交流信息或表达情绪，另一方面，人们也可能用它来作为指导行为的一种系统方法。

如果能够表明，一种话语形式要有意义、能够被应用或者要有特征就需要有特定原则，那么，对于证明原则正当性而言，那就是非常有说服力的证据。对严肃应用原则的人来说，它们会表明他所必须承诺的东西。当然，任何人都可以说他没有做过如此承诺，因为他没有采用这种话语形式，或者因为他现在意识到这是一种假定，所以决定放弃它。采纳这个立场可能行得通，例如，在涉及巫术话语或占星术话语方面；因为在我们这个社会，个人不需要被引导进入这种话语形式，也因为他们能够慎重地决定是否采用这种方法思考或谈话。例如，许多人可能错误地放弃了宗教语言，因为他们看到的是其用途的局限性。例如，说某个东西是真实的却从未提供真实的条件。但是，在道德话语中采取这一立场是非常困难的。因为它坚决拒绝谈论或思考应当做什么，那么在这个意义上，那就是对一种思想形式的放弃，而这种思想形式是我们这个社会所有的人都将在不同程度上被引导进入的。此后也不再容许提出任何指导行为的理由。很难想象道德怀疑论者去谴责自己的生活。他当然不会读到像这本试图为判断找到理性基础的书。因为这本书只是为那些认真思考“我应当做些什么”问题的人而写的，旨在提出并尝试回答这个需要研究的问题。

第四章　平等

导　言

也许，在证明教育内容和过程正当性之前讨论教育分配似乎有点不符合逻辑；但是，这种安排主要基于心理学的考虑而非逻辑的考虑。首先，这种先后顺序的安排似乎不会引起一些关注当代教育分配问题的读者的诧异。社会贫困阶层的教育困境问题是主要的关注对象，但很少有人在思考贫困阶层正在失去的东西的本质属性问题。因此，探讨与“公平”和“平等”有关的问题，会提供一种研究教育的伦理学基础的方法，这也与由来已久的遵循学生利益的教育实践是一致的。

第二，“平等”和“公平”的伦理学基础似乎比教育内容的“平等”和“公平”的基础更加稳固些。正如前面一章解释的，这样做是希望提出一种特别的争论形式来证明教育方式和教育事务的正当性。这种争论形式不容易被理解掌握，许多人会质疑其有效性。但是，非常清楚的是，它对公平原则的支持要超过它对构成课程主要活动的价值所产生的影响。实际上，在支持康德最初提出的一种特殊形式的公平原则方面，这种争论的形式有其自然的家园。因此，要解释这个观点，许多话需要从平等和公平原则开始说起。

自从功利主义者提出我们是如何知道诗歌比图钉更受偏爱的问题以来，哲学家们一直在试图提供能够支持这种应当更受偏爱说法的论据，但失败了。不过，他们也有小的收获。因此，从解释观点的角度看，在先前没有尝试过的领域，尤其在人们认为感受比原则重要的地方，将此作为论据显得鲁莽。只有那些彻头彻尾的主观主义者会坚持公平的信念是一种感觉问题。如果什么是一个原则，这就是一个原则。所以，要解释这个观点，还有许多话要说，从证明公平或正义的正当性开始讨论，可以使我们接近我们试图建立的伦理学基础的奠基石。

第一节　关于平等的思考

在人性的问题上，那些坚持平等原则的人常常遭人诟病，说他们的理论纯属经验性概括。如果他们的确如此，他们就处于一种极易遭受攻击的位置。因为，作为一种经验性概括，那种说所有人都是平等的声明要么是空洞的，要么是显然错误的。说它空洞是因为“平等”这个术语像“同样”（same）这个术语一样只是用来比较人或事物的，而且这种比较只限于某些方面。因此，除非被用来比较的人能够得到清晰描述，否则，这种声明就是空洞的。尽管声明说了很多，但等于没说。然而，如果一定要把受比较的人的某些方面描述清楚，那一定会显得不真实。因为，在身高、体重、智力、敏感性或者其他特质方面，人显然是不平等的。

无论怎么说，“人人平等”作为一种经验性概括，很少能发挥其作用。尽管作为声明，不论其表达是否符合语法形式，它的逻辑功能通常是定下一条规则而不是表达一种经验性概括。一般情况下，它相当于说人应当受到平等的对待。但是，这种相当直白严格的训谕（injunction）怎样才能得到执行？它肯定不可能意指所有人应该完全受到平等对待。例如，难道所有人都应该缴纳同样数量的税款而不论他们收入多少吗？难道体力劳动者在食物配给方面应当获得与办公室职员等量的食物吗？难道聪颖的儿童应当与智力缺陷的儿童接受同样的教育吗？也有可能在一些生活领域采取这样的做法，但是，那肯定不是明智的做法，也不是公平的做法。公平或正义的要求与绝对平等的要求不同，它主张人应当受到有区别的对待，如果有确当的理由支持这样做的话。正如亚里士多德指出的，平等地对待不平等者（unequals），正如不平等地对待平等（equals）者都会导致非正义。

这样，分配正义原则就能得以制定，即平等者应当受到平等的对待，不平等者应当受到不平等的对待。这种表达听起来相当玩世不恭，但并非如此。需要解释清楚的是，第一种训谕指的是同一类人应当受到同等的对待，第二种训谕是指区别地对待不同类的人。例如，属于“智力缺陷”类的所有儿童应当受到同等的对待，但是，作为一个群体（as a class），他们受到的对待应当与智力“超常”类儿童有所区别。第一种训谕等于说规则就是规则，或者等于说绝不能有例外，当然，除非创造出例外的类别。第二种训谕定下的规则是，将人划入不同的类别，如果有确当理由的话。当然，问题会是如何确定第二种训谕中的确当理由，或者如何确定第一种训谕中的例外。涉及分配原则的问题是，智力缺陷和智力超常儿童之间的差异是确当的差异吗？《1944年教育法》规定的是，儿童的教育应当与他们的年龄、性向和能力相一致。这些差异就是决定教育供给的确当理由吗？分配正义的原则没有规定这些标准是否是确当的。

崇尚平等者可能在这一点上烦躁不安，因为他会明显感觉到，如果足够聪明，是有可能发现人与人的不同之处，从而可能以此作为区别待人的相关理由。但是，令人不愉快的正是这种倾向于区别对待的做法。因此，他可能抵制这一倾向，声称在某些方面所有人都一样的现象能够证明所有人应当受到同样的对待。萦绕其心头的想法甚至是，除非存在着这些理由，否则，关于平等的思考就没有理性的基础。因此，他可能去寻找人作为人的特质，例如，人的理性，人承受苦难的能力，或者在同一类中所有人作为人的基本需求。[1]

如果他试图按照其思路来证明平等考虑的正当性，我想他注定会失望的。因为，如果将人的一般特性，如理性、承受苦难的能力或者基本需求等挑选出来看，那么，显而易见的是，在这些特性或能力方面，人与人之间是有差异的。所有人也许都能够思考，或者能够承受苦难，但是，一些人的思维能力比其他人强许多，一些人的敏感性也明显比

1　例如，参见霍布豪斯（Hobhouse, L.T.）：《社会正义的要素》（*Elements of Social Justice*），伦敦，艾伦和昂温，1922 年，第 95 页。

其他人强。所有人都需要某种食物，但是不同类别的人需要的食物的量和种类是不同的。因此，显然，如果问题涉及个人或一群人的分配问题，这种相似性不能一直用来证明平等对待的正当性，因为这些差异是否与分配相关，取决于分配什么和分配的意义。

然而，这其中的含义可能存在着某种人**作为**人所拥有的一般特性，它们可以用来证明人在这一方面受到与动物不同对待的正当性。然而，这一点不能作为其他理由的论据，因为，这是一种特殊类型的自然主义，它作为伦理学理论有着不足，这在前一章已揭示。假定，以人的思维能力为例，有人认为，作为有思维能力的人受到的对待应当不同于没有思维能力的动物。这一点也许可以为同样地对待所有人的做法提供理由。但是，当然，它提供的不是应当如何区别对待的基础。它也未表明人的思维能力和承受苦难的能力为什么应该得到尊重、发展，或者为什么应当受到忽略。实际上，正如前一章提及的，卢梭接受了人类与动物不同这样一个事实，因为人类有思维能力。但是，在他的《论不平等》（*Discourse on Inequality*）一书中，他认为，人类的不幸之一是疏远了自然界。他认为，有思想的人是一种堕落的动物。在这个方面，人类与动物是不同的，但是，这正是人应当减弱的能力而不是应当发展的能力。

我认为，这种争论表明，为平等地对待所有人寻找积极理由的努力是徒劳的。如果人们在考虑平等的一般原则时要依据这种理由，那几乎没有希望能够证明其正当性。那么，这意味着它的正当性无法得到证明吗？如果排除对直觉的诉求，难道就没有其他方法证明这条基本原则的正当性了吗？它仅仅是感受的问题吗？或者仅仅是一个我们怎样看待自己同类的问题？

第二节　平等原则的正当性

迄今，那种试图证明平等考虑的正当性的假设是，平等地对待相同的人需要证明其正当性。但是，为什么应当用这种方式提出这样的问题呢？为什么不假定区别对待人需要证明其正当性呢？假定可以从另一个角度阐释这一原则的话："除了特殊情况，没有人能够声称应该得到比别人优厚的待遇。"那么，我们就不必去为平等地对待相同的人寻找正面的理由了。这一直是希望证明区别对待人具有正当性的人的责任。如果其他方面都一样，换言之，所有人的声称都应当得到平等的考虑。

这种原则的重新阐述就不再需要为平等地对待人寻找正面的理由。但是，如果说不出理由来表明这种假设的陈述是适当的话，这相当于一个文字游戏。除非能够表明这个提供理由的责任为什么应当由那些主张区别对待人的人来承担，而不是由那些主张平等地对待相同人的人来承担，否则，这个原则的重新阐述就是一个武断的定夺。那么，这个怎样才能表达清楚呢？唯一表达的方式是确定无差异就无区别（no distinctions without differences）对待这个一般原则是实际话语的预先假定，或者，它是决定应当做什么的前提。

假定的一种情境是，任何掌握了公共语言的人都会问"我应当做什么？”这个问题。在他面对选择时，他会问为什么选择这个而不选择那个的理由。如果他仅仅以“理由充分”为依据在A与B中做出取舍，那么，A一定具有B所缺乏的可以作为理由或原因的特点。一个认真使用实践理性话语的人是在选择一个概念而非宣传这个概念，“应该”的概念大致相等于有做某事的原因存在。因此，对于一个有着行动原因的概念而言，无差异就无区别原则基本上是一条非常正式的原则。所谓的选择A而非B的原因是A作为选择的原因在某一方面被认为与B**有不同之处**。严肃地使用实际话语承担的是寻找这种原因的责任。它承担的责任是选择而非“宣传”。没有这样的前提，话语会没有意义。当然，古怪的人会稀奇古怪地询问，什么是他应该做而又无须认真寻找取舍理由的事。或者，他能够发现他应该做的事情，但又表示他不打算去做。但是，这不可能是普遍的做法（general practice），或者说，在社会生活中，实际话语绝不可能有这样的实际具有的功能。普遍的做法一定是当人们使用这种话语形式时，他们内心一定明白这种功能。

探讨能够证明特定行为正当性的情境特征是在假定做某事的原因不可能简单地由个人的定夺而形成。因为，如果他在思考A的特征而非B的特征以便做出选择时，他必须假定，A或B可能拥有某些能够使其做出正确或明智选择的特征。这就是在假定，就一般而言，存在着一些能够区分做事的正当或不正当理由的原则。例如，在决定是否对学生施以体罚时，影响结果差异的原因可能是因为受惩罚的男孩是政敌的儿子。如果没有一些原则，如“伤害儿童需要证明其正当性”

的原则和“一个人应当伤害其政敌儿子”不需要证明其正当性的原则，那就没有办法去排除因为男孩是政敌的儿子就应当受到鞭打的原因。因此，如果一个人能够诚实地说，行动的原因都有其特征，而且这种特征就是赞成或反对选择的理由，那么实际的话语就预先假定了给出确当理由的一般原则。选择不可能是个人裁决的事务，如果这个裁决是敏锐的、聪明的、正确的、明智的，或者是有远见的。无论是谁，他都会这样认为，只要他真正关心他自己应该做什么事。因此，一定有着在一个人做出选择时可以依据的一般原则。

说原则是一般的，意思是说什么应当在具体情境下做，或者是说在其他情境下什么是其他特殊人物应当做的，或者什么是其他人应当做的，除非所涉及的情境或人中存在确当的差异。无法鉴别出的情境或人绝不能作为区分的依据。如果理由在一种情境中存在，那么，这些理由在其他情境中也会存在，除非能够进一步找到可以表明相关差异的理由。

到现在为止，我们已经阐释了公平或正义的正式原则。这毫不令人吃惊，因为我们已经对能够证明“正当性”的东西做了正式的分析，它与“正义”的概念有着根深蒂固的联系。正义是一种非常特别的原则，尽管穆勒在他的《功利主义》（*Utilitarianism*）一书第五章试图将其看成是所有美德的同义词。它实际上是应当作为原则的原则。正义的基本观念是，如果存在着确当的差异，就应当有差异地对待，如果没有确当的差异，就不应当人为制造差异，或者说，不应在不确当的差异基础上制造差异。在涉及法律面前人人平等的概念中，以及在先前对原则的讨论中，原则（无差异就无区别）的消极特征的重要性已经得到充分体现。[1] 原则的比较积极的特征倒是不大受到重视，尽管亚里士多德想引起人们对它的注意。亚里士多德曾指出，非正义产生于平等地对待不平等者，以及不平等地对待平等者。换言之，以确当的理由分类如同公正地对待那些属于同类的人一样重要。

原则的积极和消极两个方面都与“确当”的观念有关。这表明，它具有作为创造和应用原则的正式特征。在积极的方面，它规定，如果存在着确当的差异，那就应当有一条区别对待的规则。但是，根据正义原则自身还无法确定那些关于相关差异的思考是否正确。同样，正义原则自身也不能确定那些为规则的例外提供的理由是否确切。

凸显原则的二阶逻辑特征的另一种方法是要注意到，如果一种情境在某一方面不受规则控制，就绝不会有正义。它假定的是，一般而言，除了正义原则之外，还有一个原则规定了人应当拥有某个东西或者应当受到这种或那种对待。另一条原则应用于制定规则时对相关差异的讨论，以及应用于对规则执行时例外的相关理由的讨论。如果这是一个不受规则控制的情境，那么，有关正义的讨论就不合时宜了。在不受规则控制的情境中，没有人倡导分配正义，这一点可以很容易说明，其原因或者是物品的无限供给，或者是对待方式的无限机会。例如，此刻就不存在涉及呼吸空气的规则，因此，也就没有涉及呼吸空气的正义的问题。同样，一个男子在街上是否盯住一个女孩而非另一个女

1　参见本（Benn, S.I.）和彼得斯：《社会原则和民主国家》（*Social Principles and the Democratic State*），伦敦，艾伦和昂温，1959 年，第五章。

孩看不是涉及正义的问题，无论其方式如何。这是因为，目光的分配不受规则控制，就和食物分配一样。然而，在这样的情境中，如果空气变得稀少，或者如果这个男子是因人口大批减少而成为最后一个留在大群女子中的男子，空气的分配和目光的分配就可能成为非常重要的社会正义的问题。[1]

因此，正义是一项有限的原则，发挥的作用亦有限。它是一条有关操作规则的规定，强调要依据确当的理由确定分类的可取性和根据确当的理由确定例外的不可取性。正义的原则不足以替代任何道德方法（尽管明显有这个必要），这一结论不可能从它作为制约规则操作的原则的特征推演而来。因为，规则的可取性问题，即规则的执行需要既有区别又要公正的问题一直存在着。贫困者是否应该得到帮助不属于正义的问题。属于正义的问题是，一些帮助的形式是否应当给予某些类别的人，而其他帮助是否应当给予另外的人，是否有理由或者没有理由来决定规则的例外。同样明显的是，虐待者对受害者也能做到细微区分和公正。尽管他是个虐待者，他也会是公正的。虽然，虐待者以正义的名义行使的规则是错误的，但不一定是非正义的。除非含有的特殊对待形式能够与一些确当的差异性产生联系，而这种差异性足以构成区别对待的基础，非正义的问题才会在虐待中产生，或者在减轻贫困的过程中产生。

正义原则是一种试图证明行为正当性的假设，或者是严肃地提出

1　比较休谟的论点，除了稀有资源的争夺外，正义的概念就没有意义。参见休谟，《人性论》，第三卷，第二部分。然而，休谟的正义概念比这里的要狭隘得多。

“我应当做什么”问题的假设，有关这一方面的争论到此应该告一段落。因为前文已经说明，对这一问题的回答，没有哪个答案比其他答案好些或差些，除非存在着接受或拒绝的确当理由。换言之，如果原则不能说明理由，道德话语绝无应用价值。一旦一般规则的必要性得到承认，正义的原则便会随之确立，因为它已成为“一般规则”概念内涵的一部分。这样一来，“正义”就被构建成假设的能够证明其应用性的基本原则。拒绝接受正义的原则就是拒绝做出证明行为正当性的尝试。任何持有这样态度的人，都会将自己置于尴尬的处境。因为，如果他是在用“一个人不应当尝试证明行为的正当性”的说法或想法来支撑自己拒绝的理由，他自己是在用实际话语来反对实际话语。因此，他假设正义原则的目的是为了是禁止正义原则的使用。这个立场在逻辑上是站不住脚的。另一方面，如果他说或者思考“决不能思考或谈论你应该做什么”，或者，如果他射击任何向他射击的人，他就避免了逻辑上的自相矛盾。但是，为什么别人要注意他所说的话？在完全由非理性命令控制的情境中，理性的人也许当然不得不听从命令或者听从重要的呼吁，以尽可能调整自己的状态。但是，这些情境不是与哲学家的探究有关联的情境。面对一个躁狂的、歇斯底里的女子或者一个狂暴的纳粹分子，采用逻辑论据毫无益处。但是，我们希望，在教师职业中没有本书提到的这种人。

正义原则的这种论点不是公开指责伦理学的直觉主义和情绪主义理论，因为人们认为，如果实践理性既具有意义也具有应用性的话，这是一个必须接受的原则。证明正当性是人类活动的一种特殊形式，它相当于对理由的需求。在行为领域，对理由的需求是出于一种需要的，即尽可能依据分辨出的确当差异采取不同行为形式的需要。如果认真地考虑这种可能性，那么就能发现存在着确当的原则。这个原则必须具有一般性质，否则它绝不可能胜任在做出决定之前能够提供确当标准的任务。正义原则对具有差异的不同行动方式的一般规则做了限定，规则一旦制定，就不能有例外，除非这一原则适用的情境或人的确有可以作为例外的充足理由。因此，积极的和消极的正义原则都是一种证明正当性活动或寻找理由的假设。它远不是一种专断的原则，它是一种严厉谴责专断性的原则。因为，专断性含义要么是指不寻找理由的行动，要么是指制定规则时没有充分考虑各种不同的因素。

因此，人们已经提出了理性的依据，以表明无差异就无区别对待原则不是专断的原则。这就需要证明重申这种形式的平等原则的重要性："如果没有特殊性，没有人可以声称应当得到比其他人优厚的待遇。"然而，它也表明，实践理性总是假定，如果的确存在确当差异，就应当进行分类。分配正义原则的这两个方面都是正当的。现在需要探究的是，这一原则对教育而言意味着什么。可以事先推断的是，它几乎没有实质的含义。因为，正义原则的争论已经表明两点：其一，这个原则只有在受规则控制的情境下才具有操作意义；其二，正义的原则本身不能提供这些规则的内容。由于这些规则既是依据相关理由制定标准的基础，也是制定例外标准的基础，因此，做出以下推断就不困难了，几乎没有人能够仅仅依据这样的原则讲清楚教育供给的细节。还必须用其他原则来为正义原则的抽象形式填补内容。这些一般论点还需要通过更加细致的具体教育平等问题的思考来做进一步阐释。

第三节　平等原则的应用

教育不是像食物一样的商品。它的分配问题更加复杂。因此，在思考这个问题之前，通过一些简单的例子来描述其轮廓也许是有帮助的，这些例子就是性别平等与选举及与“应得工资”（just wage）问题的关系。首先，毋庸说明的是，这两种情境都是受规则控制的。在这两种情境中，有价值的东西是要分配的，而且确实有人被剥夺了分配的权利。就选举而言，争论围绕的问题是，是否存在着否定一个机会的理由。可能会引起争论的是：第一，平等应当是受到平等的对待；第二，是否允许分类，不平等是否应当受到不平等的对待。问题在于，要确定的不是是否应当分类，而是以什么理由分类。

在这两种案例中，“公平”的讨论依然是空洞的，如果不讲清楚它的特定内涵的话。例如，什么样的活动是选举，选举的社会意义是什么？什么是“挣工资”？工资的社会功能是什么？如果缺乏原理，进一步讨论就没有可能。因为，怎么能够在尚未深入思考活动意义的情况下就去确定能够成为例外理由的“确当性”或确定作为分类理由的“确当性”呢？作为行动的指南，源自方方面面考虑的理由必须服从原则，但是必须服从什么原则？假定在这两个案例中，既要考虑个人利益又要考虑公共利益。选举被认为是重要的机制，无论是推进公共利益还是保护选举者的利益均是如此。或者，在某一方面，它是对一个人尊严的羞辱，因为在做出涉及他或她的福利的决定时他或她没有发言权。同样，有关工资的争论也与一些思考有关联。例如，既需要考虑公共利益，也要考虑工资是一个社会吸引和训练某些技能行业工人的重要因素，或者争论与考虑个人福利和个人自我发展的问题有关。有关标准确当性的争论还取决于人们对服从原则重要性的考虑。

例如，就选举而言，任何准备就这个议题辩论的人不会将自己的建议单纯地建立在女子就是女子这样一个事实基础上。当然，也会有一些持极端非理性态度的人。在他们看来，女子也许能简单地列为低等人。但是，与这些人争论毫无意义。有意思的一点是，在人们臣服于非理性态度的地方，竟然到了论据远远多于在偏见潜流中被来来回回冲击的软木的程度。这一点就需要审视实际拿出的论据才能决定。

无论怎么说，如果有人确实准备争论说，他会提出一些与原则相关的理由，例如考虑人们的利益或者尊重人。他还会联想“作为女子”的一些其他特征，如不关心公共事务，易受感情影响，或者易受其丈夫意见影响等一些在他看来影响女子活动的因素。他也许会强调，儿童和低能的人不能参加选举。假定这个原因在于有人认为，那些缺乏公共事务知识的人是不可能很好地通过选举来推进私人和公共利益事务的。或者，有人认为，他们不是完整的“人”。因此，在这些方面，女子的确不同于男子？但是，假定女子是无知的。假定有人认为，文盲也因其与女子大致同样的原因不应当具有选举权。问题至此并没有得到解决。因为，这样做的话，他们作为人的尊严何在呢？即便他们的见识不广，难道他们的观点就不能得到考虑吗？如果他们没有机会表达自己的观点，他们的意见又怎样才能被考虑到呢？

在诸如此例的事情方面，源于利益考虑的观点与源于尊重人的观点产生了冲突。当隶属于不同的基本原则的理由在某一特别问题上发生冲突时，没有哪种规则可以确定哪种理由更为确当。这时，我们需要的是判断，而不是计算尺。

“应得工资”这一实例表明，潜在原则的冲突更加明显。在这一案例中，人们通常假定应当有不同的类别。但是，如果工资问题不是完全地交给市场、威胁和压力，那么，用什么标准来决定工资水平呢？首先应当考虑工作对社会所做的贡献吗？或者，既应当考虑个人赡养家庭的需要，也应当考虑作为公务员需要招待他人吃一顿高价午餐的需要吗？如果这两种考虑都与决定工资额度有关，那么，如何权衡它们的重要性呢？

还有一个更为复杂的问题必须论述。有人认为，尽管选举权或公平的工资权得到了正式承认，但现实中还会有问题阻碍正义的执行。例如，文盲劳动者的雇主和无知妇女的丈夫也许会施压要求他们要么不去投票，要么按照权威的要求去投票。或者，非常正式地说，公平工资的权利虽然得到了承认，但是由于工作岗位的不足或资金的匮乏，执行便会受到阻碍。或者，另举一例予以说明，人们常常认为，正式地说，法律面前人人平等的意思是说在法庭上不准以不确当的理由歧视人。而事实上，如果一个人是富人，他可以聘请大律师为其辩护，从而会使判决不公正地得以减轻。与其相比，穷人出不起大价钱聘请律师，则会获得另一种结局。在这些情况中，正式的安排对这种实际不平等的影响究竟减少到了什么程度？

显然，如果平等在一个社会最受珍视，那么就不应该对这样一种正式安排的需求有任何限制。例如，在选举中，不仅每个人在投票站应当受到法规细则的保护，而且也应该确保每个人能够乘坐舒适的交通工具到达投票点。但这是解决这一问题的蹩脚方法，因为财富上的差异，投票者获得信息的机会是不平等的。因此，应当为每个人提供必要的书籍、电视等，以确保这一方面的平等。但是，同样由于教育和早期成长过程的差异，事实上，人们从相关信息中获得的益处亦不相同。为了弥补这些，仅仅坚持送他们进同一类的学校读书还不够，他们还应当来自同一类家庭。实际上，家庭人口多少及家庭中父母关系和谐的程度也许是学习能力的最重要的决定性因素。所以应当有确当的安排来消除这些不平等的家庭因素。但是，做到这些也许还不够，因为还有遗传的差异性。因此，还要仔细关注生育问题，以确保每个人不要天生带有明显的差异性。

彻底的平等主义者会对消除人们观点之间的实际差异感兴趣。因为只要人们的观点实际存在着差异，人们就会一直争论分类供给标准的确当依据究竟是什么。彻底的平等主义者会认为这种分类是令人不快的。因此，他会赞成采取一些措施尽可能减少构成分类的确当理由；所以他会提出另一个理由沿着前文勾勒的路线前进。

对于这个幻想消除不平等计划中的一些观点，大多数平等主义者实际上是反对的。这样的立场也不会被用来作为平等的基础，因为，所要说明的是，执行这样一种计划是对自由的侵犯，或者说，人们会受到伤害，或者说，他们的作为人所发表的见解会受到漠视。换言之，追求平等会以损害其他重要原则为代价。作为一种历史的事实，大多数平等主义者很少倡导这样一种笼统的平等。他们竭力反对的是一种根本没有理由却要制造差别的非正义。例如，男女性别平等运动不是一种使女人尽可能像男人一样的一般运动。它反对的是否定女子想得到也应该得到各种东西的机会。而且，大多数平等主义者也坚信，其他原则也阻碍了他们对平等的追求。

第四节 教育中的平等

工资和选举的简单案例用以表明了在平等原则应用中的一些重要观点。第一，在具体的分配事务方面，只要针对是否允许有例外或者是否应当分类的争论，那么，有关平等的考虑就不可能单独决定应该做什么。原则只是提出了一种假设。但是，如果它受到质疑，相关的考虑必须服从原则而不是服从平等。选举权是作为平等对待的平等案例，不平等的工资是未被平等对待的不平等案例。但是，就这两个案例而言，在可能制定出确当标准之前需要先根据一般原则分辨出活动的意义，以便根据不同的情况区分对待，或者根据不同的情况划分类别。这是因为，尽管选举和挣工资都被认为是合乎需要的，但通常它们自身并不被认为是合乎需要的。它们的价值源自基本原则而非平等原则。就这两个案例而言，除了平等原则之外，它们涉及的基本原则不止一个，也许会产生水火不容的对立意见，因为人们对能够决定标准确当性的不同基本原则的看法不一。例如，人们更重视的是应得奖赏标准的确当性而不是需要标准的确当性。因此，需要的是证明原则的正当性而不是平等的正当性。对这些原则在具体情境中应用的重要性也要做出判断。

第二，这些简单的案例被用来对法律、习俗和道德规定的情境所做的正式分析与实际发生的情况做一比较对照。由此产生的一个问题是，形式安排在削弱实际差异的影响方面究竟能够发挥多大的作用。另一方面，之所以涉及其他原则，其原因在于反对寻求积极的平等通常是以受到损害的其他原则为依据的。我们可以联系更为复杂的教育案例归纳出一些一般性特点。

在许多方面，教育不像选举和挣工资，特别是在其内在价值方面。本书第一部分已经谈到，教育含有引导学生了解被社会认可为有价值的东西，而且，教育是不可能通过一些手段来实现有价值的目的或通过道德中立的方法获得有价值的产品。“受过教育”标志着获得了与任务有内在关联的成就。然而，从外部观点看来，教育制度或学校是被看作旨在为儿童日后在社会中谋求工作做准备的一种方法。它也可以被个人视作获得社会中权力和特权的通道。实际上，教育已经成为社会晋升的主要方式。[1] 因此，十分显然，获得教育的机会和教育分配

1　参见特纳（Turner, R.H.）：“通过教育的社会晋升方式：有支持的和竞争的流动”（Modes of Social Ascent through Education: Sponsored and Contest Mobility），载于哈尔西、弗拉德和安德森：《教育、经济和社会》，纽约，自由出版社，1966 年，第 12 章。

的问题是现代社会极有争议的一些问题。那么，在这方面，怎么去应用平等的原则呢？

一、美国和英国对平等的解释

在美国等一些国家，一直到中学毕业的教育是被视作一种人人都应当有权得到的商品。就像选举权一样，人们对于选举权有个假定，即平等者应当受到平等的对待。筛选被推迟了，这相当于自由市场经济，以适者生存为基础。它大致相当于特纳所称作的“竞争系统”，所有人在其中都有机会，而且可以看到他们能够走多远。[1]损耗是大的，但由于在中学之上有大量的机会存在，而且由于这个国家十分富足，这不算是糟糕的事。到一定时候，一些最适合者通过奋斗获得了博士学位，一些人受到了良好的教育，而人口中大部分人则只是接受了某种训练，获得的知识十分有限。

在这种制度中，令人焦虑不安的涉及平等的核心问题是，一些人毫无理由地遭受不公平待遇，被剥夺了人人理应拥有的权利。在美国，这个问题归咎于隔离。赞成为所有人提供同样的教育直到中学阶段的一般假设被解释成住在特定区域的人应该上同样的学校，即使这意味着将学校的规模扩至2000人以上。在美国，教育一般由各州管理，一些州为黑人专门建了隔离性质的学校，禁止他们进入专门为白人保留的学校。据称，与白人学校相比，这些黑人学校的师资、设备和声

1　参见前文所引特纳的文章。

望要差得多。所以，黑人被毫无理由地剥夺了本应获得的同等质量的教育机会。

在这种制度中，当然也有为不同性向和能力的学生提供的不同教育。美国高中至少有 3 种课程，升学的、技术的和商业的。但是，学生有权选择他们想学习的课程，并有机会了解他们是否适合学习自己所选的课程。十分自然的是，提供的教育课程是为“一般水平”儿童设计的。最近，有一种普遍的舆论反对这种“平均水平的教育供给”，因为它忽略了“优秀生”的利益。因此，一种高级水平的教育计划已开始实施，为那些有能力的儿童提供额外的学习机会以加速他们的发展。另一种有意义的趋势是私立学校如雨后春笋般发展，它们声称可以为付得起费用的学生提供一种更高质量的教育。伴随这一趋势的争论与英国教育非常相似。

在英国制度中，至少在《1944 年教育法》颁布前后几十年中，教育需要进行分类的思想已经被普遍地接受。不存在所有孩子必须进同一所学校的假设。这个情景更多地像“应得工资”情况而不像“选举权”的情况。不同的教育供给得到了认可。存在的问题是如何决定确当理由以分配儿童进入不同的学校。这种教育制度更像特纳所称作的“有支持的”制度。在制度的顶端没有多少空间，花费在教育上的资源不多。存在的问题是，应以哪些确当理由来决定社会中权威岗位和高声望岗位者的录用。众所周知，过去的奖学金考试制度改成为十一岁考试，小学儿童通过考试筛选，便获得了上文法中学或中心学校的资格。依据包括英语、数学考试的成绩及智力测验和教师的报告，并依据年龄、性向和能力的差异，儿童被分别安排到文法中学、技术中学和现代中学就读。

有人认为，这是纠正当前不公正的情况所迈出的实质性的一步。接受至少到 15 岁为止的中等教育被宣布为所有人都拥有的权利。接受何种类型教育的机会取决于相关的标准。人们不再认为，不能因为没有钱就剥夺一个人接受文法学校或独立学校（如伊顿公学）[1] 教育的机会。父母的财富不能作为考虑因素的思想得到了公认。现在，没有人能够被剥夺接受最适合其能力的教育的权利。这是第二次世界大战结束时由法律规定的为贫困阶层提供的部分新待遇。

很难断言，就是这些对正义所做的抽象考虑基本上决定了这两个国家的教育供给路线。实际上，这其中有很大的偶然因素。例如，美国人是非常反对同一社区的儿童上不同学校的，他们宁愿忍受巨型学校的痛苦以捍卫他们对一条准则的解读，即平等者应当受到平等的对待。这不是因为他们对统一性的挚爱；美国人曾经有一段时间是高度个性化的。也不是纯粹因为他们担心邻居的孩子上了另一所学校会赢在起跑线上。这一点也可以从美国学校扮演的将各种文化背景的移民融合成一个民族的历史角色中看出。这种偶然因素的结合导致美国人坚持教育供给的差异性必须在同一学校落实，无论教育目的有何差异。

另一方面，英国人假定，不平等者应当受到不平等对待是合情合

1　伊顿公学（Eton College），建于 1440 年，英国九大公学之一。——译者

理的。但是，英国人也有假定，三种不同类型的教育——文法中学、技术中学和现代中学——各自适合不同类型的儿童，应该由不同类型的学校来提供。而且，这种解释不被看作是对多样性的热爱或者也不纯粹是因为柏拉图式管理者观点的原因。柏拉图式的管理者认为，他们是按照《理想国》中的 3 个阶级[1]来处理这一问题的。这一点从文法中学、高级学校（senior school）和中心学校的演进史中看得相当清楚，且由于资源有限，可利用的财力只能将离校年龄提高至 15 岁。

在美国和英国，人们均不会为抽象理想制度呼吁中的教育平等而焦虑。在理想的制度中，教育分配是根据从单一目的派生出的界定清楚的标准分配的。在这两个国家，人们可以看到，原则的解释有偶然性，人们总是围绕特殊的非正义争论着，以及围绕不够确当的差异特征争论着。在美国，正如前文已经解释的，主要的问题是与黑人的困境有关。在英国，曾经是，现在仍然是，就那些能够到独立学校上学的人的特殊地位而言，教育制度的不公正表现在没有钱就没有接受良好教育的机会。现在开始出现了一种新的不公正，这是《1944 年教育法》带来的，而该法最初的设想是部分地纠正由财富导致的不公正。目前，一个新的问题隐隐约约开始出现，与美国的问题非常相像，这就是移民涌入带来的问题。

随着这种焦虑的发展，问题更加复杂化了，这是能够想象到的。

1　《理想国》（*The Republic*）是柏拉图的著作。在柏拉图看来，一个理想社会应该由哲学家、军人以及手工业者和农民三个阶层组成。这三个阶层的人有着各自的社会责任，应该接受不同的教育。——译者注

人们不仅对教育目的有不同的意见，而且对教育是什么也意见各异。这种争议使人们直接将教育与选举和工资的情况进行比较。例如，人们可以认为，分配的设计扭曲了教育，而且剥夺了教育的内在价值。一方面，人们可以认为，一种以考试为基础的筛选制度是有效率的，但是，它可能把教育变成一种“获取知识和储藏知识”的东西。另一方面，那种声称以儿童兴趣和性向为标准在大型学校“平等地”分配教育的做法是把学校变成超市一类的机构，所有学生的质量都会受到损失。还有人认为，教育只有采取学徒制度才能扎下根基，超市型学校的师生关系很难做到这一点。

如果用纯工具性术语来思考教育制度，就像思考工资制度一样，对话会更加直截了当。例如，扬在他的题为《精英阶层的崛起》[1]的讽刺小说中虚构了一个聚精会神致力于经济生产的社会。在这个社会，个人的地位，以及为获得这种地位所接受的训练完全取决于考试成绩的标准，学校成了训练机构。选择的问题是纯粹的技术问题，因为“公平”的标准得到了社会认同，也就是那些可以增进社会福利的标准。显然，这是从提升生产率角度考虑的。

这种概念中的瑕疵——也是这部讽刺小说所揭露的——是十分明显的。迄今没有哪个社会为自己或能够为自己提出提升生产率这样的狭隘目的，因为，生产率的提升能够维持什么样的生活质量呢？只要与教育有关系，而不是仅仅局限于训练，学校就应一步步地引导儿童

1　扬（Young, M.）：《精英阶层的崛起》（*The Rise of the Meritocracy*），伦敦，泰晤士和赫德森，1958 年。

走进有品位的生活（a quality of life）。引导他们了解的知识和意识形式不应当仅仅是为技工、技术员和官僚提供的便携式袖珍手册。因此，每个人享有过高品位生活的权利，对他们承担的为国家作贡献的责任有着补偿作用，这种补偿作用可以在训练过程中得以体现。而且，即使就纯训练而言，在现代社会，需要掌握的是适应工业化社会快速变革的技能，而学校提供的“职业训练”的应用性在这种快速变化的工业时代有着明显的局限性。

但是，“高品位生活”的观念含有不同的价值，人们在争论教育目的时对于这些价值的强调有所不同。一些人强调个人的选择最为重要；一些人强调掌握某种形式的知识和技能的重要性；一些人强调性格训练的重要性，还有人强调儿童需要全面发展。所有这些目的都必须符合国家对基本技能训练和“公民素养”训练的要求。它们之间并非水火不容。但是，侧重点的不同表明教育供给应当有所差别或表明入学标准的不同。例如，假定一个人对工业发展的社会需求和技术人员及统计学家储备印象深刻，他也许倾向强调教育机构训练的重要性，强调数学、科学及技术的重要性。在资源有限的时代，他可能提倡以这些学科为优先的筛选标准。他的建议可能会得到重视精确性和严密性的人的支持，而不考虑它对社会究竟有多大益处。然而，另一个人可能受个人选择重要性的影响，贬低筛选的价值，提倡给予个人最大的机会去发现他们所要想探究的东西。他也许会得到另外一个人的支持，在这个人看来，“完整的人”是重要的，因此，他会贬低任何形式的可能导致过早专门化的筛选形式。

诸如此类的不同意见还可以列出许多，但是在这里再费力举例显然毫无意义。前文的探讨已经足以证明，有关教育分配公平的讨论与有关简单商品分配的讨论至少在两个方面是不同的：第一，教育本质会受到分配方式的严重影响；第二，教育是具有内在价值的某种东西，教育机构中发生的一些事情也可能被工具性地视作与社会需要或个人目的有关。然而，由于教育机构传递的高品位生活含有不同的内在价值，而且这些内在价值可能严重地既受到分配方式的影响，也受到社会和个人的外在目的的影响，源于不同价值观的意见争论可能永无休止。

因此，很显然，有关什么是教育"公平"的意见取决于一个人的价值观，不同的价值观决定不同的分配标准。大多数人都承认，家长的财富是一种完全不确当的标准。但是，在英国，由于测量儿童性向和能力标准的意见还不一致，所以目前还找不到可以替代的方法。这种意见的不一致不是单纯因为分类的实际操作存在的困难。相反，它反映了人们所强调的观点存在着差异：什么是教育中最重要的东西？学校中发生的一切究竟应当在多大程度上满足外部社会的要求？

不同的意见还有一个本源，它与什么是公平的联系不是那么紧密，但是却关系到公平与其他原则联系的重要性。当追求平等与自由发生冲突时，或者当追求平等与过高品位生活的需要发生冲突时，这种情形通常会发生。例如，文法中学或独立学校的捍卫者通常坚持的立场就是这两种原则。他们坚持认为，家长有权为自己的孩子选择受教育的学校，特别是需要付大额费用的学校。他们还认为，成功地建设一所能够引导儿童了解各种思想和意识形式的学校需要花费多年的时间，这些学校内在的优秀标准本身就是高品位生活的组成要素。他们认为存在着一个危险，即出发点不错的理论家们一定会受其难以驾驭的追求平等激情的驱使，要求清除那些知道如何教育人的学校的特色以求平等。他们也会以阿诺德[1]和福禄培尔[2]等先驱者为教育所做的伟大服务为例，要求在独立学校自由地从事实验，自由地制定属于国家教育体系的文法学校的标准。他们沮丧地注意到，现代平均派成员[3]专注于使英国教育制度尽可能像某一时期的美国教育制度那样。其时，开明的美国人深陷他们的制度缺陷烦恼之中。

二、形式的和实际的平等

现代美国和英国有关“机会均等”的焦虑部分地与正式安排和实际所发生的情况的对照有联系。这样，又出现了一个重要问题，也是前文提及的，即要求平等的呼声能够坚持多久？正式安排能够在多大程度上使实际的不平等得以最小化？

例如，在美国，现实使黑人困境成为普遍的问题。教育供给的标准在不同州及其不同社区存在着相当大的差异。虽然广为流行的一种理念坚持强调，每个家庭的儿童应当和其邻居的儿童进同一所学校读

1　阿诺德（Arnold, T., 1795—1842），英国古典教育思想代表人物之一，英国拉格比公学（Rugby School）校长。——译者注

2　福禄培尔（Froebel, F.W.A., 1782—1852），德国学前教育家，世界上第一所幼儿园创办者。——译者注

3　平均派成员（Levellers），17 世纪英国出现的一个共和派别，被其政敌称之“平均派”，意思是这一派的人要“均分人们的财产”。——译者注

书。但是，实际情况表明，美国的教育供给因各州情况不同而有很大差异。而且，由于社区在住房标准及住房开销方面有很大的差异，而且由于各地方社区对教育的投入不同，实际上富人便能够非直接地购买到较奢华的教育。美国教授探讨的是，由于邻近的公立教育质量差，他们是否准备在穷人区买一所便宜的房子，然后将节约的钱供孩子上私立学校，还是多花一些钱在有高质量学校的富人区买所房子。

同样，在英国，11 岁考试事实上也非客观的考试，因为各地方的教育质量高低取决于当地文法中学和技术中学的数量多寡。就是在同一地区，教育质量每一年也会有所不同。而且，正式地说，尽管每个人在平等的条件下竞争，证据表明，智商的分数明显受到社会 – 经济阶层的影响，特别是受到儿童所属家庭的语言习惯的影响。[1] 因此，文化被剥夺了的儿童遭遇的困境是不一样的。因为在获得成功的道路上，他们会遭遇到各种累积而至的障碍。

也许，最严重的是那些在现代中学就读的儿童遭遇到的意外困境。那些制定《1944 年教育法》的人的初衷在于让现代中学提供一种不同但非低级的教育形式，来满足那些能力不同和性向不同儿童的需要。尽管校长们受到鼓励去试验和设计一种新的令人激动的“现代”教育的形式，但这种情况几乎没有出现过。[2] 到现代中学就读的孩子觉得低人一等是因为他们的考试“失败”了。他们不再声称，像他们以前在

1　参见伯恩斯坦：《社会阶级和语言发展：一种社会学习理论》。

2　参见泰勒（Taylor, W.）：《现代中学》（*The Secondary Modern School*），伦敦，费伯，1963 年。

旧制度时代那样声称，他们之所以没有受到教育是因为他们的父母负担不起教育的费用。现在他们有了机会，而且也有这方面的“要求”（wanting）。不过，他们就读学校的设施不够精良，校舍陈旧，犹如盥洗室。教师常常情绪不高，因为他们是文法中学或技术中学的落聘者。他们也很少做出努力，以使课程适应儿童的能力和性向。当然，课程是带有职业性质的，但是，为了使学生能够在学校待更长一点时间，课程日渐成为文法中学和技术中学课程的兑水版本。随着雇主越来越重视客观标识，即对能够评价毕业生质量的考试成绩的重视，这种倾向得到进一步强化。简言之，各种压力纠结在一起，使得《1944年教育法》构想者关于现代中学的打算落了空。这种教育制度最终表现出的不公正性十分明显，修订这种制度的各种不同的方案已经准备就绪或者在构想之中。

三、实际不平等的补救方法

现在，大多数英国教育家根据经验，开始质疑不平等者应当受到不平等对待的基本假定，如果将这种假定解释成从 11 岁开始，依据一次重要的考试，学生被分流进入不同的学校的话。有人认为，如果必须筛选，则应当尽可能推迟筛选的时间，尽量减弱可能对他们一生造成的不可改变的影响。除了采取这种措施之外，应该还有令人满意的替代方法。一些人认为，应当在一所巨型综合中学里，为来自周边的 11 岁及以上年龄的儿童提供不同的教育，就像美国中学制度一样。还有人主张，应该像美国一样建立一种初级中学，9 岁至 13 岁儿童入读其中，之后分流进入各种类型学校。也还有人主张，这种“综合”的教育应当持续到15岁，然后再为儿童提供不同的教育。另外还有一些争议围绕的问题是：是否允许家长为自己的孩子选择这种多功能学校，或者是否应该强迫他们送子女到专断限定的居住地附近的学校就读。[1]

调整学校布局以纠正这种明显不公正的现象取决于一些偶然的因素，这些因素往往是社会科学家和心理学家而不是哲学家关注的。只有当一些原则问题出现时，如平等主义者在消除实际不平等根源出现局限性时，哲学家才会从哲学角度对问题产生兴趣。大多数开明的美国人赞成通过联邦政府干预的方法来确保黑人实际上不被阻拦在好学校和好大学之外。但是，他们在多大程度上能够通过支持联邦政府干预以纠正实际存在于各州的不平等的教育供给现象？他们能在多大程度上撼动那种规定只有达到一定收入水平的人才能在特定区域居住的住房规定？

英国的平等主义者一直不知疲倦地强调工人阶级家庭的成长环境给予孩子的各种不利条件。那么，难道他们准备倡导义务保育学校教育（假如这在经济可行）来纠正这种不公平吗？难道他们准备呼吁国家能够制定一些其他重要规定，例如规定家庭的规模大小，例如拒绝给超过3个子女的家庭发放补贴？如果他们愿意承认自由权利和过高品位生活的权利，那么他们却为什么忘记了其他方面的权利呢？

1　进一步讨论可参见埃尔文：《教育与当代社会》，第二部分，伦敦，瓦茨，1965年。

利伯曼（Lieberman）[1] 表明，“教育机会均等”有两种意思。其一，“当A和B两个人在选择和追求其教育目标时，在同一情境下，如果两人拥有的物质财富不相上下，两个人机会均等”。利伯曼认为，这种均等几乎是不存在的，尽管人们想象它会存在。其二，“如果在选择和追求教育目标时，一个人所拥有的物质超过另一个人，如果这种物质优势只有在以危害其他重要价值为代价时才能消除”，A和B机会均等。因为“其他重要的价值”因人而异，对“教育机会均等”的解读也因人而异。然而，这第二种意思是虚假的。因为，人们没有理解它的实际意义，它与平等毫无关系，人们也不准备采取必要的措施确保他们理解它。把“教育机会均等”流行称作第二种状态是歪曲了生活的事实，目的在于保持一些流行的习语。呼吁“教育机会均等”更应该被理解为，反对那些不应当影响教育机会的因素（如财富），或者是要求通过正当的理由来提供额外的机会。

客观地说，显见的事实是并不存在机会均等，也绝不可能有，除非平等主义者准备控制早期的抚养、家庭的规模和生育。做不到这些，人与人之间就存在着根深蒂固的差别，影响实际教育制度的运行。假如没有这些差别存在，平等的原则也就没有意义了。因为，正如前面说过的，平等主义者不一定要维护人的实际权利，而是只坚持一种观点，即要求平等对待每个人，除非人们之间存在确当的差异要求他们

1　“教育机会均等”（Equality of Educational Opportunity），载史密斯（Smith, B.O.）和恩尼斯（Ennis, R.H.）：《教育中的语言和概念》（*Language and Concept of Education*），芝加哥，兰德·麦克纳利年，1961年，第142页。

应当受到不同的对待。正如前文所说，这些差异的确当性的形成有其非常复杂的原因，其中必然包含其他原则的支持。根据利伯曼的解释，在讨论教育供给问题时，“机会均等”的含义究竟能够在多大程度上减弱其他原则的重要性呢？它与现代假定高度一致，即认为教育供给中唯有道德问题才是平等的问题。本章试图表明的是，不仅情况不是如此，而且情况肯定不会如此。

穆勒在他的论文《论自由》（*On Liberty*）中论述到，唯有干涉个人自由的合法理由才会致使其他人受到伤害。换言之，他发现，考虑人们利益的原则对追寻自由做了限制。同样，也有人认为，其他原则，如自由原则和过有品位生活的原则（属于对利益的考虑）[1]，都对追求平等做出了限制。而且，就教育而论，它们对什么是公正分配的含义做了规定。但是，没有哲学分析或争论能够表明，这种限制究竟有什么特殊的意义。这取决于根据许多偶然情况所做出的实际判断。哲学家只能勾勒这些争论的轮廓，他们无法详述争论的细枝末节。

第五节　社会不平等

当人们常常抱怨“不平等”时，多数时候，他们指的不是供给的类型，而是伴随供给类型的社会态度。一种制度可能是公平的，因为对待中的差异依据的是人与人之间存在的确当差异，然而却充满着轻

1　参见本书第六章，第一节。

视和尊重的态度，这似乎非常令人反感。作为分类的结果，“差异”被归纳为“较差”（worse）或“较好”（better）两类。许多人认为，这种态度是英国考试制度造成的，在这种制度下，十一岁考试成绩的失败一般不是被解读为成绩较差，而是被解读为人较差。同样，现代中学不是被简单地认为是学校形式不同，而是被认为属于较差的学校。由此，轻视和拒绝的态度由此而生。

事实上，不确定的是，英国这种态度的产生是否是当前分类制度的产品。更为可能的是，这种制度提供了界限分明的渠道，通过这种渠道，阶级的态度得以流淌。因为，在英国，旧的阶级意识还没有消失。阶级意识的基础只是从出身和财富转向职业和教育。同样，不确定的是，没有这种态度的发展，社会能否得以存在？在美国，教育制度的一个重要优点被认为是，在学校中，每个人都可能与潜在的总统擦肩而过。但是，那些在积累财富方面获得成功的人对那些失败者的轻视，远远胜于英国拥有土地的乡绅对在其庄园劳作者的轻视。在任何一种社会制度中，都有一些人做工作比其他人好，一些人有能力掌握其他人掌握不了的工作技能。同样不可避免的是存在着一种权威制度，其中一些人站的位置要高于其他人。伴随这种社会分层的是一种泛化过程（process of generalization），光环效应[1]也随之产生。“在某一方面较好”被泛化成“较好”而

1　“光环效应”（the halo effect），又称晕轮效应。心理学的一个概念，指人们对他人的认知判断首先是根据个人的好恶得出的，然后再从这个判断推论出认知对象的其他品质的现象。光环效应会在一定范围内影响着日常生活。——译者注

无需特别的先决条件；社会地位的优越被泛化成全面的优越。一些人[1]认为，只要这个社会需要对权威结构进行功能区分，这种阶级态度是任何一个社会均不可避免的产物。现实也许就是如此。但是，在这样一种情境中所缺乏的不一定是分配的平等，而是对人的尊重。

缺乏尊重人似乎与公平待人是一致的。在处理这类事务时，公务员能够一丝不苟地做到公平，但是他们把来办事的人仅仅作为“公众”（the public）看待。他们能非常公正地考虑人们的利益，而且真正关心什么东西对人们有益。但是，他们会轻视作为人的他们。公务员在处理人们的事务时不会为某种想法所动，不会将人们视作真正的意识中心，或者视作有特别需求和志向及有特别感情和情绪的人，或者将人们视作有着自己成就并为之骄傲的人，即便这些成绩多么微不足道，或者将人们视作以独特的观点反映世界的人。他们只是按照某种性质将人们划分成不同类别。这就是正义要求他们做的事情。尊重人要求做到的则更多。本书第八章将详细讨论尊重人需要的是什么，以及这样一种态度的正当性。到此，对于如何区分这种态度与不公正两者间的差异已经说得足够多了，而这两者常常容易混淆。

1　例如，达伦多夫（Dahrendorf, R.）在“论社会不平等的根源”（On the Origin of Social Inequality）中提出过这种观点，载于拉斯利特（Laslett, P.）和朗西曼（Runciman, V.G.）著《哲学、政治学和社会》（*Philosophy, Politics and Society*），牛津，布莱克韦尔，1962 年。

结　论

本章的目的不在于简单地展示一种争论的形式，以试图证明正义原则的正当性，而是审视这一原则在一般的和特殊的教育领域的应用状况。正义原则的重要意义之一在于，只有当某个有价值的东西出现问题时才能应用正义原则，正义的原则仅仅正式地要求以确当的差异来确定差异，它自身提供的只不过是一种教育政策必须具有的但并非充分的道德基础，因为所分配东西的价值和决定区别对待的标准必定源自其他原则。还有一种可能性，即追求正义会与其他原则产生冲突。在讨论教育中的公平时，这些一般性的考虑因素是重要的，这一点已经得到了说明。

因此，有关“公平”的讨论只是起到一个铺垫作用。它清楚地阐明了一种可以用来证明诸如自由等其他基本原则的正当性的争论形式，至少希望是如此的。它也显示出需要证明**其他**原则正当性的紧迫性，否则就无法确定所分配的东西的价值和能够用来谴责不公正制度的确当标准。其中，最重要的是与教育内容联系的价值问题，因为，在假定拟分配的什么东西是有价值的问题上，只有一个涉及公正的问题。然而，必须拿出证据来表明为什么中小学和大学传授的东西是有价值的。因此，课程的伦理学基础必须审视一番。

第五章　有价值的活动

导　言

前文已经论述过，教育在于引导其他人从事有价值的活动。一所学校或大学的课程可以按选修课原则设置，这样可以鼓励学生选择适合自己能力、性向和兴趣的活动。但是，应当在被认为是价值的活动范围内进行这种选择。课程应该以科学、数学、历史、艺术、烹饪和木工为特征，而不是以宾果、桥牌和台球为特征。假定除了它们的功利性和职业性价值之外，大概还有某种理由，前文已经论述过，尽管这些活动被认为具有工具性，但说它们具有教育价值是排除了这些考虑因素的。它也要求将“效用”（use）的概念拓展到认为学习诗歌也有许多有用价值，如果能够证明欣赏诗歌内在价值具有怎样的外在价值的话。那么，问题是如何去证明从事这种活动的正当性呢？

在处理证明这些活动正当性的问题之前，重要的是消除一定的误解，这些误解使我们的讨论陷入混乱，导致教师产生不必要的沮丧感、内疚感和不胜任工作感。我在这里只坚持一点主张，必须要有充足的理由说明为什么从事这些活动而不从事那些活动。这并不意味着有充足的理由去说明课程中某些活动要比另一些更有价值。例如，也许人们能够表明，历史和文学欣赏的价值为什么高于宾果和桥牌，但是，并不能由此获得充足的理由说历史比文学欣赏更有价值。更不能由此得出结论，说学生在从事这些有价值活动之前会懂得这些理由和因为学生明白了这些理由才从事的这些活动。

我斗胆揣度一下，这种宣传对于那些视这些活动为外部活动的人是毫无效果的。对他们而言，热情是激发出来的而非通过争论产生的。我听说，教育被比喻成巨大的阴谋（a vast conspiracy）。人们被告知应该上大学，因为这有助于他们找工作。如果他们被告知上大学的真实原因，或者他们之所以上大学是因为他们接受了这些理由，我猜许多人也许就不会去上大学了。但是，除了找工作的意义之外，一旦他们因为某种其他原因上了大学，我希望他们能够逐渐地看到或者感觉到合适的原因。我对一些哲学教授深表同情。当这些教授被迫赞同学生上大学的目的在于成为良好公民的意见时，他们回答道，这样说的目的是为了说服讲究实际的商人，大学是一种良好的国家投资事业。但是，如果大学教师是其自己宣传的牺牲品的话，那又会是令人非常后悔的！

在所有的社会运动中，无论是宗教的、政治的还是文化的运动，大多数人对运动都会毫不在意。也许，一个在宗教运动中成长起来的人，在许多场合听到的是如何劝说那些对宗教冷漠的人皈依的问题。也许他的宗教会逐渐离他而去，或者他会把宗教当作一件宽松的斗篷穿在身上。他的归属感发生了变化，他发现自己在和一些人一起工作，这些人的良好生活的概念也许更加宽泛或者更加人道。但是，你瞧，真怪！他又发现自己身处他所熟悉的关于如何诱导其他人加入的讨论中。他又一次听到，“绝大部分”人依然待在所谈论的运动之外。

这种熟悉的现象及那些无效的主张并不难寻觅。大多数人是消费者，是根据即刻的快乐来判断事物的价值的，或者是从功利的角度看其能否满足需要。当他们提出诸如“那个对我有何益处”或者“我在哪里会有收获”的问题时，像科学和艺术这样的活动就没有直接的吸引力了。因为它们提供的是汗水和奋斗而非即刻的快乐，它们的作为满足其他需要的工具性特点是难以察觉的。

第一节　需要的正当性

有价值的活动的上述特征对倡导的效力产生了明显的限制。但是，它们是否也排除了证明需要正当性的可能性？品位高的活动的正当性是可以得到证明的，因为大体上，或者从长远来看，任何尝试这些活动及尝试有志向生活的人，或者尝试感官快乐的人都会承认，这些活动在提供品位和满意感方面是具有优越性的，难道穆勒没有论述到这些？

要将这种争论的形式说清楚显然是困难的。然而，要说明的是，这是自然主义普遍遭遇的困难。因为，一般不能认为，如果所有人都想要得到什么且一直孜孜不倦地追求，就相当于表明这个活动是有价值的。也许，某样东西有价值而没有人想得到它是一个奇怪的现象。

不过，证明某样东西是人想要的并不足以证明其是有价值的。实际上，玩世不恭者可能说，一些人烦恼是因为他们得不到想要的东西，另一些人烦恼是因为他们想要的正是他们得到的东西。

穆勒论点中还有一个更加具体的难题。假如将其假设付诸试验，去劝说一个放纵感官快乐、追逐权力和财富的人去从事科学和绘画；假如在一年之后问他对科学和绘画有何想法，他可能会回答说他没有发现他在这些方面付出的努力有何价值。那么，我们能说穆勒的假设被驳倒了吗？当然不能。我们会说这个人没有真正理解科学是什么，或者说他还没有真正掌握绘画秘诀而无法欣赏其精妙之处。说得更具体一点：如果我们花费数年时间尝试让儿童持续学习科学、艺术和历史，但是在我们付出努力之后，他们又回过头去继续玩宾果、打台球和吃香蕉，我们能说我们的活动没有价值吗？相反，难道我们不会说一定是我们的教学方法出了问题或者儿童在到我们这儿来之前就对教育有了免疫力了？换言之，由于某种原因，他们没有领会到蕴含在这些活动中的意义。

就这些活动来看，苏格拉底的观点则十分有说服力，在他看来，如果一个人不去寻求或者至少被吸引去寻求善，他就不会真正理解什么是善。因为这些活动都具有可以为参与者感知的普遍意义，而且，它们都有内在的正确标准，其中内含的格调会引起人们给予各自独特的评价。因为，一个人若要理解这些活动，就一定得深入这些活动，且应对活动的内在本质十分敏感。例如，如果一个人不为追求真理的激情所感动，不去关心寻求证据和澄清概念，他能真正懂得科学吗？如果毫不关心论证的清晰和准确，一个人会是哪门子数学家？如果一个人喜爱矛盾，为含混不清而高兴，认为强调证据的说服力是资产阶级的时尚，这种人能够懂得哲学是什么吗？如果这样，你倒不如将一个因为将球击进球洞而高兴的人称作真正的高尔夫球运动员！苏格拉底说过，没有人会有意地追寻他自己认为是邪恶的东西，其道理源于一个事实，即他们追求的东西中所需要的知识不只是单纯需要智力理解的知识，伴随知识的还有“感觉”，表现在对活动的意义和技能的标准、效率和能突出活动特征的风格的评价中。这就是我们为什么能够而且总是说一个反驳了穆勒假设的人是不可能懂得活动是什么的道理。因为，从某一方面看，理解即是承认了对它的追求。当然，这样的人可能懂得而且更加感兴趣于品位相对高的其他东西。一个数学家可能发现音乐和哲学对他自己更有吸引力。但是，在他的头脑中，如果他去扫大街，那就非常奇怪了，除非有特别的解释或者特殊的背景。例如，他去扫大街只是为了释放情绪或者是为了上帝的荣耀。

这些对穆勒论据的反对意见清楚地表明，重要的不是想要得到东西的事实，而是所想要得到的东西的特性。那么，问题是，对于这些活动的特性能够归纳出一二吗？是否能给出充足的理由来解释这些活动为什么比其他活动有价值？

第二节　快乐与痛苦

已经有人尝试通过诸如“快乐”（pleasure）和“幸福”（happiness）

等概念来概括这些活动的某种一般性特征。这种尝试存在的难度是众所周知的。例如，就“快乐”而言，通常这种特征归纳至少有 3 个理由被认为无用的。第一，坚持认为选择某物或选择做某事仅仅是为了寻求快乐，或者是因为能够从中获得快乐，或者因为是一种享受，则是简单地刻画了这里受到我们关注的一类活动的特征。换言之，它不是出自职责要做的事，或者不是出自其他原因要做的事。它是一个人可能仅仅因为其所含内容而想做的某种事情。

第二，所有活动都可能因其自身而让人沉湎于其中，尽管这些活动可能被视为鸡毛蒜皮之事，甚至是令人讨厌的事，例如晒太阳或者吸鸦片。第三，无论这些引起有关“快乐”讨论的活动有什么共同特点，除了从事这些活动本身有其好处之外，如果不参考这些活动的特征，要想描述这些活动是不可能的。如果不深入描述游泳和交谈的细节，游泳的快乐或者交谈的快乐是无法描述的。所以，我们又回到了这个问题，即如何描述这些活动的特征。因为，人们总会问这样的问题：“为什么我们要追求这种活动而非那种活动中的快乐？”

如果我们试图分析更加困难的、更加难以捉摸的“幸福”概念，我们会得出同样的结论，因为，无论“幸福”和永久性、缺乏对未来的忧虑感或者对过去的懊悔感等理念之间的联系有什么意义，都必然涉及具有内在吸引力和相互的一致性活动的范式。因为幸福与持续的挫折和冲突是矛盾的。

这些争论驳倒了那种认为“快乐”和“满足”足以刻画值得从事的有价值活动特征的观点。但是，它并没有表明，这些特征刻画并非必要。实际上，也有充足理由如此认为。因为，让人沉湎且能够给人带来快乐和满足的活动，至少是一类具有利己意义的活动。这是按照内在特点将它们分类的，而不是按照工具性价值来分类的。但是，这是诸如“快乐”和“满足”等术语的唯一的功能吗？活动的逻辑功能将活动归类为具有内在意义的活动，难道“因为它带来了快乐”或“因为从中获得了满足感”等短语的逻辑功能不是源于活动中某种称作“快乐”和“满足”的特点吗？在为活动和选择寻找理由时，难道享乐主义中没有某种重要原理在相当正式描述诸如“为了快乐的缘故”等短语功能时被忽略掉吗？我认为，现在应当简要说明什么似乎被忽略掉了。[1]

通过了解行动的理由来理解行动意味着什么，即使不是不可能的，也是困难的，除非我们也对“快乐”和“痛苦”的理念有所了解，因为行动会引致一种情感状态（states of affairs）。如果存在着一种情感状态而非另一种的理由，这种状态拥有的某些特征一定在某个方面让人感到愉悦或厌恶。因为，还有什么其他类似这样的差异能够让人们去寻觅或规避吗？“快乐的”（pleasant）和“痛苦的”（painful）是我们挑出来用以描述这种情境的两个比较普通的用语。当然，从做对了一道算术题获得的快乐完全不同于晒太阳的快乐。但是，除非这两种状态都带着某种“感觉”，否则，很难理解为什么人会选择它们作

1 这一讨论受到肯尼（Kenny, A.）的著作《行动、情绪和意志》（*Action, Emotion and Will*）的启发，伦敦，基根·保罗，1963 年，第六章。不过，这里采用的观点与其，以及与格里菲斯的立场有相当大差异。

为消磨时光的方法，假定他并非被迫或者受到诱惑这样做，或者假定他未将其视作他的职责。

习得“行动理由”概念的同时（*pari passu*），“快乐”和“痛苦”的概念也得以习得。因为在某些方面，人类大致是相同的，这就为掌控人们行为和指导人们行为的概念提供了坚实的基础。一个普通的经验性事实是，在感觉方面存在一些快乐，如抚触身体敏感区；也存在着一些痛苦，如牙疼。在活动和行动方面，吃喝对于饥饿的人来说是快乐的，试图满足这种需要却受挫则令人不快。伴随克服障碍的感觉是满足感，自然秩序的杰作就是如此。失败是痛苦的；不安全感、无序感是令人不愉悦的，等等。还有更为复杂的情感状态，如含有一阵阵快乐情绪的欢乐（joy），又如含有不愉快感觉的恐惧和不安，等等。在所有这些情况中，“快乐”和“痛苦”不是单指某种单一类型的感觉。“快乐”和“痛苦”是无法从复杂的情绪中单独分离出来的。但是，伴随着知觉、情感状态、行动和活动的感觉是可以辨认出的，对此无人否认。

就是在这种与普遍的快乐和痛苦的联系中，“快乐”和“痛苦”及行动理由的概念得以习得。因为，当儿童开始了解到，采取一些措施就可以带来快乐或者规避痛苦时，“需要”就从“愿望”（wishes）中产生。而且，随着“需要”的出现，“理由”的概念随之出现。因为，“行动理由”是目的，为了实现或回避的目的，手段可以设计。难道不是因为要去“感觉”被看作“目的”的什么东西，人们才去寻求或规避某种特定情感状态吗？也许，我们不可能用其他方法去描述这种

“感觉”。我们需要举一个复杂的例子来说明这种感觉的产生及对内省的诉求。例如，除了患者之外，其他人能否解释牙疼的滋味？我们真的不知道如何告诉一个饱受这种“痛苦”而且不想要这种痛苦的人，在假定其他情况相同的情况下如何避免或摆脱这种痛苦。没有这些非常普通的“快乐”和“痛苦”的概念，“行动理由”概念几乎不可理解。除非，在语言使用者那里也普遍有快乐和痛苦的范例，否则，我们怎么能够学会应用这种概念呢？

一旦一个人了解了“快乐”和“痛苦”的概念，从逻辑上看，他就可能学会了这两个概念的派生用法。第一，在谈到需要做的事情时，他会说“为了快乐我们需要做这件事”或者“为了从中获得满足我们需要做这件事”。这种短语否定了需要做的事情的工具性目的，也否定了要做的事情非出于职责的约束，或者否定了活动的外在因素的作用。他们将这一活动看成“快乐”。然而，也有可能参与活动的人并没有体验到“快乐”。在自家花园为了快乐而挖土的人在他将铁锹插进土里时不一定能够体验到一丝快乐的感觉。但是，否定工具性目的所暗示的是，具有这种特征的活动总是与称作“快乐”的活动有联系。

第二，“发现快乐的事情”“享受做某些事情的乐趣”和“从中获得快乐”等短语也能得以使用。这些短语的功能在特别的情况中也会含有引起个人偏爱的外在理由的暗示。所要强调的是一种特别的活动，活动者只是为了从事该活动而无其他目的。而且，这种短语使用时无需证实这个人是否还有其他独特感觉。如果这个人没有其他感觉，那倒是一件奇怪的事。但是，我们可以说，一个人享受高尔夫球乐趣时，无需去发现他击球的感觉。

这些争论证明了有价值的活动的正当性，但是还不够充分。它们只表明了这些活动属于我们称作“快乐”的一类普通的活动。否则，它们不可能具有内在的益处。但是，为什么要将这类“快乐”的活动挑出来，且花上大量时间和金钱将它们教给儿童，这一点到此还没有得到说明。“快乐”包含知觉、情绪状态及活动。在这里，我们只谈及了活动。但是，前文阐释的意义依然成立：课程活动具有其他可列为快乐活动所缺乏的特点，凭借这些特点，课程活动应该被认为比其他活动更有价值吗？为了探讨这个重要的问题，需要对活动进行探讨。

第三节　活动[1]及其正当性

毋庸赘言，一种活动意味着首先要有一个主动而非被动的施动者（agent）。痛苦、生气和焦虑不是活动。但是，活动所要求的不止这些，因为人们做的事情并不都是活动。例如，除非是某种习俗，或者体现出娴熟的技能或付出了努力，否则打喷嚏和咳嗽就不是活动。正常情况下，我们不会采用什么技能打喷嚏或者专心致志地去打喷嚏。换言之，活动包含着规则和标准，通常也有某种意义。但是，也并不是我们所做的符合某种标准的事情都可以称作活动。例如，解决棘手的问

1　参见格里菲斯：“大学的演绎”（A Deduction of Universities），载于阿尔尚博主编的《哲学分析和教育》，伦敦，基根·保罗，1965 年。

题不是一种活动，正如杀人或发现一个秘密一样不是活动。[1]做这些事需要时间，但它们不像活动那样需要持续的时间。活动必须持续一段时间，且需要技能和努力。活动是一些类似梳头、打猎、吃饭、做爱、写书和看戏等的事情。

活动多多少少是有趣的、吸引人的和迷人的，这取决于施动者的性格和能力及活动的特征。例如，从一方面看，钓鱼对一个将钓到的鱼作为食物或将钓鱼作为生计的人，比将钓鱼作为运动的人更有吸引力；从另一方面看，钓鱼的兴趣不完全取决于目的的紧迫性，正如并不取决于钓鱼的技能一样。练习不熟悉技能的机会越多，作为一种活动，它就越是迷人。一些活动是迷人的，因为它们有着易察觉到的和令人愉快的意义，如吃东西、性交及搏斗。但是，建立在需要的稳固基础上的常常是规则和习俗的复杂上层建筑，使沉湎于这些或多或少需要技能、敏感性和方法的活动成为可能。当保护活动者不受与明显目的相挂钩的野蛮效率制约的规则逐步形成之时，这些活动便“文明化了”。吃东西的目的可能在于用最快和最有效率的方法使尽可能多的食物进到胃里——就像猪吞咽食物一样。当习俗发展到保护其他人免受“自然”行为侵犯时，文明的发展便开始起步了。人们一直在寻求制约人们活动方式的规则和习俗，是因为包含在掌控中的欢乐会滋生额外的兴趣和快乐。决斗会使那些并无杀戮之意的人高兴。一些人煞费苦心，热衷于用诙谐的语言调情，因为他们认为目的太明显是不

1　参见肯尼：《行动、情绪和意志》，伦敦：基根・保罗，1963 年，第八章。

得体的行为。另外，家务整理可能完全超越功利的考虑。

当一座城市变得文明，市民的爱好高于柏拉图称作的“必要的爱好”（necessary appetites）水平时，需要高超技能和严规控制的活动便开始发展起来，但是，这些活动并没有明显的意义。必须发明一个“结局”（end）以使关注专门技能的游戏得以开发。将一个小球击进一个小洞里，*sub specie aeternitatis*（没有任何永恒的意义），但是却会令人联想到设法用尽可能少的杆数[1]将球击进洞里的努力所滋生的腐败。人们创造美的物体旨在具体地、持久地表述对美的标准的追求。嘈杂声是由工具连续发出的复杂的难以理解的声音，在其中，动物、植物和矿物形成了令人惊奇的多样化组合。语言本身不能指令他人做事，不能用作自我展示的工具，也不能用作羞辱他人的工具，而是用来创造一个共同的客观对话世界（world of conversation），这个世界每个聚焦在其中的对话者都为之做出了贡献。

指出通常被认为是有价值活动的特征是一回事，表明为什么这些特征能够使活动变得有意义完全是另一回事。因为，足够明显的是，并不是每个提出“我应当做什么”的人选择的行动方式可能使从事这些活动的机会最大化，也并不是所有沉湎于感官享受的人会冲动地行事。不是所有寻求物质收获的人均会不假思索地遵循传统。实际上，只有热衷于空谈理论生活的人才会受到嘲笑，例如像斯宾诺莎[2]那样的

1　高尔夫球标准杆数为 72 杆，击球杆数少者赢。——译者注

2　斯宾诺莎（Spinoza, B., 1632—1677），荷兰籍犹太哲学家，17 世纪唯理论的主要代表人物。——译者注

人宣称自己是“为了人类的善”（good for man）理论的赤诚捍卫者。

柏拉图、亚里士多德和斯宾诺莎等试图证明生活形式正当性的哲学家通常求助于官能学说。他们认为，人的种差[1]在于理性的应用。从性质上说，一个事物的益处在于它比其他事物有用，或者它具有独一无二的特点。因此，人的善一定是在于理性的应用。这个原理有些道理，即只有考虑到人的理性时，人的行为才可以理解，人的理性表现在对目的的评价及实现目的的手段选择上，也表现在制约欲望的价值观和标准方面。但是，还不能就此得出结论，认为其可以被用来证明这种生活形式的正当性。实际上，它也带有自然主义者论点的缺陷。[2]换言之，来自官能的论点，只有当人应当发展与动物不同的官能的原则被接受时才有效。然而，怎样才能证明这一原则的正当性呢？

官能学说还有其他许多问题，致使它的论点难以令人信服。然而，古典形式试图通过论证人的理性诉求来证明人的美好生活的正当性。作为论点，其不足在于试图将理性的应用作为自然主义的论据形式的内容。重要的是，用适当的方法将其作为某种先验论的出发点，使一个人能够理性地去尝试回答“我应当做什么？”的问题。

如果有人认真地提出这一问题，正如前文论证的一样，[3]他必须假定存在着某种与理性相关的普通原则。其中大多数原则属于人与人关系一类的原则，这些原则制约着人对自己的且又关系到其他人的利益、

1　种差（differentia），逻辑学中指同一个属下某一个种不同于其他种的属性。——译者注

2　肯尼：《行动、情绪和意志》，第三章，第二节。

3　参见本书第四章。

需要和主张的追求。但是，决定这种人际规则系统内容的是关于个人利益的判断。如果利益没有内容，也就没有制定人际规则的必要了。

后文将讨论的“利益”观念是复杂的。[1]它将什么是有益的或什么是有价值的判断与是否适合个人的判断联系在一起。当然，事物可能是有用的，其意思是说，因为它有工具性价值，或者说它能够引出其他有益的事物。同样，许多对“我应当做什么”问题的回答提供了政策和行动方针的建议，提倡有益的或者对特定个人有益的东西。我们这里关注的不是这种工具性的或技术性的判断，而是那些具有内在益处的活动或情绪状态的判断，从这些内在益处那里，工具性或技术性判断获得了它们常规的力量。其中，必须要有关于目的的判断，这是十分明显的。否则，为行动提供理由就会是无止无尽的文字游戏。当排除了工具性因素后，正是这种判断回答了我们这里关心的问题，“我们为什么做这件事而不做那件事？”下一章，我们将简要讨论有关手段的工具性判断。

因此，需要表明的是，一个提出“为什么做这件事而不做那件事”问题的人为什么要挑出具有某些特征的活动而不是其他活动。第一步必须明确严肃提出这个问题的假设是什么，因为想到的是，这种活动一定是一些人不同程度地做了而另一些人一点也未做的事。首先要阐述的一个观点是，严肃提出这个问题的假设是，提问者是有能力的人，在某种程度上，态度是非工具性和公正无私的。换言之，他能够发现，

1　参见本书第六章，第一节。

活动的内部有某些因素构成了值得追求的价值，它们与那些构成柏拉图称作的满足“必要的爱好”的活动因素是不同的。令人吃惊的是，作为一种事实，许多人对这种态度竟然一无所知。大多数人是不进行这种探究的。他们所做的事情多数是由于身份和职责及一般社会规则要求的原因，或者由于显见的兴趣因素。除此之外，他们的生活方式主要是受习惯、社会压力、赞同和向往及时行乐思想影响的结果。

那么，一个人一旦能够公正无私探究这一严肃问题时，那是什么因素能够诱使他去选择这一个活动而非另一个活动呢？答案一定是，这是活动自身性质决定的，也是相关生活模式中各种活动之间可能存在的联系所决定的。他既然能够提出他生活的问题，一般而言，他也很可能意识到，特别的活动之所以可以得到评价是因为它们有内在的标准，而不是因为它们可能导致的行为。因为，一般而言，除了参与那些具有内在卓越标准的活动，还有哪种其他方法能够学到这种公正无私的态度？值得注意的是，当希腊人提出他们的这种生活问题时，他们自然而然地转向艺术探讨。他们将自己的生活视为一个整体，把生活比喻成他们所熟悉的艺术创造和欣赏，这是公正无私活动的一个范例。因此，他们将美好生活视作艺术的至高无上的榜样就毫不令人惊奇了。亚里士多德的实践智慧的人（man of practical wisdom）是一种艺术家，他能够塑造自己的意动倾向，并用一种适当的方式在合适的场合表述它。在《理想国》中，苏格拉底对色拉叙马霍斯[1]最有力的

1　色拉叙马霍斯（Thrasmachus，约公元前 459—约前 400），古希腊智者。——译者注

一个批评是他认为，如果超人的生活中及对权力的追逐中包含知识，那么，如同其他实践艺术一样，一定存在着一些限制和标准，决定着做事方式的正确与错误。如果一个人打算在自我扩张受到限制的领域做一名玩弄诈术者，他必须知道，在这个领域一定存在着一些标准对实现其重要目的的技术和适当方法做了限定。马基雅弗利[1]显然钦佩那位君主的“德行”（virtue），他施展计谋，在用晚宴招待所有敌人之后又不露声色地将他们全部处死。

前文已经论述过，要从内部了解一些特征，如优雅、灵巧、机灵、恰当、简洁和中肯等特征，在某种意义上就是积极倾向于用某些方法做事而非用另一些方法做事。这就要求一个人有能力完全从活动的内在意义去评价活动。他们看中的是活动的快乐特征。但是，活动还有其他方面的特征。提出“为什么做这件事而不做那件事”的问题不能离开时间和承担的义务。一种活动必须持续一段时间，而且，一个人决定把时间花在一个方面而不是花在另一个方面，问题一定与枯燥无趣相关。就此而言，这个活动一定有让人偏爱的特别之处，能够在一段时间里让人保持注意力，能够源源不断地提供快乐和满足。洗杯子需要某种技能和注意力；不过，如果它被视作具有内在价值的事情而不是仅仅出于家庭健康或家庭和睦的需要，愿意在洗杯子上花几个小时的想法肯定会让思想者感到惊骇不已。但是，吹玻璃则是另一回事。玻璃会有反作用力，造型常常会发生意外，但是，当它定型之后需要

1　马基雅维里（Machiavelli, N.1469—1527），意大利政治家、历史学家和政治理论家，著有《君主论》（*The Prince*），1532 年。——译者注

清洗之时，则不会有意外发生。因此，任何人只要认真思考如何消磨时间的问题，他就能从事那些能够为他提供大量机会的活动，以发挥其才智、应变能力和情境敏感性，感觉到情境中存在着某种不可预测性和发挥技术的机会——获得一种如鱼得水的感觉。这样，基于必要的满足爱好的活动的性质就会改变。吃东西就会变成一场精心制作的宴会，技能和品位在餐具和饮料的选择上，在提供对话的机会方面得以展示。性活动就会变成求爱和做爱技能和敏感性的展示。这两种活动都需要技能和标准。这两种活动都需要拖延时间，避免短暂性。而且，两者当然都会蜕变为文明化的堕落（civilized perversions）。

“为什么做这件事不做那件事？”问题的另一方面一定是相互比较后的选择。这是讨论心灵的幸福、整合与和谐的价值所在。这个问题不是**因为其他什么缘故**应当让人沉湎其中，而是沉湎于其中的某种活动是否在相当程度上与沉湎于其他可能具有同等价值的活动相一致。一个人如果对高尔夫球、园艺和女孩表达出同样的情感，他便会遭遇麻烦，除非他能按照重点优先的原则安排好日程。但是，也有一些活动不能简单地融合于有条理的生活范式中——例如，体育运动和观察动物的夜间活动习惯。当“为什么做这件事而不做那件事”问题显露的话，善的一致性理论（coherence theory of goodness）有着明显的价值。然而，诉求一致性也许是必要的，但还不够。因为价值不大的活动也能够融合于一致性生活范式，而且一致性生活范式没有给出理由，将可以相互比较的活动分出等级来。

第四节　以课程活动为例

一致性理论的缺点迄今为止可被看作论证的一般性缺点。因为还没有理由证明从事科学或艺术活动比打高尔夫球或打桥牌更有价值，这两类活动都具有公平、文明和要求技能的特征。然而，对中小学和大学课程产生重要作用的是前者而非后者。

要想证明课程活动具有特别重要性，就必须考虑到课程活动的意义及课程活动为辨别能力和技能的发展提供的机会。对于第一类需要考虑的因素，哲学家们已经为纯理论活动提供了充足的论据。他们声称，虽然不完全具有说服力，但是可以说大部分活动的目的与追求真理或创造美的活动相比有着明显的劣势。例如，吃东西和性活动的完成在相当大程度上取决于身体状况，且具有周期性特点，对所花费的时间亦有限制。但是对于纯理论活动而言则不存在这种限制。政治家、商人和玩弄女性者的生活目标必然具有竞争性。如果一个男子获得了权力和财富，或者获得了一个像阿斯帕齐[1]那样的女子，这就意味着其他人会失望。但是，尽管在纯理论方面有着尖锐的对立，尽管时髦的理论专横肆虐，如果认为追求的目标属于个人所有或拥有，则是十分荒谬的。如果一个哲学家嫉妒另一个哲学家，就像一个人嫉妒他夫人的情人或商业竞争对手一样，那也是荒谬的。目标匮乏的问题也不会

1　阿斯帕齐娅（Aspasia，公元前 470—前 410），古希腊雅典的高级妓女，政治家伯里克利（Pericles，公元前 495—前 429）的情妇。——译者注

产生，因为，如果其他许多人都全神贯注于这相同的追求，没有人就能够被阻止去追求真理和绘画。正如斯宾诺莎有力论证过的那样，也不存在目标消亡或消失的问题。想得到喜爱的东西，从永恒意义上说，人和物品都不是适当的选择，因为我们知道一件事情——人随着年龄增长会死去或者物品随着使用会磨损。但是，纯理论活动的目标便不会遭此命运，因为只要世界秩序存在着，总是有更多的东西需要去发现。在此背景下，热爱这个世界就是拥有一个永久安全的目标。

纯理论活动可以提供无限的发展技能和辨别力的机会，就此而言，纯理论活动也是站得住脚的。绝大多数活动能够在不同情境下以不同的方式产生同样的状态。一场宴会不同于另一场宴会，正如一局桥牌不同于另一局桥牌一样。但是，这两种活动都有一种静态性质，即两种活动要么有一个自然的目标，要么有一个惯常的目标，而且目标可以通过有限的几种方法达到。但是，在科学和历史科目中，绝没有这种可达到的目标。因为，真理不是一个可以达成的目标，而只是一个羊皮盾，[1] 在其庇护下，总是有不断的发展。发现什么东西及证明前辈观点是错误的，需要展现被发现的新事物，需要提出新的会被证伪的假设。因此，必须要有无限的机会去进行新的区分和判断，去进一步发展新的技能。这种探究到了那些执着于严谨方法论的探究者手里便开始蹒跚前行。侥幸的高尔夫球运动员常常会对比赛感到厌烦，因为他们已经掌握了它。在许多方面，达到一定程度之后继续追求卓越似

1　羊皮盾（aegis），希腊神话中主神宙斯（Zeus）和他女儿雅典娜（Athena，智慧女神）所持的帝盾。——译者注

乎显得没有什么意义。但是，难以置信的是，没有人会对科学和哲学产生同样的厌烦。从性质上说，这种追求排除了任何最终性及其相关的精通之感。

如果这些活动是我们所称的游戏或消遣的话，它们就是追求科学或哲学的充分论据。但是，它们还不能令人信服，因为科学、哲学或历史显然不仅仅是消遣，除了具有游戏和消遣的一些特点之外，它们还有独特的品质。最为重要的是它们的认知性质。游戏和消遣活动中的知识是有限的，通常不是活动的目的，它们对道德不大关注。如果一个人是板球爱好者，他可能掌握许多有关板球的知识。但是如果他假装要从中发现与严肃目的相关的东西，那是十分荒诞的，除非从体育运动和道德的方面去审视它。板球被划分为一种游戏，因为从道德方面看，其目的是不重要的。事实上，也需要提出一种目的，以使板球各种技能的展示成为可能。打板球者或旁观者所了解的板球知识只为了打球或为了评判比赛。然而，如果他对板球的兴趣能够像社会学家或心理学家一样，那么，他的兴趣也许在通过板球展示的人的行为问题上，而不仅仅是为了评判或为了打板球。

事实上，人们完全可以通过打板球更好地相互理解，相互合作，培养优良的道德品质。在社会整合中，它也有很重要的社会价值。[1]这样，游戏也因此具有教育价值。实际上，游戏通常被视作重要的教育工具，因为“严肃”的东西可能得到较好的吸收，其效果可能超过正

1　参见詹姆士（James, C.L.）：《超越界线》（*Beyond a Boundary*），伦敦，哈钦森，1963 年。

规的教学。在卡达斯[1]的眼中，板球也同样具有美学特征。但是，当游戏参与者开始将游戏视作道德的、审美的，或者视作理解他人的练习，他们便会停下来，而将其仅仅视作游戏。在高尔夫球场，人们经常受到提醒：这只是一场“游戏”。这等于在说，球打得特别好或特别差，赢球或者输球，都不应当视作具有世界观的意义，也不要因为付的是5英镑而非5先令[2]将其看得重要。相反，当人们说政治“只不过是一种游戏”时，他们的意思是，一种维持权力的目的已经确立起来，道德已游离而去，权力被专断地使用，远离了社会道德的关切点。

另一方面，课程活动——如科学、历史、文学欣赏和诗歌——是“严肃的”，它们对生活的其他方面有启迪作用，对生活品质的提升具有重要作用。第二，它们的认知内容要宽泛得多，明显有别于游戏。例如，技能没有宽泛的认知内容。有关骑自行车、游泳或打高尔夫球的知识甚少，因为这些技能涉及的问题主要是“知道怎样做”而不是“知道是什么”，知道的主要是窍门而非理解。而且所知道的东西对理解其他事物帮助甚少。另一方面，在历史、科学或文学活动中，需要了解的知识量无边无际，如果能够得到适当的吸收，它肯定能够拓宽和加深人们对其他难以计量事物的理解。

一些技能系统化的游戏，例如打桥牌和下棋，也有相当的认知内容，但是，它们的认知主要是内在的。将其称作“游戏”的部分意思是，

1　卡达斯（Cardus, N., 1889—1975），英国新闻记者，《曼彻斯特卫报》（*the Manchester Guardian*）板球专栏作家。——译者注

2　先令，英国过去的一种辅币单位，1英镑等于20先令。——译者注

它不是生活的主要内容，竞争是其自身的竞争，而且限定在特定的时间和地点。[1]如果游戏能够提供机会，使人们能够获取生活中具有广泛应用性的知识、心智品质、审美能力和技能等，游戏便可以被认为具有重要的教育意义。对道德教育而言，它们的重要性是十分显著的。因为，勇敢、公平、坚韧和忠诚等美德必须在许多游戏中得到突出的展示——特别是那些需要团队合作的游戏。其他一些游戏可以培养判断力、保持头脑冷静及洞察其他人动机的能力。认为游戏具有重要教育价值的人的假设是，他们提供的情境与独立生活能力稍弱者的生活十分相似，在其中，美德可以得到孕育和锻炼。

科学、历史、文学欣赏、哲学及其他文化活动像是公平竞争的游戏一样。在相当大程度上，人们之所以热衷于这些活动，其原因在于它们的内在价值而不是外在目的。但是，它们的认知关切点和浩繁的认知内容给了它们有别于其他活动的独特价值，从而使我们称之为严肃的追求。它们是“严肃的”，不能将它们只看作特别令人愉悦的消遣活动，因为它们主要在于说明、评价和阐释不同方面的生活。它们就这样不知不觉地改变了一个人的世界观。一个读过伯克[2]的著作且吸收其思想的人会发现用同样的方法很难理解美国人。看到奥赛罗[3]之后，他的嫉妒之心就会变得含蓄。如果他也是一个受过训练的科学家，他

1　参见休伊津加（Huizinga, J.）：《游戏者》（*Homo Ludens*），伦敦，基根・保罗，1949 年，第一章。

2　伯克（Burke, E.1729—1797），英国政治家、演说家和政治思想家。——译者注

3　奥赛罗（Othello），英国作家莎士比亚悲剧作品《奥赛罗》中的人物。——译者注

就会像那些未接受过训练的同代人一样对这个世界几乎一无所知，因为他是按照一个与特定时间和地点毫无联系的思想模式来训练的。另一方面，一个致力于游戏的人因此不会获得能够超越且能够改变他对生活中其他事物看法的认知内容。当然，他可能将诸如战争或政治的其他活动视作大规模的板球游戏。这将影响他对其他活动态度的形成。但是，这不会改变其理解，像学习心理学、社会科学和历史所获得的理解那样。那些在滑铁卢战役中坚守的人很可能在伊顿公学操场上学习玩过同样的游戏。但是，他们没有学习到为什么要坚守在那里的原因，也没有看到托尔斯泰[1]在博罗季诺战场[2]所见到这场战役。

那么，诸如科学、哲学和历史这些活动的意义在于，尽管它们也像游戏一样可以在固定的地点和时间里公正无倚地从事，但是它们绝不能被分解，且局限于这样的时间和地点。一个系统地从事这些活动的人可以获得概念的系统和评价形式，这些会改变他所做的其他任何事情。用几乎是无限的方法去思考正在做的事情是可能的。例如，一个马克思主义者正在一家工厂鼓动斗争或正在一个农场为买一辆拖拉机而卖马，但是他并不认为自己仅仅在做这些事情，因为他也许将自己的行动看成历史变革中的辩证进步（dialectical progression）的运动。“教育是为了生活”（Education is for the life）的口号中至少有两点是有道理的。其中一点是，如果人受到合适的教育，即便在没有压力

1　托尔斯泰（Tolstoy, L.1828—1910），俄国作家。——译者注

2　博罗季诺战役（Borodino），拿破仑战争中，拿破仑军队曾在莫斯科以西约110千米处的博罗季诺镇大败俄国军队。这次战役，俄国军队损失4.5万人，法国军队损失3万人。——译者注

的时候他们也会继续学习，他们在中小学和大学被引导学习的概念系统和评价形式会继续发展。另一点是，“生活”需要学会两种方法，一种是学会思考的方法，另一种是学会评价自己正在做的事情的方法。

到此，对于科学、哲学活动与游戏和消遣活动之间的区别我们已经做了足够详细的论述。那么，严肃地提出“为什么做这件事而不做那件事”问题的人为什么会更加坚定地从事含有这种特殊认知关切点和认知内容的活动呢？回答显然会是，这些不同的探究活动在用不同的方式回答他正在提出的问题。正如前文表明的，如果他的问题涉及他可能从事的活动的性质和品质，他实际上已经在着手进行困难且几乎是永无休止的探究。因为对于公正无倚活动的描述及其价值的讨论仅仅依靠观察是不行的。它们取决于他对它们的思考。他不能简单地从事这种活动，而是得明白他正在做的事情所蕴含的某种意义。这就取决于他在接受教育时以他的教养对科学、艺术或烹饪概念所做的思考。这种思考能力主要是通过不同理解形式的不断发展而提升的。这是在强调他正在做的事情所具有的历史的、宗教的或道德的特征吗？他自己的作为艺术家或科学家的概念是强调快乐或社会责任或无限虔诚的概念吗？他想到过作为意识形态上层建筑的科学和艺术是在经济基础上产生的吗，或者是在表达一种未被认识的性别斗争吗（sexual strivings）？或者，他受到鼓励将这些活动视作某种独立的与其作为有意识人的其他经验无关的活动了吗？这样，一个人将科学、历史和艺术**看作**什么取决于他获得的一般概念系统，而这种概念系统的获得是先前的探究和前人积累的经验与所获得的实践经验的异花受精的结果，无论先前的这些探究是多么的稚嫩。因此，将这些探究或创造性活动仅仅视作一种消遣等于忽略了一个事实，即它们是概念系统的决定性因素，与所有其他消遣活动或者与被认为是消遣活动的活动有着根本的区别。

也许人们认为，这个观点有点牵强。因为，一个人能够在进行科学研究或艺术创作的同时举着他的手臂吗？对这个反对意见有两个回答。第一，如果只举一条手臂，结果会如何呢？假定这一描述排除了只是举起手臂，像面部抽搐一样，或者也排除了不是因为其他原因举起手臂，例如要引人注意的原因。这告诉我们，甚至像这样的观念也需要在描述和解释行动的概念系统中才可以理解。第二，“进行科学研究”（doing science）和“写诗”（writing a poem）不是行动而是“活动”。在描述其中决定性的要素时，两者区别是明显的。因为，与动作相联系的身体运动（如他正在举起手臂）是容易理解的，但是，“正在进行科学研究”或“正在写诗”与特别的行动或身体运动没有密切的联系。因此，从消极方面说，暗示一个人“正在进行科学研究”只有在否定这个人从事科学活动时带有的一些其他目的时才可被理解，但是从积极方面说，对它可以有多重解释。因为，哪个方面与包含在举起手臂的明显身体运动相一致？如果一个人声称他在“进行科学研究”，则回答这个问题需要探讨他所认为的科学的与众不同的特征。他不可避免地要谈及历史、哲学、社会科学、美学敏感性、道德及其他诸如此类的知识和意识形态。也许，实际这也许表明，在他眼里，进行科学研究与写诗是完全一样的活动。

因此，到此为止，当提出“为什么做这件事而不做那件事？”的问题时，他可能只是尝试用各种方法回答，或者尝试着考虑用适当的方法做他在做的事情。当他退一步反思自己正在做的事情是什么的时候，他便开始从事构成大学课程主要内容的某种活动了。他会发现自己在从事着诸如科学、历史、文学和哲学等思想形式的探究，而这些形式关注的是对人类活动的不同形式进行描述、解释和评价。对于一个严肃地问自己“为什么做这件事而不做那件事？”的问题的人来说，随意地关闭心智的窗口是非常不理性的，因为这样可能就错过了其他探究形式给自己询问的问题带来的启示。这可能是“自由教育”的基本论点之一。它也可能是苏格拉底声称的“未经检验的生活是无价值的”逻辑结果。

这种有关课程活动论点的力量也许能够得到承认，但是，也有人可能会说，依据提出“为什么做这件事而不做那件事”问题的理性人的观点，强调这些活动的认知特征必须承认它们优于游戏活动，必须证明它们的工具性价值。这并不表明，这些活动完全因为自身的原因值得人们从事，特别是如果它们是相当枯燥的话。这个论点也表明，体育是极其重要的。因为，没有健康的身体，一个人可能会懒散地或呆滞地回答“为什么做这件事而不做那件事”。所以，这就提出了似乎是身体适应性原则的先验性推论。这种推论的貌似正确性并没有证明身体锻炼自身是有价值的活动。它表明，为什么一个理性人必须既从事身体锻炼又从事理论活动；但是，它没有表明他必须将后者视作比前者更有价值的活动。显然，许多理性人确实发现理论活动是有价值的，但是，他们对身体锻炼的看法则不一样，尽管他们充分肯定了身体锻炼的工具性价值。

那么，还有没有其他支持理论或美学探究是有价值活动的论点呢？[1]这些活动的价值要么仅仅取决于它们回答“为什么做这件事而不做那件事”问题的那种工具性，要么仅仅依据它们与游戏或消遣活动共有的技能性和复杂性，但其作为游戏或消遣活动，又优于游戏和消遣活动吗？对这个问题的回答部分地在于弄清楚在这种情境下工具性的适当含义。例如，科学的思维，对回答“为什么做这件事而不做那件事？”问题而言，没有严格意义的工具性价值，因为它通过改变怎样思考“这件事”（this）和“那件事”（that）的方式，改变了问题的性质，将其内含在提出的和回答的问题中。这种做法毫不令人奇怪，因为它派生于另一个由理论活动独有的而非游戏或消遣活动独有的特征。这就是它们的某种意义的“严肃性”，完全不同于以前用来区分游戏和理论活动之间的特征。这种意义现在必须予以解释。

迄今为止，游戏一直没有被视作“严肃的”，因为它们以前是，现在也是从“生活事务”（business of living）中分化出来的且对“生活事务”而言无足轻重。玩游戏既不是从道德层面考虑的，也不是从长远利益考虑的。而且，它们不是“严肃的”还有另一种含义。它们

1　论证美学活动非常困难。首先，创造性和欣赏性活动是不同的。其次，艺术与寻求真理是不同的。因此，有理由认为，（例如）文学和诗歌是这个世界的意识方面的发展，而其他艺术（如音乐）可能会创造另一个可意识到的世界。因此，后者更像游戏而非科学和历史。显然，对于美学活动的不同形式需要全面的讨论，而这不是本书的内容。

源于人们对这个世界的好奇心，源自于他们对自己独特困境的敬畏和关心。每一个提出“为什么做这件事而不做那件事？”问题的思想者都不会专断地限制人们提问的范围。如果他严肃地提出这个问题，他就必须用一种符合自然规则的态度来回答，而其中的一条规则就是作为一个人要有自己的道德。怀特海用自己的方式对这一问题做了解释，他说：“宗教就是个人孤独地做自己的事情……在这种孤独中，精神问道，以价值来衡量，什么是生活的成就？它会发现不存在这种价值，除非将个人的主张与客观宇宙的主张结合起来。宗教就是人世的忠诚（world loyalty）。”[1] 人对科学、美学、历史和宗教意识的潜在价值的认识也许有极大的差异性。或者说，这些潜在价值也许以一种无差别的方式模糊地存在着。但是，只要他退出自己的生活问道“为什么是此非彼”，他一定已经以严肃的态度关注到他意识中的真理。因为，如果一个人不想使自己尽可能了解产生问题的情境和各种可能的答案的框架，这样严肃的实践问题怎么可能被提出？各种理论探究是对他的不同方面经验的探究。因此，严肃地提出“为什么做这件事而不做那件事？”，无论这个问题多么稚嫩，即是在承诺进行这些探究，而这些探究以关注所处情境的现实为特征。简而言之，这些活动的正当性不是纯粹地出自它们的工具性价值，因为这些活动涉及探询“为什么做这件事而不做那件事”的问题，也涉及对这一问题的回答。

这种态度不是简单地属于好奇心问题，尽管它可以提供某种基础。

1　怀特海：《宗教的形成》（*Religion in the Making*），剑桥大学出版社，1926 年，第 47、60 页。

在这种基础上，对其他人的同情也许能够提供尊重人的自然基础。正是这种关注真理的情感态度突出了苏格拉底“未经检验的生活是没有价值的”这句话的特征。它是所有理性活动的核心，关注的问题是：什么是真实的或什么是虚假的，什么是适当的或什么是不当的，什么是正确的或什么是错误的。任何严肃地提出“为什么做这件事而不做那件事”问题的人一定对这一问题有所了解，因为它内含在“严肃的”意思之中。对其正当性的证明不可能有其他方法，也因为它预先假定了所有严肃尝试的正当性。这样，它就成了动机的关键要素，不是仅仅来自这里得到捍卫的伦理学方法，而是来自任何一个基于讨论和争论的方法。

因此，过去对理性和激情所做的对照已经相当不合时宜了。因为，正如前文论证的，所有的理性活动都有它们的独特评价形式，例如，有说服力、精确、简练、确当和连贯等，这些为思想形式提供了内在动机。而且，认真参加这些活动的人是那些认真关心这些活动意义且有激情的人，他们想明确什么是真实的、有效的、适当的和正确的。这样一种激情与教条主义者的情感不同，后者只关心特别的真理而不是依据程序的原则全面地关注普遍的真理，如自由和宽容。它们是激情产生的必要条件。（参见本书后面的第七章）

因此，任何有理性同时又是教师的人，必须持久地关注将这种态度传给其他人。因为，缺乏这种态度，教学就缺乏基本的动机，或者在恰当的意义上说，教学就不会有效。如果重复谢弗勒的话，“教学”就是“要求我们把理由给学生讲清楚，通过这样做，让学生去评价和批判它们”。[1]但是，这就假定了学生乐于倾听理由和认真地参加讨论。这种态度是怎样形成的呢？当然，这不是普遍现象。实际上，很难发现有人在认真倾听其他人说些什么。同样，也很难发现有人谦卑地考虑反对意见。这种倾向当然不是天生的，因为，正如培根指出的，希望搜寻负面的不利于自己观点的例子是违背人的心智中根深蒂固的倾向的，这个倾向就是希望根据几个例子便做出概括而且相信他的结论都是真实的。这一点可以从那些具有这种倾向性的人那里发现，他们在讨论和教学中已经展现了这种倾向性。但是，除非所暗示的非常有趣，在那些具有这种倾向性的人那里，想描述这种倾向的力量和持久性是困难的，因为，习性和较短暂的态度也会用同样的方式获得。这样一种态度当然也能通过让人处于困境的某种方法唤出，作为论域中一个好思考的人，其所处的不利环境会使思考成为可能。教师要帮助唤醒学生对这种困境主要方面的意识；教师要用某种方法说明情况是怎样的，并告诉学生依据这种思考以适当的方式生活。

1　参见前面第 39 至 40 页（指原著页码。——译者注）。

第六章　利益的考虑

导　言

就活动自身的目的而言，挑选什么是有价值的问题来论述是为了表明选择某种活动形式而不选择另一些活动形式的理由极具重要性。一般来说，这对于伦理学而言是重要的，对于这本书提出的教育论点尤其重要，因为笔者坚持认为，教育与引导学生从事有价值的包含某种认知特征的活动相联系。如果提不出从事这些活动的理由，这本书就会缺乏稳固的伦理学基础。笔者希望能够给出令人满意的理由。其他问题也必须得到讨论，否则，论述就会有失偏颇。

尽管教育是学校的本质，但在第一部分的附录中，笔者也强调学校必须发挥较强工具性的功能。一方面，它们必须和家长一起扮演孤儿院的角色；另一方面，它们必须考虑社会对接受过具体方式训练的公民的需要。换言之，它们必须在考虑儿童利益以及儿童利益是什么的同时考虑公众的利益。这里，需要对这些理念做简要分析，以揭示它们的伦理学基础。

第一节　“利益”的概念

“利益”是一个非常模糊的概念。值得花点时间来论述，这倒不是因为需要弄清楚这一章想证明什么，而是关于儿童利益的教育话题会因为概念非常含糊而不知所云。

这种问题源于一个事实，即“利益”概念有规范的和心理学的两种用法。按照心理学的意思，[1]当我们说人们对什么感兴趣时，指的是他们倾向于做某事或他们注意到的事；或者，当我们谈及人们比较长期的爱好或感兴趣的活动时，我们也更加倾向使用利益概念。按照规范性用法，“利益”既有法律方面的意思，指人有权利参与的行动或活动领域，[2]也有更加一般的意思，用于谈及有价值的活动及在某一方面适合个人的活动，也就是对个人有利的活动。当我们说考虑某人利益时，我们采纳的是“利益”的后一种意思，这是学校必须考虑每个儿童利益的“利益”含义。教师像看护室关心儿童的护士一样，不必在意儿童实际想要什么或对什么感兴趣，或者从心理学角度讲，不必在意儿童的爱好是什么，他（或她）关心的要么是保护儿童在他看来有权利追求的有价值的东西，要么能确保儿童追求既有价值又适合他们的东西，也就是对儿童有益的东西。因此，教师必须考虑的不仅是

1　参见怀特（White, A.R.）：“利益的理念”（The Notion of Interest），载于《哲学季刊》，第 14 卷，1964 年，第 57 期。

2　参见拉蒙特（Lamont, W. D.）：《道德判断的原则》（*The Principles of Moral Judgment*），伦敦，牛津大学出版社，1946 年，第三章。

一般而言值得追求的有价值的东西，而且还要考虑特殊儿童的潜力和能力是什么，对于这些特殊儿童他也是负有责任的。

当一个人常常从另一个人的利益角度思考这些问题时，这说明他在考虑那个人的利益了。毋庸赘言，人们总是因为这个问题而苦恼。关于一个人的利益是什么的判断与另一种判断稍有不同，即从工具性角度思考个人的利益及思考享受有价值活动的个人差异。这表明，需要制定有助于实现被假定为合乎需要的某种策略或行动方针。例如，可以说，一个专注当校长的人，与妻子离婚不符合他的利益，或者，定期去教堂不符合他的利益。换言之，这种判断可以与一般政策相联系，这些政策被认为明显在追求实现构成了一个人生活风格的目的。例如，当一个人被告之他同情垮掉的一代（beatniks）的倾向不符合他的利益时，这就暗示了这种倾向会影响他的生活道路。这样做是不谨慎的。

然而，这种关于人的利益是什么的判断不完全与咨询者有关。因为，一般假定是，某种行动方针和策略完全不符合个人利益，如对其官能的损害。我们假定的是，健康与安全感的增进会强化人们对善的追求，无论它可能属于哪一类善。换言之，我们假定的是，无论一个人的利益是什么，健康和安全都会有助于他的利益得到满足，而痛苦、疾病和不安全感会阻碍他的利益得以满足。因此，一些关于人的利益是什么的判断并不与特定个人相关，因为存在着一些与一般条件相关的建议，能够使人追求利益的机会最大化，无论它是什么利益，而其他建议则会起阻碍作用。例如，霍布斯认为，根据一般思维的准则，不间断的猝死威胁不符合人的利益。因为，这种威胁显然会妨碍和使人分心去做他想做的许多事情[1]。

一些人从心理学角度认为，这种关于人的利益的判断是工具性的判断，与人的实际需要或实际利益相关。但是，回到霍布斯的例子，我认为这种观点立刻就能被驳倒。因为，霍布斯的观点是，追求善的活动会因为不间断的猝死威胁而得到强化，这就容易回答对霍布斯观点印象深刻的人的问题了，因为人不得不一天一天地度过，如果这一天是最后一天，他们就会认真地考虑一个问题，即“哪一种活动最值得追求？”因此，有人可能认为，在不间断的猝死威胁下生活符合每个人的利益。这种反对霍布斯的观点对于那些与死亡威胁相伴的人而言不是一种臆想。它表明，关于人的利益是什么的判断并不单纯地与人偶然感兴趣要做的事情相联系。因为，反对意见并非认为消除不间断的死亡威胁会增大一个人从事他实际感兴趣的活动的机会，更确切地说，他倾向于追求没有价值的东西。消除不间断的死亡威胁会使他做自己要做的事情的机会最大化。但是，唉！可惜他要做的事情全都是错误的。

因此，考虑人们的利益，或者说考虑什么符合人们的利益，不能简单地等同于依据人们实际所要的东西来决定应当做什么，也不能依据什么能够使人们要做事情的机会最大化来决定应当做什么。因为，正如前面所论，尽管人们得不到他们想得到的东西，我们感到遗憾；

1　巴里（Barry, B.M.）：“公共利益”（Public Interest），载于《亚里士多德学会公报》，增刊，第38卷，1964年，第二节。巴里提出的这种自然主义的分析在这里不予接受。

但是，人们得到了正是他们想要的东西后，我们也同样感到遗憾。换言之，在决定什么符合人们的利益问题方面，判断依据的是人们的向往之物（wants）。

“公共利益”的概念是一个难以解释的概念。[1] 一些人把它看成一个通用的术语，用来证明那些难以用较明确方式为之辩护的政策的正当性。但是，通过探索它所暗示的两个理念是有可能揭示其特殊性的。第一是探索一个不偏袒任何特殊的私人或个人利益的政策。如果英国全国教师联合会（NUT）经要求去关注公共利益，这种指令的力量在于让他们去考虑社会中人们的利益而不是教师的利益，不要只看到根据部门利益提出的建议。这是“公共利益”概念的消极解读。而积极的概念是提倡一种满足每一个人利益的政策，无论个人会采取什么形式去追求自己的利益。提供足够的食物、安全的环境、健康和交通服务都在公共利益之列，如果这种比较积极的解读受到承认的话。

无论接受公共利益这两种解读中的哪一种，学校显然都要予以关注和推进它。因为，技术员、打字员和其他难以计数的技术工人的训练是工业化社会经济得以发展的保证。除非工业的轮毂保持转动，否则，社会就会缺乏允许人们追求大量个人利益的条件。保持工业轮毂旋转是一种不偏向任何部门利益的政策。这就是经济学家所谓的把钱花在学校是一种公共投资。

1　巴里对“公共”的解释比他对“利益”的解释容易让人接受。

第二节　正当性的问题

上一节论述的主要是人的利益的内容。常规“利益”的理念含有两方面的判断，一是关于什么是有价值的或什么是合乎需要的判断（内容的判断），一是关于人的能力和潜力的判断。人们试图为前一种判断提供一种理性基础，但是，没有人注意到“应当促进谁的利益？”的问题。迄今为止，没有人说明为什么拒绝限制那些具有杰出心理能力的精英享受有价值的活动的乐趣，也没有人说明拒绝限制任何人提出“为什么做此事而非彼事？”“为什么社区没有安排只有他才能够享受这些活动内在的乐趣？”等问题。

换言之，提出“为什么做此事而非彼事”问题的人为什么不能将思考限制在可能只有他受到影响的行动结果方面？为什么他不能问“我需要为我自己思考什么？”。正常情况下，提出这个问题，我们考虑的不仅是所谈论问题的特征和我们准备从事的其他活动的共有特征，我们也认为，无论活动有什么内在价值，它对其他活动可能造成的伤害也是一个需要考虑的重要因素。康德声称，善意的发展是唯一无条件的善，其依据的基础是一个明显的事实，即人们可能带着卑鄙的目的去从事所有有价值的活动。同样的事实是，在特定情境下，他们从事的活动可能是以牺牲其他人利益为代价的。但是，为什么一个理性人需要考虑其他人的利益呢？任何关注增进公共利益的人显然要面对这个问题。

回答是肯定的。考虑他人利益是严肃地提出“为什么做此事而非彼事”的预先假设。正如先前指出的那样，这个问题是公共话语中的一个问题。它预先假设了一个需要得到其他人帮助的情境，人们在其中关注的是发现一个针对实际政策问题的答案。在进入这样的讨论时，任何理性人必须假定不仅存在着有价值的事情需要做，而且他也可能要求参与其中。在与同伴讨论过这些事情之后，如果他认为他在这种有价值生活中的利害关系会被完全忽略，则很难想象他会参与这种公共讨论。作为一个理性人，他也必须明白，所有适用于他的规则也适用于参加讨论的任何人，因为他怎么能够认为只有他有权利呢？

这样就有了两个问题。一个是供选择活动自身的价值问题，另一个是限制一部分人但不限制另一部分人从事这种活动的问题。如果人们普遍认为不需要考虑他们参加这些活动的愿望，这种形式的话语便没有意义。因为，作为一种公共活动，它绝不能离开自己的立足之处。

当然，不是不能认为一些人的利益在特殊情境下比其他人的利益更为重要，只是需要拿出证据来。这种假定与利益考虑相关，而不是与任何特殊利益的考虑相关。也不能坚持认为，那些无耻之徒不会利用公共讨论情境无情地追逐他们自己的利益。无耻之徒也会用同样的方法利用真理假说（truth-telling），这种真理假说也可能是因追求真理而假设的一种基本的和独立的原则，[1] 为的是欺骗和利用。一个人无

1　参见温奇（Winch, P.）：“本性和习俗”（Nature and Convention），载于《亚里士多德学会公报》，第 60 卷，1959—1960 年。温奇将这一原则与较为普遍的交流可能性建立起联系。其中一个有说服力的例子是用话语的形式而不是一般用语言来假设什么是真实的、正确的、善的，等等。

论多么有理性，也都有可能被看待特殊情境的其他方式的心理力量所压倒，这一点没人会否认。所要坚持的主张是，通过一般的讨论来假设考虑利益的原则，而这种讨论旨在发现什么是善或者应该做什么，而且认真参加这种讨论的人必须在某种程度上按照这一原则生活。私人的策略用同样的方法寄生于公共实践活动之上，就像私人语言较普遍地假定了公共语言如果要有含义或有意义或能够被应用就必须遵循所有的原则（例如，无矛盾原则）。这是像图尔明那样的作家在有点特别但略欠说服力的主张中提出的观点。他声称，道德话语必须根据其调解个人独立的目的与社会意愿之间矛盾的功能来认识。[1]因此，必须提出理由来说明为什么要限制考虑自己的利益或者限制考虑他人的利益。换言之，这个问题不是“什么是我应当只为自己考虑的利益”。实际上，如果接受了正义第一原则，就得进一步给出理由来说明为什么要限制只对提问者产生影响的利益的考虑。

从心理学方面说，人们可能更加倾向于考虑自我而不是考虑别人。但是，从心理学方面说，他们可能倾向于有直接吸引力的活动而不是那些真正有价值的活动。纠正这种心理倾向是道德教育的一个基本任务。正如巴特勒所说，大多数人的缺点不是他们缺乏仁慈而是缺乏深谋远虑。[2]但是，当人们提出可能只影响提问者的问题时，这种心理倾向性既不是拒绝提出也不是限制提出实践理性问题的依据。提出的这

1 参见图尔明（Toulmin, S.C.）：《理性在伦理学中地位的审视》（*An Examination of the Place of Reasons in Ethics*），剑桥大学出版社，1950 年，详见此书第十章。

2 巴特勒（Butler, J.）：《论人性》（*Sermons on Human Nature*），第一卷。

个问题是“有什么理由要做这件事？”，而不是“有什么理由偏偏要我来做这件事？”假定存在着有要做事情的理由，分配谁来做则是需要进一步回答的问题。

所以，这些也是涉及一个人适合做一些事情而不适合做另一些事情的心理能力问题。在心理学家建议的帮助下，学校非常关注的是后面的问题。学校咨询服务的发展是一种补充方法，或者说是一种对职业规划教师和拜访心理学家传统方法的替代，这是人们认识到这种判断是极其复杂的证明。这种谨慎建议的机制化的发展是否能如人意是一个需要进一步探讨的问题。对这一问题的深入论述不在本章范围之内。

第三节　基本规则

任何认真思考过与公共利益相关问题的人必然会做出这样的结论，即不仅食物和原材料等与公共利益相关，而且遵守基本规则中的最低限度准则也与公共利益有关，这些准则是符合每个人利益的，是需要而且是已经得到遵守的。因为，没有这样一种秩序和安全的框架，没有人能够长期地追求他要想追求的东西或者追求善——要考虑到这两种准则并非始终一致的。这种最低限度的规则系统的正当性显然是可以得到证明的，因为它符合所有提出实践理性问题的人的利益。

社会生活中的这些“基本规则”不像基本原则那样是实际话语的预先假定，因为它们是偶然形成的，是建立在人及其环境的某些非常普通的经验事实基础上的。最基本的事实是霍布斯特别强调的——人的无可置疑的道德和普遍欲望，在其他方面相同的情况下，活着时普遍地厌恶痛苦。毋需多说，活着是满足其他欲望或实现其他目的的普通条件或策略，所以无论一个人对痛苦持什么态度，也无论他对死亡如何敬畏，活着一定是符合他的利益的，因为活着既可以使他的其他欲望得以满足，也可以使他完成对“我应当做什么？”问题的回答。另一个普遍的事实是，人容易受到他人的攻击[1]。在这一方面，人们大致平等。如果一个儿童能在睡梦中捉住成人的话，他甚至可以杀死这个成人。另一个这样的事实是，如果人想生存下来，则需要他人的帮助。对于其他人，他的社会感觉是有局限的，也许只能扩展到他的家庭或部落。此外，人还需要有限的食物和居所供应等，这是人得以生存的必需品。

将这些一般经验性条件（empirical conditions）聚在一起就使一批有限的基本规则显现出它们的必要性了，无论社会生活形式如何，都必须接受它们，人与其生活环境才平安无事。实际上，一批人接受了这些规则几乎就是对“社会”概念做了界定。必须要有某些规则禁止伤害生命和破坏财产，允许货物的交换和转让。除非利益的问题被专断地解释成一个人做其认为有价值的事情，或者被专断地解释成一群像蝴蝶一样活着的人[2]。他们没有打算去从事具有永恒价值的活动，否则，就一定存在着某些规则制约着年轻一代的再生产和养育。当这些规则

1　基本规则这一方面的论述要感谢哈特（Hart, H.A.L.）：《法律的概念》（*The Concept of Law*），伦敦，牛津大学出版社，1961 年，第九章，第二节。

2　像蝴蝶一样（butterfly-like）活着的人，指衣着艳丽、寻欢作乐或轻浮多变的人。——译者注

发展到一串相互联系的规则阶段，就出现了人们所知晓的“习俗制度”，如财产和婚姻制度，这些制度的作用在于将社会成员置于特别的义务形式之下。当然，这些义务的细节内容取决于偶然的环境，因社会不同而异。但是，在一般的道德条件下，如果公正无私地考虑每个人的利益，在这些领域就一定存在某些规定了义务的规则。这是显而易见的。

简言之，根据考虑利益的原则，这里可以提出一个非常具有说服力的例子来证明基本规则的重要性。这个作为例子的规则就是禁止谋杀、偷窃和违约，这些规则是对这类实践活动的另一种解释。这些规则的正当性无须再进行一场费力的讨论便能够得到证明。上一章我们已经讨论过，这些活动的特征一定是得到我们已经列出的基本规则支持的有价值的活动的特征。

第四节　实践活动

每一所意识到其所承担的社会功能的学校必须与家庭携手，用这些基本规则装备儿童。这些规则多多少少类似社会卫生学，能够给予儿童某种基本技能训练。从工具主义角度看，这也是社会经济发展的必然。当然，这个能够采取道德教育的形式而不是采用某种狭隘说教的形式进行，例如，技术训练也能够用某种具有教育价值的方法进行。

一些人满腔热情地推进公共利益，一些人献身于实际政治活动和社会工作，也有一些人献身于商业、农作和医学活动，然而，对他们要说些什么呢？他们这样做也许是职责所系，或者也许出于需要。另一方面，他们这样做是因为享受其中的快乐。这些活动的价值比理论探究的价值低吗？

回答这个问题，需要阐明一个观点。这个观点与一个想象自己“只做科学研究”[1]的人所持有的观点相同。政治学、行政管理和商业中蕴含的东西，在相当大程度上取决于一个人在参与这些活动时自己的感受。恰当地说，政治家或行政官员关心的是推进公共利益。这是一个没有终极的追求，因为在政治生活中，没有确切的终极点或安全的休憩处。推进政治进程也需要不计其数的技能、手腕和进取心。然而，作为活动，它的结构相当大程度上取决于其参与者的认知发展。恺撒[2]和庞贝[3]都是罗马共和国末期的政治家。但是，这两个生活在同一时代的人对政治理念理解的巨大差异令人吃惊，仿佛他们简直不是在从事同样的政治活动。这是因为恺撒是一个具有广泛理论兴趣的活动家。他热爱秩序，他规划的实现其总方案的具体目标因他对这些问题的理解而富有生气，这在他那个时代几乎无人可比。显然，他从政治和战争中获得的愉悦和成就感是与他驾驭这两种活动的水平相一致的。

像恺撒这样的案例表明了两点意义。第一点，一些假定是荒谬的。例如，假定理论仅限于研究及假定参与者个人即使对理论一窍不通也可以从事实际活动。第二点是，实际政策的实施不必被认为是出于职

1　《法律的概念》，第 161—162 页。

2　恺撒（Caesar，公元前 102—前 44），古罗马将军和政治家。——译者注

3　庞贝（Pompey，公元前 106—前 48），古罗马政治家。——译者注

责或有必要连续做的事情。政策可以采取活动的形式来表现，一旦用活动的形式来构想它们，活动的标准和技能便能逐渐显现，一系列以工具性目的开始的行为便能够像有趣的活动一样让人感受到快乐。假定这就是家庭主妇能够将其家务职责转变为快乐事情的原因。

那么，这些活动的道德意义如何呢？显然，在掌握必要技能后获得的快乐感和可能获得的成就感方面，它们类似于游戏和消遣活动。但是，它们显然要比游戏优越，因为从事这些活动的目的并不仅仅是为了快乐，而是按照考虑利益的原则严肃地进行的，但游戏不是。这些活动关注的是秩序的条件，没有秩序，追求善就无从谈起。在这方面，像吃与喝的活动一样，它们不仅是给人们带来快乐的活动，而且也是维持美好生活形式必要的活动。它们也是严肃的活动，表现在它们与促进社会形式发展相关联。在其中，其他道德原则也得到了制度化的发展——例如，正义、平等、自由和尊重人。因为，无论怎么说，在证明正当性方面，它们部分地具有工具性特征；也在于它们部分地依赖于人们对其内在性质的理解水平；其价值的高低必定部分地取决于追求真理的不同形式，它们证明了这些形式的作用，自己也通过这些形式得以转换。

当然，这不是否认具有有限认知内容活动的价值。对于并非特别聪颖的儿童和对较强理论性科目的学习不太感兴趣的儿童的教育而言，这是极其重要的。例如，烹饪显然是维持生活的必要活动。但是，它既可能被视作一件令人厌烦的家务琐事，也可以被视作展示烹饪手艺和制作精致菜肴的机会而令人高兴。它可能成为一种极其迷人的和有价值的追求。当然，如果对烹饪的基本原则加深理解，烹饪不再被仅仅视作手指活动，而会升华为一种艺术。但是，就单纯烹饪活动而言，只有寻觅其内在价值，而不是工具性价值，烹饪活动才能真正提升生活的品质。

本书第一部分曾论述，“教育”既包含认知内容，也包含公正无倚地从事有价值的活动。如果像烹饪一样的活动在实际生活中能够满足第二种标准，也能有限地满足第一种标准，烹饪活动就不应当受到歧视。当然，期待的是，与烹饪活动相关的认知内容也有所发展。但是，如果这种方式不适合某些儿童的教育，也不能因此作为理由说这样的活动没有价值。前文已论述，尽管教育在传递有价值东西的方面必不可少，但是有价值活动的外套必须量体裁衣，根据个人性向而定，这常常需要通过建立选修课的原则来确保。知性的发展不是一件非此即彼的事情（not an all or nothing affair）。换言之，这是每个儿童在可以为实践活动作支撑的理论结构发展方面能够走多远的问题，而不是有的儿童可以学习理论另一些儿童则不能学的问题。但是，对于每个儿童来说，他或她能够学习一些包含技能的事情，而且可以因为热爱去学习，而不是出于纯工具性目的。在这种情境中，显然最重要的是享受和谐的人际关系和对话，展示运动的才能、身手的灵巧、衣着品位及房间布置和装饰，而且培养各种必要的能力，将居所变成一个能够让人们文雅地和有尊严地居住之处所。

强调学校的职责应当考虑儿童利益的意思，不是强调应当简单地鼓励智力较迟钝的儿童去做建造船只、制作吉他、烹饪和金属加工等工作，也不是强调那些聪颖儿童只学习为他们提供的学术性强的课程而无需从事这些实际活动。因为，一方面，文法学校教育的一个主要缺点也许是对实际的和创造性的活动不够注意；另一方面，智力较迟钝的儿童完全有能力去欣赏简单一点的常常被称作“学术”的活动形式。

本书第一部分的附录[1]论述过，在教育的早期阶段，一切有价值的活动形式都可能适合儿童学习。因此，一个智力年龄只有 8 岁的 12 岁迟钝儿童可以按平均 8 岁年龄儿童的智力来欣赏各种有价值的活动。然而，实际活动不在此列。例如，较迟钝儿童可以欣赏故事和诗歌。他们可以欣赏布朗宁[2]和埃利奥特[3]及詹姆士[4]的作品，但是，他们绝不可能达到这样的水平；不过，这些艺术形式中的较简单的例子可以为他们所掌握。在这方面，《圣经》和《荷马史诗》提供了经久不衰的范例，它们的诗歌和故事可以被绝大多数人掌握。遗憾的是，在当今，恐怖的喜剧和卡通连续剧等缺乏简单艺术作品品质的作品似乎得到了更加广泛的阅读。这一点已在文学领域得到证明，同样也完全可以在其他领域得到证明，如在音乐、初等数学、历史和道德意识领域。

简言之，教育不只是为了使儿童变得聪颖。教育也不是一些人能够接受而其他人不能够的问题。确切地说，它是个人能在相同的探究

1　参见本书附录，四（一）。

2　布朗宁（Browning, R., 1812—1889），英国诗人。——译者注

3　埃利奥特（Eliot, T.S., 1888—1965），美裔英籍诗人、剧作家和文学评论家。——译者注

4　詹姆士（James, H., 1843—1916），美国出生的英国小说家。——译者注

道路发展的问题。它也许是一艘处于令人兴奋的兴趣中心的船只，激励人们不断努力。但是，努力不是仅仅为了建造更好的船只，它也可以向外拓展，朝向历史（如萨顿·胡[1]墓地）、朝向讲述船只故事的文学和诗歌，朝向提供有关作为环境组成部分的风、浪和海洋理论的初等科学。事实是，一些人可以在探究和欣赏的道路上比其他人走得远些并不表示其他人一步也不能前行。享受有品位的生活不是智力精英的特权。

1　萨顿·胡（Sutton Hoo），英国萨福克郡伍德布里奇庄园内有一座盎格鲁－撒克逊国王的坟墓或衣冠冢。——译者注

第七章　自由

导　言

到此，正义和考虑利益的原则已经得到论证。但是，坚持这些原则则完全与仁慈的专制主义相一致，因为，一个人可以在不允许他人自由的情况下非常公平地安排其他人的生活且关心他们的利益。实际上，在儿童能够独立指导自己生活到相当程度时，许多教师还在一直“精确”地按照这种方法对待儿童。

当然，也许会有人辩称自由只有在它能够促进人们利益的时候才能使其正当性得到证明；它会使人们做有价值事情的机会最大化。但是，非常显见的是，成人和儿童做出的选择常常是错误的，而且随着选择的发展，他们会一步步沉沦到堕落的边缘。家长和教师常常处于两难境地，是让儿童自己决定做什么呢，还是坚持要儿童去做最符合他们利益的事，因为孩子自己决定要做的事情几乎都不符合他们最根本的利益。一位家长非常优秀的女儿吵闹着要嫁给一个老者而不愿去上大学就是这种尴尬处境的一例。

也许有人会说，这是一个例外。一般而言，扩大人们的自由会促进他们的利益，因为，自由为人们提供了更多的发现有价值东西的机会。如果它仅仅是被局限在各种好的选择之中，如选择选修课程，这个论点似乎有点道理。如果选择扩大到坏的或者无关紧要的事情方面，如选择吸毒或者选择宾果游戏而不是艺术和数学，那这个论点就十分值得怀疑了。它还会遭到如弗罗姆等作家提出的令人惊异的社会学案例的反驳。[1] 在弗罗姆看来，自由的发展也许会引起心理紧张和不安全感的产生，致使人跌回更加局限的子宫般的生活形式（womb-like form of life）中去。相反，那些信奉自由的人会不情愿地承认，他也赞成自由必须服从使这个世界美好活动的机会最大化的目的。他可能更加倾向于认为，合乎需要的是，不管怎么考虑后果，人应当是自由的而不应当是奴隶。这种信念需要独立的论证来表明自由是值得向往的，促进人们利益的愿望不是偶然产生的。

将信奉自由作为独立原则的人当然不是承认它是唯一的原则，他也会信奉正义的原则和考虑利益的原则。他坚持认为，当其他原则在某种情境下显得更为紧迫时，自由原则应退让。例如，正义原则的信奉者可能会修改他的源自自由原则的主张，因为过分坚持这一原则可能会损害人们的利益。同样，如果明显地伤害了他人或者不公平，信奉自由原则的人也会调整他们的要求。穆勒非常有说服力地阐明了这一论点。他认为，如果自由的行使对他人造成了明显的伤害，那无疑

1 弗罗姆（Fromm E.）：《恐惧自由》（*The Fear of Freedom*），伦敦，劳特利奇出版社，1942 年。

是在授权干涉他人的自由。换言之，这是假定允许人们做自己想做的事。干涉别人必须给出理由，但允许人做自己想做的事则不必说明理由。自由（to be free）的意思是绝不限制人们做他们可能想做的事情。所需要证明的是，应当确立一种道德假设，即如果限制他人做自己想做的事情，必须说明理由。换言之，自由原则的地位与平等原则的地位相似。它是一种假设。干涉他人需要给出理由，正如区别对待他人需要给出理由一样。但是，这种假设的合理性（rationality）必须予以说明，这也与需要说明平等原则的合理性一样。

第一节　自由原则的正当性

赞成自由假设的基本依据无疑是来自实践理性。如果一个人认真地提出他应当做什么的问题或者提出为什么做的问题，他必然要求不干涉他有理由想做的任何事情。当然，干涉的理由也许来自其他原则，但是，如果在其他各点都相同的情况下，他一定会要求允许他去做自己认为有理由做的事情。否则，他考虑选择就毫无意义了。现在，这种考虑不再像植物从球茎中长出一样出自他的头脑，而是反映了他被引导进入的一种社会环境，其中有着人们建议的和讨论的可供选择的行动路径。在这种考虑中，依据那些内含在话语形式中的公共标准，有的建议是“明智的”，有的则是“愚蠢的”。

那么，考虑到情境的公共性质对实践理性发展的促进，也考虑到情境的公共性质赋予受其评价的术语的意义，一个人如果只在自己头脑中思考问题，毫不关注公众的考虑（public deliberation），那就显得奇怪和自相矛盾了，因为没有公众的考虑，问题的存在和意义便如同无源之水。以深思熟虑为借口也同样如此，如果一个人真正关注他应该做什么的问题，他就不能掐断自己与其他有理性的懂得行事理由的人的联系，如果掐断了，那他是愚蠢的。更加愚蠢的是，他会对别人做出一些限制以防止他人给自己提建议。斯宾诺莎认为，没有什么比做一个理性人更有益处的了；[1]与他人对话是增加对宇宙的理解的最佳方法。同样的论点也适用于增强个人在实践活动领域中对选择的判断。这一论证的结论必然是，言论自由——至少是其他理性人的言论自由——每一个真正关心回答"我应当做什么？"的理性人必然会提出这个要求。因为，像这样的事情已经不是私人的感受而是公共标准的问题了。如果他剥夺了自己获得他人可能提供意见的机会，那他是非常愚蠢的。

然而，这种争论不必只以认真提出"我应当做什么？"的人的显见利益为基础。因为，自由的原则，至少在舆论范围内也必定是一种话语形式的一般预先假定，即它能引导一个努力学习思维的理性人进入这种话语形式。在理性居于至高无上地位的事务上，起决定意义的是论据而不是强力或内在启迪。争论的前提包括让有理性的人参与公共讨论，因为，正如穆勒很久以前指出的那样，如果舆论窒息而亡，真理必然受损。[2]

到此，赞成自由原则的假设只在舆论领域得以成立。赞成这一原则

1　斯宾诺莎：《伦理学》，第四部分，命题 35，推论 1 和推论 2。

2　穆勒：《论自由》，第二章。

的假设在行动领域还需要证明其正当性。但这并不困难，因为在实际话语中表达的意见与行动有密切关系。它们在尝试回答“我应当做什么？”的问题。前文已经提到，任何提出这一问题的人必然需要得到做他自己认为有理由做的事情的自由，否则，他的思考便没有意义，这好比排练之后没有演出的机会。但是，他也必须为其他人争取这种自由吗？

这里证明其正当性的思考当然也适用于前一章谈及的人应该考虑其他人利益的原则。如果一个人加入其他理性人行列，试图回答实际政策问题，而且，作为一个理性人，如果他必须要求能够行动自由地去做他认为有理由要做的事情，那么，他怎样能够参加与其他理性人的讨论，而且还要向他们表示会否定从理性上说是他自己必须要求的东西呢？如果他们和他一样非常理性地关注“有什么理由要做这件事？”的问题，而且，如果作为理性人，他们必须明确地反对干涉有理由做的事情，那么，一个人怎么能够在将其他发表中肯意见的人视作理性人的同时，又毫无理由地干涉他们的自由，不按理性人来对待他们呢？因此，在实践理性领域中，因为讨论和行动之间存在着如此密切的联系，在某种意义上，一个提出“我应当做什么？”的人必须要为他自己争取到做有理由做的事情的自由，在理性人做出贡献的公共活动范围内，行动自由及思想自由就会是实际话语的一般预先假设。

第二节　自由原则的具体实施

到此为止，我们已对自由原则做了抽象的解释，旨在为赞成自由的假设提供一个理性的基础。然而，即使在这个相当抽象的领域内，也必须对思想自由、言论自由与行动自由的特征做出区分。在具体的环境中，在那些出现抑制人的地方，这种区分尤为需要。“自由”这个词像“平等”，其值得称赞的力量与应用中的明确性并不相称。政治家们挖空心思地使用这两个术语，因为这两个术语都是褒义的，而且，由于可以使用同一术语表扬差异相当大的事务，因此它们在争取意见一致和激发尊严感方面是非常有益的。当丘吉尔[1]带着“让人民获得自由”（Set the people free）的口号参加选举时，他引起了许多听众的回应，但是，他的听众自己想到的却是他们受到的各种限制，例如对私人建筑、赴国外旅行及获得非定量分配食物机会的限制。他的口号与卢梭[2]的“人生而自由，却无所不在枷锁之中”的宣告有什么共同点吗？

为什么“自由”一词的内在含义在一般使用时必须如此模棱两可，其原因已十分明显。粗略地说，它表明在人们做其可能要做的事情方面没有阻碍或受到强制。由于需要是五花八门的，也由于存在着各种阻碍和限制，也就不难明白人们为什么会对自由有各种各样的解读。该词使用的语境常常决定其意思。如果一个人就要被关进监狱，或者一个人正在办离婚手续，他便会知道如何回答有关他何时会获得自由的问题。但是，如果一个演讲者在演讲中途停下来问一个听众是

1　丘吉尔（Churchill, W. L.S., 1874—1965），英国政治家和作家，曾两度担任英国首相，获得过诺贝尔文学奖。——译者注

2　卢梭（Rousseau, J.J., 1712—1778），法国哲学家和教育思想家。著述不少，其中《爱弥儿》（1762）是他的自然教育思想代表作。——译者注

否自由，听众会对这个问题感到莫名其妙。这并不仅仅因为人们有许多需要可能受到了抑制，而且也因为自由的问题通常是在某些意识受到限制时才会产生。正如争取平等的运动一般不是要求每一个人尽可能地一模一样，而是反对在没有确当理由的情况下人为地制造人与人差别。同样，争取自由的运动通常并不是被归纳为取消限制的要求，它反对的是某种特殊的限制和那令人讨厌的或不公正的限制。这样，在无法干涉他人的领域或在无关紧要的领域，关于自由的话题也就没有什么要说的了。所以，绝没有争取做梦自由的运动、捻弄大拇指自由的运动和种植蔬菜自由的运动。选择妻子或职业、到国外旅行、在公共场所演讲及出版是完全不同的领域，自由对人们在这些领域做什么来讲非常重要，而且，阻止他们做他们想做的事情也并不困难。

因此，要使对“自由”的讨论落到具体，需要弄清楚人们想要做什么，以及什么是或者谁是障碍或者谁妨碍了他们。因为人们的需要是不同的，也因为对人们的限制也存在着许多不同，因此，“自由”概念有许多不同的实际应用。例如，在英国，人们非常重视能够公开发表自己的想法和批评政府的自由。因此，我们认为，在这一方面受到禁止的人民是不自由的。而另一方面，苏联人也许并不重视这一点。然而，他们倾向于认为“不自由”的人是那些工作愿望及基本生活必需品受到资本家任意干涉的人。同样，在这个国家，在不同的时代，在一些受到干涉的重要领域有为争取不同权利的斗争，如人身保护的权利、宗教信仰的权利、组建联合企业的权利和罢工的权利等都是明显的例子。

因此，首先要考察的是那些满足或言论受到干涉的需求。但同样重要的是，要考虑到可能受到的各种类型的限制或阻碍。这些阻碍大致可以分为两类：自然的阻碍和人为的阻碍。前者是外在的阻碍，例如，通过海洋、冰层和空气等来影响人们需求的满足。人们有时会说，他们不能自由地在空气中跳跃，或者不能自由地在雪地里打高尔夫球。当然，没人阻止他们，但是，他们把自然界视作为一条限制链。更准确地说，在这种情况下，人没有能力去做他想做的事情，因为自然界的事实就是如此客观。但是，如果这些阻碍被用来描写对人的自由的压制，那么，就会有不“自由”感。这样一些阻碍源自我们自然天性的事实。因为一些事实表明，不是所有的人都能成为诗人、神秘主义者或行政公务人员。而且，这些局限常常会上升为限制，让人们认为不能自由地做他们想做的事情。当人们的心智被描述成类似一个微型社会时，这个“自由”的概念变得更加貌似有理，其中，人的“自我”（self）或“真实意志”（real will）受到阻碍，不能做受其倔强情感支配要做的事情，这种倔强情感阻塞了他前进的道路或者说使他偏离了方向。人们常常这样认为——例如柏拉图说过——真正自由的人是能够控制自己感情的人。这种升华了的“积极自由”（positive freedom）的概念因此与一些人的比较世俗的概念形成了对照。这些人认为，只有自由的人，而不是自由“意志”或“真实自我”（real selves）能够表明其他人对其行动没有任何限制。在后者看来，理性人的这种“积极自由”的理念是仅适用于社会语境的理念的一种危险拓展。

对“自由”概念的这种拓展，其妥当与否需要详尽地讨论“自由—意志”（free-will）[1]这个我们在这里不予关注的问题。“自由”是一个较适合在人为制造的限制情境中使用的用语，其中有自由的天然家园（natural home），这也是我们在这一章要关注的东西。这种限制并非只有一类，因为恶霸或暴君的专制限制与法律限制形成的微妙压力是有显著区别的，法律是迄今为止由人类设计出的最有效和具有长远影响的社会控制手段。

在英国不同的历史时期，不同类型的限制似乎是最令人反感的压迫形式。例如，在17世纪，洛克声称最大的邪恶是，“臣服于另一个人的反复无常的、捉摸不定的、不能理解的和专断的意志。”[2]他反对试图扩大国王特权的斯图亚特王室[3]的专制君主统治。在另一个历史时期，习俗和舆论的限制似乎具有特殊的压迫性。例如，在维多利亚时期的英国，[4]穆勒在他的论文《论自由》中提出了有说服力的和有理性的抗议。我们认为，现代的诸如此类的限制是“赶时髦”（catch up with the joneses）、“组织工作者”（organization man）和“青少年文化”（teen-age culture）。当然，也有法律自身的限制，这种法律的限制

1　若需进一步了解这个问题及这个领域中的主要著作，参见本（Benn, S.I.）和彼得斯的《社会原则和民主国家》，伦敦，艾伦和昂温，1959年，第九章。

2　洛克:《论政府》(*The Second Treatise on Civil Government*)，高夫(Gough, J.)编，牛津，布莱克韦尔出版社（Oxford, Blackwell），第四章，第22节。

3　斯图亚特王室（the Stuarts）曾统治苏格兰（1371—1714）和英国（1603—1714）。——译者注

4　指维多利亚女王（Queen Alexandrina Victoria, 1819—1901）统治的时期（1837—1901）。——译者注

经常因其对个人首创精神和事业心的限制而受到攻击。因此，要具体地讨论自由，重要的是发现那种在特定情境下具有压迫性的限制。自由的问题实质是平等的问题。

第三节　自由的悖论

鼓动人们反对专制者的专制或反对舆论专制是一回事，采取实际措施摆脱它们强加的限制则完全是另一回事。因为，我们面对的是波珀称作的“自由的悖论”（paradox of freedom），[1] 即自由太多反而会导致没有自由。在不是无关紧要的领域或者在不是几乎不可能干涉的领域，如果人们被允许去做他们喜欢做的事情，可能发生的情况是，强者会专制地限制弱者。在这种领域，如果受到法律或舆论或既受到法律也受到舆论的保护，人们才能获得事实的自由去做他们想做的事情或者去说他们想说的话。令人不快的历史教训是，取消一种限制的代价常常是又增加另一种限制。

有许多人终生渴望不受规则和规章的约束去做他们想做的事情，同时也不受权威人物指令。但是，这种自然状态不是一种绝无限制的状态，而是一种任意的限制状态。这种限制不会因为人变成了天使而在空气中消失。如果不太令人讨厌的和更高水平的限制能够保护弱者的话，这种限制便会终止。毫无疑问，在顺利的情况下，许多人是相

1　波珀：《开放社会及其敌人》，伦敦，劳特利奇出版社，1945 年，第一卷，第 225—226 页。

当正派的，不会去干涉别人。但是，制定法律的主要目的不是约束那些遵守法律道德律的人，而是为了保护普通人不受那些不承认法规的人或者不愿遵守法律的人的干涉。正如洛克指出的，“自由是指没有来自他人的限制和暴力，这在没有法律的地方绝无可能实现。”[1]这是西方社会开始向外扩张，自然资源遭到专制冒险家掠夺的一个短暂时期中许多故事的主题。在这种自然的状态下，直到法律的规则制定出来之前，弱者一直受到强者的压迫。同样，在经济领域，不受约束的自由企业只属于极少数人，只有当工会对抗少数人的限制的努力产生效力时，只有当制约工资和雇佣环境的法律出台时，经济上的弱势群体才不会受到强者明显的剥削。在自由言论的领域，我们也同样可以公开发表我们的见解，因为受到舆论支持的法律保护着我们。

因此，个人为了使他在某个领域的自由得到保证，他得接受不太令人讨厌的、更高水平的限制，这种限制可以保护他，也用同样的方式限制他去干涉其他人。选举是一个很能说明这一问题的例子。做这件事很简单——就是在一张纸上画个叉。但是，人们发现还需要制定一个更加缜密的选举法制度，以确保每个选举人都能确实按照自己的意愿投票。在获得完全的成人选举权的早期阶段，各种压力迫使人们按照其他人的要求投票。选举法制度的设计是为了保护个人，确保他的选举自由，这对于议会民主来说是至关重要的。

一些政治哲学家清楚地了解“自由的悖论”，而且他们还从中

1　洛克：《论政府》，第六章，第 57 节。

得出非常错误的推论。因为他们认为，这个悖论表明“自由”的意思是，一个人不想不受任何限制地去做自己想做的事，而要接受法律或者社会的“真正意志”的制约。这是想混淆看起来像是“自由”的具有操作性的经验性条件与“自由”含义的区分。完全可能有这样的例子，即作为人，人们实际上不可能在某个领域去做他想做的事情，除非他们准备接受某种限制，即禁止他人干涉他们，也禁止他们去干涉他人。但是，这并不表明，“自由”意味着接受限制。还可以举一个相似的例子予以说明，即人不可能离开大脑去思维。但是，这也不意味着“有了大脑”就有了“思维”。那些将“自由”的一般经验性条件与自由含义混为一谈的人常常被误导这样做，因为他们一直鼓吹“积极的自由”，在其中，个人的情感被认为已经得到了控制，他的“意志”已经摆脱内在的限制获得了自由。由于许多思想家（例如，卢梭）将个人的“真正意志”与个人所赞同的社会法律等同对待，这两股思想已经盘绕在一起产生了一种原理：真正的个人自由在于遵守国家的法律，而且，个人可能不得不“被迫获得自由”（have to be forced to be free）。

现代人无需提醒就知道法律是迄今为止人类设计出的最具深远意义和最有效的限制形式，法律能压迫人，也能保护人们的自由。这种国家可能是霍布斯描写的利维坦式政体[1]，或者成为马克思所称的一种阶级压迫工具。然而，奇怪的且具有讽刺意味的是，某些

1　利维坦式政体（Leviathan），指拥有庞大官僚机构的集权主义国家。——译者注

赞成国家干涉个人私生活的政治哲学家却辩说“真正的自由”需要这样一种状态。

第四节　形式自由和实际自由

就自由而论，可以对形式原则（formal principle）和实际发生的情况进行对照，正如对平等的问题一样。自由的悖论认为，需要举例说明采取的措施能够确保形式自由(formal freedom)和实际自由(actual freedom)之间的差异不致过大。在自然状态下，人的形式自由的意思是，没有哪种规则可以阻碍人们做自己要做的事情。但是，只有当一种形式系统建立起来，使得其他规则能借助有效惩罚来确保个人在某些方面不遭受实际干涉，这样一种条件才能够实际获得。

然而，在形式自由和实际自由之间还可能存在着其他方面的重要差异。也许有这样的情形，即一种形式制度不仅描述而且保证在一些特定领域不会出现干涉，但是，人们并未从中受益。例如，法律也许可以保护他们在公共场所自由发表言论的权利，或者保护他们跳槽的权利，或者保护他们的创业权利，但是实际上，由于这样或那样的原因，他们的这些权利一样也没有实现。这也许是因为公共舆论或宗教压力起到了实际阻挠的作用。这种情况与已经讨论的自由的悖论情况十分相似，它表明法律的维护并不总是奏效。还有一种不同的情况，即一个人在其自由可以得到保证时却做不了他要做的事，不是因为他没有能力去做，而是因为他没有钱或没有时间去做。这种情况就是人们常说的没有“实际的自由”，只有“形式”自由。假定，一个人要出国，或者去一个允许私人教学的国家教育他的孩子，但是他没有钱去支付旅费或教育开支。可以肯定，这样的人没有能力去做他想做的事情，但是，难道可以说他没有做这些事情的自由吗？谁在阻拦他？与此相似的是，任何一个美国人都可以自由地成为总统的说法与许多人缺乏所需要的能力的情况相矛盾吗？除了条件的原因，人的自由的实际情况会因为许多人缺乏能力而受到影响吗？做事的能力是自由地做事的必要条件吗？可以肯定地说，在一般的意义上，要做的事情一定是被认为是人有能力去做的事情。除非如此，否则讨论自由地做事就毫无意义。但是，人自由做某种事情的一般理念并不与经验事实完全一致，这个经验事实就是，不是所有的人都能做这些事情。

当然，如果根据平等的原则，这样一种情绪状态也许会遭到反对。一些人在自由方面占有其他人缺乏的优势也许会被认为不公平。但是，只有以缺乏自由为借口，反对它的理由才可以成立，如果无能力（inability）被认为不仅是本来可以改变的某种人为的社会安排的结果，例如，平等主义“社会工程师”的一个候选人，也可能是一个赞成压制或限制的人。例如，马克思主义者认为，财富的不平等是以某种方法为剥削阶级的利益设计的。因此，一个缺乏资金而没有能力自由地去做他要做的事情的人会被马克思主义者看作是压迫的牺牲品，其他人会被认为是他要做事情的间接阻碍。因此，有一种特别的社会理论，将这种没有能力视作与自由的悖论一样的情况，在其中，由于其他人的压迫，一些人并没有获得实际自由。抛开这种特别的理论，可以直截了当地说，遗憾的是，这些人没有能力做他们应当自由地做的事情。依照社会正义原则，这种情形应当遭到谴责，但是，我们又似乎无需谴责它，因为它也宣称没有自由。因为，从实际情况看，只有自由匮乏时，其他人才可能阻止人做他要做的事。

还有另一种情况：人既有能力也能自由地去做某件事，但是他没有做，因为他不想找烦恼。实际上也有这样的情况出现，即人们会主动地退缩，不去做他们可以自由地做的事情，因为有一种被弗罗姆称作的“恐惧自由”的心理在起作用。[1]个人的安全感可能会因过于谨慎而被削弱。在必须面对许多选择时，他也许不能忍受种种不确定性所带来的痛苦，而愿意轻松地生活在类似于子宫般的环境中，因为在那里，一切都为他决定好了，无需他费神。这就解释了一个现象，即为什么现代人愿意放弃自由重新回到权威制度中去或者回到群体的普遍意志（general will）决定个人命运的制度中去。从心理学方面说，这种倒退根据人的倾向性而言是可以解释的，当人感觉到威胁或者不安全时，就会退回到婴儿依赖性的早期阶段，重建婴儿期安全感的环境。对这种不适当的癖性，还有一个更像是社会学的解释。

与个人主义发展相伴的，以及与强调个人首创精神和自由相伴的，当然是作为社会控制主要手段的法律制度的不断发展。在古老的社会形态中，社会控制更多是依靠社会习俗和地方社区的纽带。随着自然

1　弗罗姆：《恐惧自由》，伦敦，劳特利奇出版社，1942 年。

的和社会流动性的发展，社会控制不得不通过国家层面的法律及通过个人内在的道德良心来实现。这种类型的发展，过去对于个人自由来说是必要的，但现在带来的是个性的丧失，这与官僚集权制度下的生活有关。在中世纪小型的面对面的社会，几乎没有人自由地做现在看来是有价值的事情。在社会中，人难以通过功绩和首创精神而晋升。人们将社会秩序视作神授的。在涉及个人职业、统治者、宗教和婚姻配偶等方面，几乎没有什么公平性和选择性可谈。那时，尽管存在着明显的不安全因素，如暴力、疾病和暴风雪等，但是，人们不仅有安全感，而且从具有强大凝聚力的家庭那里，从教会那里，以及从他生长于此、工作于此、结婚于此，最后死亡于此的家乡那里获得归属感和家族感。他们在世界上有一个被指定的生活场所。随着个人主义的兴起，随着个人寻求宗教的救赎，又由于社会地位逐渐可以依靠个人争取而获得，某个事物开始用托尼生动描述的一种方式，即友爱[1]的方式出现了。生活开始越来越像赛跑，保护个人和确保公平交易的一系列的规则出现了——霍布斯将这种赛跑形象地描述成“走在前边便可获得幸福，离开这条道路就是死亡”。[2]人们努力通过传播友爱来填补缺乏同情感的沟壑。例如，马克思主义的伟大感染力就在于它使被压迫者的团结感得到满足。国家主义也利用这种需要让人们感觉到大家都是群体成员，都有一个地方可以归属，都应像古代城邦人一样履行

1　参见托尼（Tawney, R.H.）：《宗教和资本主义的兴起》（*Religion and the Rise of Capitalism*），西德雷顿，企鹅图书，1938 年，第四部分。

2　霍布斯：“论人性”（Human Nature），载《英文著作集》（*English Works*），莫尔斯沃斯（Molesworth）编，第四卷，第 53 页。

自己的职责。

现代人没有根基的感觉强化了他的不安全感，而且由于生活中需要谨慎对待的事情越来越多，从而更加使人心神不宁。因此，毫不奇怪，许多有形式自由去做各种事情的人实际上并未从这些机会中得益，或者说，他们甚至主动地退出需要他们持谨慎态度的领域去参加一种组织，让组织为他们决策。但正如弗罗姆论述的，这并不表明人们缺乏对于这里为之辩护的日常较多使用的自由概念而言是非常重要的“积极自由”。所有这些表明，“使人自由”（to be free）不一定“使人快乐”（to be happy），自由的获得常常以牺牲安全和友爱为代价。而且，人们可以获得自由而无需做他们能够自由地做的事情。在没有人阻止他去做他可能想做的事情的范围内，这个人就是自由的。说一个人是自由的并不意味着要他实际去做未被禁止的事情。当然，真实的情况是，只有在人们实际要做被禁止做的事情时（例如，参加公共集会），人们才会鼓动争取自由。但是，一旦这种自由争取到了，如果人们厌烦了公共集会，也不会停下手中的事情去享受这种自由。简言之，根据人们可能需要的而不是根据人们实际需要的是什么，“自由”的概念是可能得到解释的，尽管显然作为一种原则，自由只是被认为是重要的，因为存在着实际需要受到干涉的现象。引进“积极自由”的概念是没有必要的，它在这里以及在其他许多情境下都是一种误导。

然而，在相当松散地讨论“积极自由”的后面是某种略有差异但又非常重要的东西，即赋予个人自律的价值，以及个人根据设计出的原则指导自己生活的价值。在这种形式自由几乎不存在的地方，人们可能被禁止做自己要做的事。一个人可能决定与一个不同肤色的人结婚，但如果他的决定暴露的话，他可能因此被关进监狱。但是，在另一方面，一个人可能有形式自由，可以自己决定所有类似的事务，但是实际上，他总是在做别人要求他做的事情，或者总是缺乏耐力日复一日随心所欲地做些事情。显然，那些问“我应当做什么？”的人是走向自律的人。但是，他是否是自由的则是另外一个问题，这将取决于是否存在着阻碍他做自己决定要做的事情的限制。从自由中获益不应当与自由做事的含义相混淆。

第五节　教育中的自由

到此为止，我们已经分析了自由原则，尝试证明了自由的正当性，也讨论了应用中可能出现的一般问题。在教育这个特别的领域，对自由的应用必须考察一番。这里提出的一些问题与前两章提出的问题有显著的差异。因为关系到教育的分配和内容，现在需要探讨一下如何处理这些问题的方式。当然，这里存在一个涉及家长自由的问题，这个问题与教育供给相关，而教育供给又与教育分配问题密切相关，但更为复杂的问题是，这个问题与儿童和教师的自由相关。由于自由原则必须在教育领域应用，而应用需要考虑差异性，这样，问题便产生了。因此，我们将先从儿童的自由谈起，然后谈教师自由，最后简短议论一下家长的自由。

一、儿童的自由

我们历来认为，自由概念包含两个主要方面：其一，可能的要求或决定；其二，要求或决定不受任何限制。在涉及成人的情况中应用这一概念，儿童可能提出的要求多少有点儿被认为是无理性的。只有对这些要求做出某些限制时，自由的问题才会产生。

然而，在教育情境中，自由原则的应用并非易事。因为，根据界定，在教育情境中，总是有强加在儿童需求上的限制，开头的限制是强迫儿童上学。从自由的观点看，对儿童而言，上学不是他们所希望的开端。当然，他们中的一部分人是想上学的，但是法律的强制和家长的压力暗示了这不是一个自由选择和自由行动的领域。

第二，发生学习活动的情境使制定教育法律和规则一类的事情变得紧迫起来。无论在课堂里如何鼓励儿童去追寻自己的兴趣，还是在自己的领域自由活动，都必须有一个有序的环境足以确保大多数儿童能够在同一时间和同一地点学习。这种有序的环境取决于儿童的年龄、数量、学习的内容及可活动的空间。但是，假如没有最低限度的秩序，课堂会蜕变为巴别塔[1]，一些人的自由会以牺牲另一些人的自由为代价，从而使教育无法继续进行。

第三，一种教育情境基本上要包含一个设计出的可控制的环境。学生可能受到鼓励在学习过程中选择学习内容和满足他们个人的爱

1　巴别塔（Tower of Babel），《圣经》中没有建成的通天塔，常常用来比喻嘈杂混乱之地。——译者注

好。实际上，强调的可能是他们的自发性和自律的合乎需要性。但是，这种选择总得在被认为是合乎需要的一定范围中进行。需要指出的是，在鼓励他们做实验的材料中，小刀和液状石蜡不包括在内。图书馆书架上不能有恐怖喜剧和色情书籍。不鼓励在师生休息室里进行性实验。对儿童要求而言，这些控制了的环境发挥的是普通限制的作用。通过这些手段，成人对儿童形成了一种稳定的也算是温和的压力。

教育必须如此，因为没有哪位教育家能够认为儿童的要求是理所当然的。作为教育家，他的一部分工作是改变这些要求，不仅要改变要求的性质，而且也要改变要求的稳定性。要想获得这种改变，对儿童设置某些限制是必要的。当然，也有可能在一些活动中，如在独木舟制造、吉他制作或者跳舞的活动中，或者通过将现有需要转变为新需要的方法，如通过设计教学法提升儿童的理解力、技能和标准感，使教育的有价值的内容在可控环境中符合现有的需要。但是，无论学生想要什么，都有必要不间断地给学生施压，以使他们掌握所学习的内容。例如，许多学生被要求写一篇他们一点也不感兴趣的论文，结果却培养出了学生对某种事物的一种新兴趣。这种可能性引发了涉及内外在动机的经验性问题，以及引发了是否允许使用各种方法改变人的要求的道德问题。但是，这个基本的观点依然是：没有哪位教育家能够冷漠地对待学生的要求。他不能像在一般社会情境中那样说，学生想做什么是他们自己的事，只要他们不损害他人或者不干涉他人的自由即可。在学校里采取这种放任态度的教师应该退出教育者队伍。看门人也许可以采取这种态度，但教师不行。

十分自然，这种秩序框架的正当性并非主要归于自由原则的影响。影响它的主要是增进善的原则，其次是考虑人的利益的原则。不过，根据自由应当服从学校秩序的条件，自由的悖论就得到了很好的说明。如果掌权者不能公正地执行法律规章制度，那么儿童就不可能实际做他们个人要做的事情。他们要么屈服于恃强凌弱者专断的意志，要么屈服于同辈群体专制的压力。由于政策的原因，进步学校[1]的教师放弃了他们应当发挥的正义和公平的社会功能，进步学校也因同辈群体专制的压力和学生自己严厉管理规则数量的激增而声名狼藉。也许，在这些学校中，还有某些像戈尔丁[2]在他的小说《蝇王》中夸张描写的食尸鬼一样的东西在流行。我曾经问一位同事为什么他的父母要把他带离那种学校。他回答说，那是地狱，欺凌发生时校长都不在场。涉事校长还自豪宣称他们学校的教师不定任何规则。他一直没有理解的是，有了规则，无需解释规则也有控制局面的办法。

在所有类似情境中，当人们聚集在一起时，如果假定成人或儿童完全可以自由做他要做的事情的原因是他们天生正派且对一切事物充满善意，那可以说，这种假定完全是不现实的。他们实际上是自由的，因为除了道德律之外，还有这种或那种禁止干涉的规则起到强制的效

1　进步学校（progressive school），英国推行新教育理念的学校。英国的新教育理念主张儿童自由学习，反对强迫灌输式教育，与美国 19 世纪末 20 世纪初出现的进步教育运动推行的进步教育主张相似。——译者注

2　戈尔丁（Golding, W., 1911—1993），英国小说家，诺贝尔文学奖获得者（1983 年）。其长篇小说《蝇王》（*Lord of Flies*, 1954）描写了一群被隔绝在孤岛上的孩子回到野蛮人状态的故事。——译者注

果。在做自己想做的事情与做受到限制的事情之间从来没有实际的选择，倒是在服从各种限制方面存在着选择。从自由的观点来看，最佳的是人们接受公平的限制制度，这种限制在制约他行动自由的同时也限制其他人干涉他的自由，而不要让他受到专制的强迫或受到冷酷无情的同辈群体的压迫。那些拒绝家长和教师权威的青年人在自由方面的收获常常是不确定的，因为，他们发现，作为个人，他们做自己要做的事情的机会，多数因同辈团体的压迫而被毫不留情地剥夺了。

到此，论证已经表明，因为教育情境是一个特别设计出的旨在促进和传播善的环境，因此必须要有良好的秩序以确保实现压倒一切的教育目的。然而，由于自由原则像正义原则一样是独立的原则，为了追求善的目的，自由的原则也不能完全取消。赞成它的假定依然成立。需要表明的是，对儿童的限制，即使在设计好的情境中，也是促进善的发展所必需的。纯粹的规则，或者可以表述为教师对权力的热爱，对于理性人而言都是令人厌恶的。前文论述过，这类规则的正当性得到证明的原因在于它与自由悖论的联系，以及因为它是促进善所需要的。但是，限制越少越好，而且所有这些规则必须有某种意义。它们是什么，它们是怎样决定出来的，又是怎样执行的，这些将取决于与儿童年龄相关的偶然性问题，取决于学校的规模，无论这些学校是否像是一个“完全的学校机构”（total institution），如寄宿制学校，等等。当一般原则得到具体执行时，偶然性机会不少。从哲学方面讲，这种偶然性很小，因为，作为一种哲学分析，常识是一定不能忽视的。哲学只是教育理论中的一个组成部分。当它被用来阐述在特殊学校实施的特殊原则时，在抽象分析和证明原则正当性方面，哲学的贡献必须要与心理学家、社会学家和具有特殊实际经验的教师的贡献相提并论。哲学对实践理性有贡献，但不能替代实践理性。

可是，儿童的自由还有一个方面与进步学校的理念关系密切，因为这种学校并不关心提供一种可以促进“学术”学习进展的条件。它们关注的是不适应环境者的道德训练或性格和感情的发展。也许，它们特别感兴趣的是道德自律和独立。儿童必须根据自己的情况量体裁衣做出个人选择；有人认为，这种放任的氛围鼓励儿童这样做。

任何认真关注回答“我应当做什么？”问题的人同样会认真关注这种值得称赞的理念的操作，因为，研究行动理由是具有自律能力的人的标志。他也许不会接受权威的宣传，而且也不乐意仅仅做其他人做的无需进一步探究的事情。因此，他会非常在意，人受到的教育应当用鼓励思想独立的方式来进行。但是，他希望这样做不要以牺牲安全和快乐为代价——特别是不要因为前文提到的“恐惧自由”的原因重新跌回顺从权威或团体一致的危险之中。他关心的是那些持有自由社会允许的谨慎态度的人的发展。可是，他对这种自律发展的条件知之甚少。儿童实际上是在早期阶段无秩序的自由放任氛围中学习如何自律的吗？就一般情况而言，还是就少量的经验性证据来看，这似乎完全不可能。详细考量经验性证据是难以做到的，但是可以简要地提及一般的理由，因为它们使在谈话中被忘却的儿童自律和选择的问题变得清晰起来。

自律的含义是指有能力和决心通过自己接受的规则来规范自己的

生活——假定因为这些理由是显而易见的且有说服力的。皮亚杰已经表明，这种对待规则的态度在儿童 7 岁之前不会形成。第二，有证据表明在这一阶段，说理的教育效果甚微。而且，早在这个阶段之前，儿童或为了自己的生存，或为了他人的福祉，一定已经以其他方式了解了基本行为准则。[1]第三，在了解那些对他们有意义的行为准则之前，他们已经学会如何按照一般准则行动。如果这种选择也确实有可能而不是客套话或陈词滥调，他们必须获得在两种选择中做决定的经验。这个问题与“选修课程”的问题相同。这意思是说，儿童应当有选择他们要学习的科目的经验，如果没有人给他们提供过站在他们的角度“选择”这些科目的经验的话。在这个世界上，在两个东西中做选择和依据眼前需要在两个东西中进行“抉择”有着许多不同。我曾经和一个女孩讨论她“选择”教育学院的事情。按她自己所说，她之所以选择了这所教育学院而未选择另一所教育学院竟然是因为前者的宣传小册子里的图片！选择不应当与受广告商的鼓动而抉择的行为混为一谈。从真正意义上说，就儿童学习选择而言，他们必须生活在可判断的环境中，这样他们才能真正估量选择可能带来的后果。在涉及人的事务中，环境主要是社会环境，也就是说，环境是由规则和标准构成的。如果某个类似东西不能为法律规则提供可断定性（predictability），那怎么可能培养儿童的选择能力呢？如果反抗和批评具有价值，那么

1　关于“其他方式”，可以参见彼得斯的论文“道德教育的悖论”（The Paradox of Moral Education）载于尼布利特主编的《变革社会中的道德教育》（*Moral Education in a Changing Society*），伦敦，费伯，1963 年。

必须为儿童提供可以反抗的具体事物，以便儿童学习反抗，了解反抗的后果。法律制度的长处与鼓励自律有关，它提供了包括惩罚在内的规章。违反法律的人犯法时清楚地知道如果被发现将会发生什么事情。他们也因此面临具体盖然性（concrete probabilities）问题。如果儿童在不稳定的环境中长大，就很难明白他们怎样才能学会选择。

第四，那些坚定倡导自律的人（例如存在主义者）认为在特殊情境下相互冲突的原则中做选择既有必要性又有长处。很少有人指出，只有当个人已经接受影响他的那些相互冲突原则时，这些冲突才是真实的。但是，如果他在成长过程中没有内化这一套规则，那么，在他的独立性和性格力量开始发展过程中怎么能产生冲突呢？

第五，尽管秩序就其本身而言没有任何长处，但事实是，除非能够提供最低限度的秩序，否则，人类便会因焦虑而苦恼。如果他们焦虑不安或者没有安全感，他们便会很容易地成为各种非理性压迫的牺牲品。他们将乐意屈服于权威规则和同辈群体的压力，他们会往复地选择那个容易获得满足的选择。他们是在最不可能的条件下学习如何自律地生活。

自律的发展是缓慢而费力的。年轻人得逐渐学会自立和决定自己的生活方向。如果他们没有受到鼓励去承担责任和在他们缺乏经验的问题上做选择，他们是不可能做到这一点的；更不可能的是，如果将他们骤然放到一个无政府状态的情境中，然后才告诉他们必须为自己的一切做决定。理性要求在权威主义和放任主义之间走一条中间道路。就家长和教师而言，最重要的是，所要求的是一种理性态度对待权威及行使权威。对于这一问题的思考还需参考前面的第四章和第六章。

二、教师的自由

教师的自由问题主要有两个，即教师教什么的权利和评判有争议内容的权利。为这些权利辩护的论点基本与穆勒《论自由》中提出的观点相似。有人认为，只有当人民被允许发表自己意见的时候，且无论这个意见多么异端，才能推进真理。因为，如果正统的意见是真理，它的力量将会因其他意见的挑战而变得更加强大。另一方面，如果正统的意见是错误的，但又不允许挑战，虚假便不可能被揭露。禁止思想自由是在假定永无过错。只有通过逐渐证明正统意见的虚假，追求真理的步伐才会前行。

根据洛克以前在其《论宽容》（*A Letter Concerning Toleration*）中提出的推测的舆论（speculative opinions），这样的论点不大好应答。无论怎么说，在被洛克称作“实际的舆论”（practical opinions）方面，这个问题不是那么简单的。教师的地位既不同于为成年人写书的作者的地位，也不同于在科学会议上宣读科学论文的科学家的地位。他们之间的差异应当探究一番。

穆勒在他的论文中对思想自由和行动自由做了区分。前者的权利是绝对的；后者的权利是有条件的，前提是不能对其他人有任何可能的伤害。可是，难点伴随着洛克所称的与行动密切关联的“实际的舆论”出现了，因为它们可能对公共秩序产生危害和对其他人享有的权利产生危害。穆勒未能仔细考虑这种舆论相当严重地削弱了他的宽容理论。有一些法律禁止极端形式的实际舆论，例如，反对诽谤、诋毁、淫秽的语言和煽动性言论的法律。这样的干涉应该达到什么程度？那些信奉宽容的人在面对可能使宽容成为制度的反对舆论时会持什么态度？宽容马克思主义的历史观是一回事，因为这是一种思考；但是对散布革命政策的舆论及对那些主张政党成员渗透进主要国家控制中心的建议又应当持什么态度？理性的路径应当是在麦卡锡主义[1]与软弱的魏玛共和国[2]之间选择一条中间道路。由于这是两条主要道德原则间的冲突，即自由原则和考虑人们利益原则之间的冲突，因此，不能制定过于严厉的规则，也不能仓促地制定规则。希望民主社会能够维持宽容的态度，让人们的良好辨别力去与革命的或令人不快的舆论斗争。人的这种非理性力量支撑并增强了不宽容态度恰恰证明了宽容倾向的正当性。但是，有时得采取严厉措施。种族偏见可能会加剧并像皮疹一样在社会广为传播。不安全感和失业也许能够使人们愿意倾听那些利用民主社会提供的言论自由机会的人去表明，现在的制度只不过是一种阶级压迫的工具。对这种舆论的检查应该到什么程度，以及必须采用何种预防措施属于价值判断的事务。

1　麦卡锡主义（McCarthyism），20 世纪 50 年代初期，美国社会出现的极端反共反民主的政治思潮。因共和党参议员麦卡锡（McCarthy, J.R.）将其推至顶端而得名。——译者注

2　魏玛共和国（Weimar Republic），德意志第一个资产阶级议会民主制共和国。1919 年 7 月 31 日魏玛国民议会通过《魏玛宪法》，宣布成立魏玛共和国。1933 年解体。——译者注

就意见表达而言，教师的立场是复杂的，既因为他的教育者角色，也因为他接触的是心智尚未成熟的人，教师也因此肩负着特别的责任。在大学，这些复杂性不太重要。大学教师的主要工作是坚定不移地采用各种形式追求真理，而且通常肩负引导他人追求真理的责任。当然，他们在某种程度上受其参与编写的课程大纲和考试的约束，但是，他们可以用自己的方式解读这些大纲，这是毫无问题的。他们主要关注的是追求真理及关注如何卓越地应用穆勒所说的"推测的舆论"。他们毫不拘谨地向学生就学科内容中相冲突的内容表达自己的观点。因为，他们十分清楚，如果学生愿意的话，学生也可以去听其他人的不同观点。他们也知道，许多学生已经开始获得了思维方式，这些思维方式将使学生审视、评价和批判他们自己的观点。实际上，如果他们的学生不试图反驳他们的话，他们会认为自己的教学是失败的。当然，也有一些大学教师对自身活动的宽泛教育或道德背景毫无兴趣；他们只是按要求上上课，相应地，在公开场合也不发表自己的观点。

中小学的情况有点不一样。尽管中小学教师像大学教师一样，应当对自己受过训练的学科非常忠诚，但是，与大学教师不同的是，他们更多关注的是教育而不是拓展知识前沿。与大学教师相比，他们更容易受到公众的监督。许多教师必须为儿童参加他们无法左右内容的公开考试做准备。尽管英国的校长有较高度的自治权，但助理教师必须严格按照校长或部门领导的吩咐与家长配合。尽管他们用自己的方式解读大纲的自由通常是得到保障的，但与大学教师不同的是，他们必须密切关注考试的相当狭窄的要求，他们也非常清楚，作为制度中筛选机制的代理人，他们在教育制度中扮演的角色是模糊不清的，因为他们的活动空间极为有限。

毫无疑问，许多生活中的事实对自由的限制是完全不合乎需要的，但是，即便没有限制，他们处境的某些方面也会促使他们去思考所碰到的问题与他们所珍视的理论之间的联系。最初，他们常常是这种思想形式唯一有力的倡导者。他们的学生不会再去听其他人有关同一内容的另一种观点。第二，即使在第六学级，学生仍然在努力获得与思想形式的内容不同的传统做法，因此，他们没有做好适当的准备去评价和批判教师教给他们的内容。教师如果在第六学级从经济学角度讲历史课，他可能会遭到少数受过训练学生的反对。如果他仅仅从新教徒的角度讲宗教改革，班级里的一个天主教徒可能会完全被激怒，但他又因缺乏训练而无法准确表达自己的不满。做事一丝不苟和有能力的教师会明白对于这样的论点应该有多种不同的解释。他关心的不应当是将观点灌输给学生，而是务必使他的学生能够获得形成自己观点的能力，因为他的基本任务不是教学生思考什么而是教学生如何思考。

当然，这并不意味着教师应当像佛陀那样面无表情地坐着，从不对任何事情发表自己的看法。儿童通常会慢慢明白教师的同情心所在，而无需教师公开宣称。如果教师是一个理性人，则教师的态度应当是，不能以偶然出现的特殊观点作为事实依据，例如他碰巧获得的见解。毕竟，他可能是错误的。重要的事情是了解他的根据可能是什么，还要了解有没有其他人持相同或相反的观点。在某种程度上说，教师必须是他所任教科目的权威。如果他不是，他就没有资格当教师。但是，他的权威不是说他对许多事物都有自己的特别主张，而是说他掌握了可以萌发许多想法的思想形式。这是他应当传授给学生的。他必须用这样一种学生最终离开他也能够学习的方式教授学生。

到此为止，我们只讨论了有关学校各种科目流传下来的推测意见。大学教师的责任不会超过这一范围，尽管有人认为，大学教师也肩负对学生进行道德教育的职责。无论怎么说，中小学的道德教育也与大学有很大的不同，因为在中小学，道德教育是教育非常重要的一个方面。他没有权力利用师生关系要求学生夸赞他的个人主张。也许，他是个素食主义者，或者是一个和平主义者，也许赞成裸体或赞成多配偶制。他关注的不应当是儿童是否因对他的倾慕而接受他的主张，而应当关注学生是否能明白这些观点的依据，因为教师的工作是教学，不是灌输。他必须使学生直接面对“我应当做什么？”的问题，然后引导他们去寻找回答这些问题必须依据的基本原则。学生是否同意他的观点则是另一回事。

无论怎么说，对于舆论广泛关注的一些道德规则，他的态度必须与众不同。这些是基本道德规则[1]，是符合每个人的利益的规则，无论他有关美好生活的概念含义是什么。诸如禁止伤害他人、禁止偷窃、禁止说谎和禁止违约等规则对于学校生活及其他社会生活而言是必须的。无论从维护学校秩序还是从道德教育方面来看，每个教师必须坚持遵守这些规则。但是，另一方面，他不能满足于仅仅阐

1 参见本书第六章，第三节。

明做什么事情是错误的，他应当让学生知道为什么是错的。当然，仅仅明白还不够，他们必须能感受到。否则，这些规则不会对他们的行为产生制约作用。怎样才能做到这些？当然，还没有找到其他办法。在正式场合的讨论能够深化道德意识吗？道德意识主要是在具体情境下传递的吗？道德意识的形成更多的是依赖同辈群体而不是依赖成人的榜样吗？这些都是经验性问题，不是哲学关注的对象。回答这些问题，无论怎么说，对回答教师在这些主张中的自由问题几乎没有支撑作用，尽管它与作为道德教育者的实际任务有密切的联系。

在更为一般的宗教和政治舆论主张方面，教师的立场是相当明确的。他不是哪个教会雇用的传教士，也不是哪个政党雇用的工作人员。他的任务是引导儿童学习技能、态度和知识，这些是他们日后作为理智公民参与民主社会生活必须掌握的东西。就他在正式上课学习的诸如女王和女皇（RI）或者时事等内容而言，他的主要努力应当在于深入了解一种宗教的或政治的意识，而不是捍卫特别的教义或方案。当然，如果教师是无神论者或者是不可知论者，而且被要求去教授有关女王和女皇的内容，情况则不一样。显然，如果他不熟悉或者没有参与过宗教赖以为基础的意识形成工作，他不可能将宗教**作为**宗教来教授。因此，他可能在女王和女皇的庇护下去教授希伯来历史、比较宗教和道德课，或者凭着良心拒绝教授这一课程。在《1944年教育法》的背景下，如果不细致地讨论宗教的本质、宗教与道德课的差别，以及如果看不到源自女王和女皇地位的变化和复杂性，对于宗教也就没有更多的话好说了。[1]

当然，在工作以外的时间，教师做与其信仰有关的什么事情均是他自己的事情，只要他的活动不牵连到他的雇主，而且他的活动必须是法律和舆论允许的。他是教师的事实并不剥夺他作为公民的常规权利。他可以不寻常地针对许多事情发一些温和的牢骚。他与政治的和宗教的联系可以是非正统的；他可能沉溺于稀奇古怪的“生活实验”中——用穆勒的话来说。除非这些可以无可辩驳地表明，作为教师，他的行为扭曲或者思想偏激，作为公共榜样，它对儿童产生了不良影响。否则，我们很难明白，在民主社会里，教师的雇主为什么必须主动注意到这种事情。举一个具体的例子：一个教师可能在业余时间参加了一个旨在改善同性恋状况的组织。家长和愤怒的公民可能会联合起来要求将其除名，因为在他们看来这是腐化堕落之源。另一个教师可能酗酒或者过着不合道德的性生活，这可能表明这个教师不能胜任教师工作，或者说，儿童会因他的榜样而堕落。无论怎么说，所要提供的是具体的堕落或不胜任工作的证据。仅仅笼统地说有可能性是不够的。一旦抛弃这种要求，社会将无法容忍教师的态度。

无论怎么说，涉及对待儿童的特殊态度的实际舆论情况中可能有例外，如果态度是真诚的话。一个男子可能有同性恋倾向，但是，这些倾向必须表明他必然会去尝试诱惑小男孩。多数“正常”的男子有

---

1 参见赫斯特：《道德、宗教和公立学校》（Morals, Religion and the Maintained School），载于《英国教育研究杂志》（*British Journal of Educational Studies*），第 14 卷，1965 年 11 月，第 1 期。

强烈的异性恋倾向，但是，在男女合校的学校，班级的女孩不是必然地一直处于一种道德危险的状态。因此，有必要提供证据来证明这种倾向性在学校的情境中采取了具体的表达形式。情况也可能是这样的，如果一个男子具有纯粹的法西斯观点，他便会以一种特别态度对待班级里的犹太儿童和有色人种儿童。也可能有人认为，即使没有证据证明这样的教师事实上歧视犹太儿童或有色人种儿童，儿童也可能会因为了解他的主张而一直生活在对他的恐惧中。还有一个与此案例有一定相似性的论据，即激进的共产主义者对待资产阶级儿童的态度，尽管这种联系有点牵强。这些极端的案例可以作为一种一般原则的例外情况，但是，在摈弃赞成宽容的假设之前，必须提供具体证据。但是，令人宽慰的是，当前这些情况在英国是没有的。

三、家长的自由

家长总认为他们有教育子女的权利，然而，在他们看来适当的理由，总的来说还没有表述清楚。关于亲子关系的各种问题需要花很长时间来讨论。一些人认为，家长在这方面的权利与他们对财产的权利非常相似，另一些人把它们比作受托人的权利。但是，这种权利是模糊不清的，然而在英国，没有人会质疑家长这方面的权利。实际上，在英国，如果家长愿意，家长教育子女的权利是长期以来人们拥有的一项权利。伯克对“抽象的权利”（abstract rights）的抨击包括“真正的权利”（real rights）中的“后代营养和改善”的权利。霍布斯的被认为是现代集权主义先兆的观点甚至认为，至高无上的不应受到干涉的权利还应包括职业选择权、妻子选择权和子女教育权。对于那些需要特殊宗教教育的人而言，子女的教育权利尤其重要。

当然，早在人们考虑全民义务教育很久之前，这种权利就已经有了。这种强制入学明显是对自由的侵犯，因为家长不再能够自由地决定不让子女接受任何教育。对自由做出这种限制的论据显然已十分充分。如果不能做到人人识字和人人具有计算能力，如果许多人不能掌握专门知识和技能，一个高度工业化的社会是不可能得到有效管理的。同样，如果不坚持最低限度的条件，一个人便会被剥夺在由良好教育制度传承下来的社会中过高品位生活的必要条件。义务教育不可能使人成为受过教育的人。但是，没有义务教育，许多儿童会被剥夺接触文化遗产的机会。考虑到社会利益和个人长期的潜在利益，因此，这种对自由限制的正当性便得到了证明。因为，像这样重要的事务不能简单地凭借家长的见识去处理。

随着国家教育的发展，家长的权利意味着，如果愿意花钱，他可以送子女到私立学校读书。对于大多数家长而言，这样一种权利是“形式的”而非“实际的”，因为只有少数家长有条件送子女上私立学校。自然，不要期待国家为这种奢侈的消费买单，当然国家有理由坚持维持一定程度的最低教育标准。因此，义务教育制度在得以保留的同时又避免了大一统的执行方式。因为，没有这种最低标准，儿童可能会因为家长自由行使选择权而受损，推而广之，国家也会因此受损。

在民主社会中，没有人敢对家长的这种明显减弱了的权利提出质疑。反对私立学校存在的论点源自一种思想，即拥有钱财便能获得特权地位是不公平的，特别是许多财富是通过遗产获得的而不是家长辛苦挣来的。在只有少数人拥有这种形式的权利时，有人认为有理由废止私立学校。公平应当优先于自由——特别是当前教育制度的分类出现缺乏尊重人的等级态度固化倾向时。

这一特点又引出了另一相关原则——即促进优良（what is good）的原则；因为那些负担得起费用的家长坚持行使他们的权利的一个原因是，独立学校[1]提供的教育质量的确非常好。当然，也有许多例外。一些独立学校——特别是预备学校——不是很好。因此，一些家长主要从社会动机目的出发，不惜成本来行使这种选择权。他们不想让自己的子女同其他社会阶级的子女混杂在一起；或者，他们认为，独立学校的教育会改善子女的高等级社会地位发展前景且有助于子女就业。但是，事实是许多好的独立学校通过长期经验摸索和反复试验形成了悠久的传统，成功地将学术活动和性格训练结合在一起 。从历史上看，这些学校是教育试验的先驱者，国家体制内的学校可以在许多方面以它们为榜样。让这些为英国教育做出巨大贡献的学校下马是一种应该受到谴责的愚行。真正的丑闻是，主要的政党和公众在过去都没有给予教育以足够的关心，没有投入足够的资金，用于促进学校建设和提高教师工资，对国家整体发展的关注也不够。当然教育的重要性也能得到口头上承认，但是，涉及划拨足够经费来发展一种真正有

1　独立学校（independent school），在英国是指私立的预备学校（prep school）和公学（public school），其中，预备学校教育属于初等教育，公学教育属于中等教育。——译者注

效率的和公平的教育制度时，财政部则认为，其他方面的需要似乎更为紧迫。到此，回答已经足够清楚了——也许只有在较富裕的人们和更有影响力的少数民族不得不像其他人一样将子女送入同一所学校学习时，才会引发国家制度方面的激进改革。

到此，我们已经从自由、平等和生活品位方面讨论了独立学校的地位问题。这涉及的是卓越的问题，其中存在基本原则的冲突。显然，一些妥协意见不包含完全废除家长按照自己意愿教育子女的权利，这是需要进一步探索的。能否发现这种妥协的意义，很可能取决于从事实践活动者的独创性。仅靠哲学分析是不行的，尽管哲学分析对厘清决策的基本含义大有帮助。

第八章　尊重人、友爱和人的概念

导　言

第二章在对教育作为一种引导的理念所做的概述中，批判的主要是那种过分强调教师和学生都必须坚持没有人情味标准的做法，因为这样做会以牺牲师生间的人际关系为代价。针对一些反对意见，作者特别强调了教学情境中尊重人和友爱的重要性。但是，一句话也没有涉及这种态度的适当性问题。

在讨论平等的问题时，尊重人也被认为是重要的方面。因为，平等作为一种分配原则，不同于那种势利的和社会优越感的态度，平等的缺失意味着尊重人的缺失。但是，还要强调的是，没有证据能够证明尊重人的态度要比轻视人的态度更为可取。

到此为止，对基本原则的描述还存有漏洞，因为还没有论述到对那些行为需要规范的人应当持何种合适态度的问题。然而没有这种态度，要想明白如何引导理性人按照这一原则生活是困难的。第三章曾谈到，对态度的强调是伦理学情绪理论的力量所在。因此，从一般伦理学理论的观点来看，以及从这本著作精选的一些内容来看，所需要表明的是，这个世界存在着理性人必须具有的对待他人的态度。因此，现在需要讨论尊重人和友爱的问题。

第一节　尊重人

康德认为，尊重人源自对法律的尊重。他说，尽管尊重是一种感觉，但它不是受影响而产生的，它是“通过理性概念自我形成的，因此，它不同于所有前面提及的其他感觉，如某种倾向或恐惧。我首先要承认的是法律，带着尊重的感觉。……尊重的对象只有法律，是我们强加给自己的法律，而且承认它是必要的……严格地说来，尊重人就是对法律的尊重（或者说是对法律的忠诚等），法律在这方面给我们树立了榜样。”[1]这个观点的难点在于，在执行过程中，如果过分注意细节，尊重人与轻视人初看起来则十分相似。如果能够非常细腻地考虑一个人的利益，例如，监护人可能细致考虑被监护人的利益，然而却有着且表现出对被监护人作为人的轻视。因此，它并没有显示出尊重法律和规则一定与尊重人一致或者说一定含有尊重人的意思。

无论怎么说，康德的法律概念是与众不同的，至少在实践领域是如此。在他看来，这种法律思想与创造法律的自律理性人的思想密不

1　康德：《道德形而上学的基本原则》（*Fundamental Principles of the Metaphysics of Morals*），阿博特（Abbott, T.K.）编，伦敦，朗曼斯·格林，1940 年，第 22—23 页，脚注 2。

可分。实践理性的原则并非“外在地”（out there）待发现。正如在柏拉图体系中，它们不是渗透着理性人可能察觉的事物本性的原则，而是拥有理性和充满激情的理性人的创造物。可以说，康德的法律概念与他的活动、尊严、创造法律的理性人的价值等信念密不可分。对他而言，理性人的存在不仅仅是这个世界的一个事实，而且是伦理学极具重要意义的标志。“人们”的概念不仅仅指明一个事实，也证明了伦理学具有的实际重要意义。而且，这个事实与作为理性人考虑应当从事什么活动有着密切的联系。

一、“尊重人”的含义

康德的“作为人”（being a person）的学说与一些经验性的“内心感受”（being on the inside）相关，这些经验表现为实践理性特征、按原则行动特征、决策参考历史经验特征及能够意识到将会发生什么的特征。选择这个概念与实践理性的应用密切联系着，内涵十分狭窄，因为它的意思是在对可选择的东西作考虑，它不含有这样的内容，如理解规则，又如形成和表述意图和承诺由个人决定自己的前途。斯宾诺莎用“努力”（endeavour）这一概念来强调坚持一种存在形式的一般倾向性。这个概念太普遍了，因为它们也能应用于植物和其他同源异形系统（homeostatic system），它们对自己及对过去和未来都缺乏清醒的意识。这个概念多半是对影响事件发展的观点、判断、评价、打算及决定表示肯定的概念。它们标识性的特征是由以前形成的永久和半永久的性格决定的。按这种方式生活的人是我们所称的个体的人

(individual person)。当我们说，一个给他人洗脑的人，或者一个给他人安排生活却未征求他人意见的人，缺乏“尊重人”的表现，其含义是，他作为代理人或他人命运的决定者，并没有认真地对待他们，而是忽视了他们的感觉和他们对世界的看法。他要么拒绝让他们自己有效地处理涉及他们的打算、决策、评价和选择的事务，要么有意地干涉或者抵制他们的自我指导。他向他们保证，“我应当做什么？”的问题不会来自其他地方，或者像瓶塞一样随波逐流从他处飘来。他不承认自我决定者需要尊严，尽管这些人有能力去评价和选择，也有自己的关于前途和利益的观点。

“人”这个概念的含义具有断定性，但它比宽泛的“作为人”的概念的内涵狭窄得多。它不是人作为人存在的必要经验，例如个人对痛苦的意识，或者个人的视觉经验。如果这样，狗和章鱼就都是人了。然而，考虑利益的原则可以运用于狗而无需将它们当人看待。它们也会找寻一个避免痛苦的策略，且尽可能最大化地得到满足的机会。这些是可以做到而无需涉及“尊重人”的问题，因其无需考虑狗对满足形式的看法。

也有可能的情况是，在社会中，生活在一起的男女没有清晰地意识到作为人的存在。他们可能被认为有像获得一定地位一样的诉求或者利益，但是，作为个体的这些诉求和利益可能完全被忽视了。社会只不过是个体被引导进入的群体，个体在其中接受且维护公共的规则系统。然而，还有一个现象完全可能会出现，生活在社会中的人丝毫没有意识到个体的决定性作用。实际上，他们也许分不清社会秩序和自然秩序；他们会认为，与这两种秩序相比，个体的人是软弱无力的。尽管我们可能说，他们是潜在的可能有条件地接受子宫般存在的人，但他们可能永远不会意识到自己作为人的存在。他们意识到的只是他们担任的某种专门的社会角色及与其他社会成员的亲族关系。他们可能不会尊重人，也不会意识到他们自己和其他人作为人的重要意义。年幼的儿童就是处于这种状态。

只有当独特的个性化意识、体格和观点被认为在社会中具有重要意义的时候，人们才会开始将自己看成人，将自己看成评价、决策和选择的中心人物。而且，只有在他们学会将自己看成人的时候，作为人的他们才会发展。换言之，作为一个人的概念源自社会对个人观点的决定性作用的肯定。个体的人愿意维护自己作为人的权利，为自己的成就而感到骄傲，能够深思熟虑“为他们自己”去决定应当做什么，以及发展自己独特风格的感情反应——换言之，他们愿意表明作为“人”的各种不同的特性——他们只有受到鼓励时才能做到这些。依据道德律，他们是完全拥有这些权利的人，但是，这些权利得不到承认，他们就不会被作为人来看待，他们自己也不会有这样的意识。甚至在一个充满了个人概念意识的且个人观点具有重要意义的社会里，一个人如果一直受到压抑和打击，则可能会低估自己的价值。这样，我们可能会认为，这个人还没有理解他自己“作为人”的概念。我们的意思是，他懂得人的概念，但是，由于环境的特殊性，他自己没有能力成为作为人的人。假定在一些特定时代，奴隶就是出于这种困境之中。

在我们这个社会，作为一个人是非常重要的。个人应“为他们自己”

做判断和选择。他们也应当为他们自己选择的行动后果负责，受到相应的赞成和谴责，他们会因做好事情而骄傲，也会因事情做得不好而内疚和懊悔。他们受到鼓励去做自己命运的主宰。在某种程度上说，他们能如此，因为我们的社会鼓励个人坚持自己的权利。这种作为个体人的意识而非仅仅作为群体成员的意识因此既令人高兴，也令人清醒。掌握感或者对事务形成产生影响的感觉与对失败后果的理解交织在一起。无论怎么说，人们开始非常重视其内在的价值，这与社会附加于它的价值是不同的。它不正是需要高度珍视的东西吗？要明白社会是怎样赋予个人观点如此重要的价值是困难的。

也许，在进入和维持人际关系的经验中，做一个人的意识达到了顶峰，这种人际关系的基础是相互约定的契约，这种对人们具有约束力的契约出自他们自己的评价和选择，而非来自任何身份或制度职务的压力。他们通过自愿分享和交流他们的公共生活观及促进他们的社会公共生活创造了自己的世界。义务，通常是用来维持人们相互关系的那种契约性质的义务，比多数职责更具约束力。原因很简单，因为履行义务清晰可见，也因为它们创造了可预测性领域（pool of predictability）。过去在这个世界，在没有人情味的传统和制度的压力下，这个领域只属于自然好恶的游戏。

当一个人意识到其自身改变事件进程的力量时，便也会对那些防止或阻止他做自己要做的事情的外部力量产生厌恶感。无论怎么说，他已经学会同自然的限制达成妥协，因为他对自我力量的认识与不受人类奇异想法和愿望影响的自然概念的发展是同步的。只有在婴儿自闭症的思想中，或者在人的不可思议的想法中，自然才会臣服于人类的奇异想法或愿望。但是，人对其他人强加于他的限制非常反感，因为他知道，这些限制是可以变换的，通常也是不必要的，而且会阻碍他的目的的实现。但是，最令他厌烦的是别人拒绝让他决定自己的命运，而且，在许多方面，如确定目标、深思自己的选择及执行自己的选择等方面，对他下达命令，将他视为痴愚者或者仅仅视作其他人实现目的的工具，对他的感觉漠然视之，对于意识到自我决定力量的一个人而言，这是不可忍受的。当然，情况对于一个长期以来没有意识到自己力量的奴隶而言，情况也不一定如此。然而，只要他们认为其处境是事物秩序的一部分，就没有理由去假定奴隶对他们的命运是不满的。

二、正当性的问题

一种观点认为，在人有了将自己和其他人视作人的概念后，他必须被引导进入一个社会。在这个社会中有一个普通准则，即认为出自个体意识的决定具有重要意义。只有当一个人获得了自己和其他人作为人的概念时，他才能获得发展。他会珍视作为一个人的内在东西，而这个东西不同于社会准则赋予人的重要性。因此，如果问一个人是否应当受到尊重的问题无疑等于问一个人是否应当害怕危险的问题，因为对于人而言，尊重这个概念解释了什么是必不可少的东西。如果他在“内心”有了而且完全理解了人的概念（不像人类学家“懂得”或者不懂一个概念，纯粹以外部观测为依据），那么，他必须拥有一个观念，即个人的独特观点是非常重要的。

无论怎么说，阐释一个概念绝不可能解决一个政策问题。困难在于要提出论据来证明理性人必须要有人的概念并因此要尊重他人和自己。因此，必须回到实践理性的情境中，以表明尊重人的假定是这种情境里的每个参与者都必须接受的。相关证据表明，如果一个人缺乏基本的对待同伴的态度，他是不可能认真进入实践理性情境的。

这种证据不难找到。实际上，它一直是内在固有的。如果关于人的分析方法是正确的，在作为一个人的意思所含的各种特征中，这种证据是可发现的。其中，核心特征是与强调个人是自己命运主宰的观念及与主张表达个人观点的理念相联系的经验。这些表述旨在暗示一种假定，即如果一个人想理性地与其他人讨论应当做什么，那么他必须了解自己和其他人。在前面讨论“自由”和“利益的考虑”的章节中已经论述，任何严肃地讨论这一问题的人必须主张能够不受干涉地自由地去做有理由做的事情，而且必须假定利益的考虑一定和他要确定的利益一致。如果他打算屈服于专断的干涉，如果他确定的利益没有得到显见的重视，这样的讨论毫无意义。他也必须假定，对他适用的一切也同样适用于那些和他一起试图回答这些问题的人。在这些讨论中，公正无私原则要求他倾听人们说了什么，而且根据确当的标准，例如，根据提供的证据的质量来表示赞同或反对。而且，要忽略一些无关因素，如提供证据者的肤色和眼睛的颜色。这些制约实践理性情境的普通原则，确切地说，是捍卫那些与作为一个人的经验密切联系的原则，也就是，我们在做自己的事情和执行决定时不能受到干涉，我们的主张和利益不能被忽视，或者，我们不能受到不公正的或有偏见的对待。证明这些原则正当性的证据已在前面的章节中提供，所以在这里没有必要重复它们来证明尊重人的正当性。

当然，我们也许能够发现，一些特殊的人要么不善辞令，要么是愚钝的，要么他们提出主张的方式不够诚实。对于特殊的人和特殊的情境，所有这些相关因素都应注意到。但是，这个论点并不意味着任何人必须在特殊情境中做特殊的事情。确切地说，它与一个显而易见的、一般而言也是一个人必须接受的原则相联系，如果他下决心尽其所能通过讨论解决问题的话。

因此，尊重人的准则是一种至关重要的经验，是从个人意识到的许多不同经验中筛选出来的，对于那些认真地与同伴讨论行动方针和生活方式的人而言是极为重要的。有些人是我们准备认真地与之讨论应当做什么的人，因此，“尊重人”是对我们应该持有的对待他们的态度的概括。他们不言而喻的权利应该受到认真对待，他们的利益应该受到认真的考虑。他们必须被视作自由的人，拥有不受干涉地做符合他们利益事情的权利。在讨论中，作为参与者，他们不应受到专横态度的对待。懂得了人的概念的意思是，明白了在一种以应用实践理性为原则的生活形式中，人是尊重的对象。

第二节　友爱的影响

迄今为止，有一种假定，只有在人们关心所做的事情不仅影响他自己也影响其他人的时候，理性的讨论才能得以进行。无论怎么说，可能出现的情况是：在未来，在设想一群人讨论应当做什么时是将群体作为整体看待的，而不考虑任何个人。他们可能不会，这一点可能有争议，带着个人的主张和利益的考虑参加讨论，而只是以关心集体命运的集体成员身份参加讨论。他们能够因为一种友爱感情而团结得非常紧密，这种友爱感情源自他们的共同追求，即追求合乎集体需要的东西，而不关心个人的喜怒哀乐和困难。作为群体，他们也许非常清楚在推进合乎需要的事业方面他们可能完成的任务，但是，他们也可能明显地不会被个人在参与中发挥的作用所打动。无论何人，只要他不能有效地参加群体讨论或者不能完成分配的任务，通常都会受到普遍的鄙视，会因“蒙受羞辱”哑口无言，给人留下深刻印象。简言之，在这样一群理性人中间所缺乏的是个人意识重要性的普通观念，或者缺乏的是对个人决定自己命运作用的认识。

完全可以说，这群人实际上可能没有作为人的概念。像康德的理性人一样，他们尊重法律，意识到法律界划定了什么是合乎需要的界线，法律是他们自己审定的，也只有通过他们共同努力才能得到执行。他们所缺乏的是康德的另一个信念，即个人的努力是重要的，就像“宝石，尽管继母般的自然之光非常吝啬，她依然能够依靠自己的力量发出光芒。”[1]或者，缺乏的是功利主义者所强调个人利益重要性的观念。他们也许有生活品质的概念，但是，这是某种可以模模糊糊

1　康德：《道德形而上学的基本原则》，第 11 页。

辨认出的像柏拉图哲学形式（a Platonic Form）或亚里士多德本质（an Aristotelian Essence）一样的东西。或者，它是一个无阶级社会，只有通过集体行动才可促进或阻碍它的发展。它不一定是某种通过人类力量，如康德的道德律所形成或维持的社会。单个人的概念（concept of individual person）是一种信念，认为个人经验重要，个人作为自己命运主宰的尊严应当受到尊重，这在他们的思想体系中大概不是重要的。

然而，问题是，一个有意与其他人讨论所属集体的“利益”的人，如果他认为可能存在着不是参与者个人“利益”的话，他最后是否会因为语无伦次或思想模糊未能清楚表述而内疚。当然，像安全感这样的利益是每个群体成员都应当拥有的。正如前文已表明的那样，“符合公共利益”的政策的意思在于反对个人或社会部门获得特殊利益。[1]但是，如果不考虑个人利益，这样的政策又怎么能得到执行呢？因为一个群体或集体没有意识到这个问题，或者因为集体生活撇开了组成群体的个人生活，这是不是群体的“目的”和“福利”的观念未能公正评判这种注定缺乏凝聚力的事实？这是亚里士多德批评柏拉图《理想国》的主要观点之一。他指出，剥夺护卫者[2]（Guardians）的幸福是不对的，认为国家幸福就足够了的说法也是不对的，因为，幸福只有个人才能感受到。[3]因此，国家福利的观念是一个无凝聚力的概念，除

1　参见本书第六章，第一节。

2　柏拉图在他的《理想国》中，将社会分为哲学家、军人及农民和手工业者三个阶层。其中，哲学家是国家的统治者，军人是辅助者，这两个阶层都属于护卫者。——译者注

3　亚里士多德：《政治学》，第二卷。

非它与其成员享受的生活质量相联系。缺乏与快乐和痛苦相联系的经验，是很难明白一个人怎样为了自己学会为自己的行动寻找理由，更别提为其作为成员的集体行动寻找理由了。

然而，源自具有凝聚力群体的友爱感情具有非常强大的力量，理性人也会因此被引导去应用既适用于个人又适用于集体的被视为超个人实体（supra-individual entities）的基本原则。严重缺乏凝聚力的应用形式证明了友爱的力量，这种力量很容易阻碍或扭曲理性人的判断。

一、“友爱”的含义[1]

“友爱”概念从字面看仅仅适用于同一家庭的成员。家族关系这一共同事实会产生强烈的一家人感觉和归属感，其力量超出个人间的吸引和敌意。虽然亚里士多德批评柏拉图把适合家庭的实体与适合国家的实体混为一谈，但如果想象一个大型联盟（association）中的成员确实存在亲族关系则是非常奇怪的。亚里士多德论述道，如果你将他们的长辈都视作父辈，爱便会“淡而无味”。然而，一个小型社会，如城邦，可能因有极强的同族感而普遍产生一家人的感觉和归属感。成员可能通过共同的传统、共同的语言及共同的宗教紧密团结在一起；他们可能一起去寻求文化利益（cultural interests），会主动表现出对农业、贸易、防务和社会管理的共同兴趣。

在这样的社会中，人们可能非常理性，坚定地拥护诸如正义、平等、

1　我要感谢格里菲斯教授。他有一篇未发表的论文，我与他曾经长时间讨论过。

自由和考虑利益等基本原则。但是，他们在应用这些原则时可能有很大的差异，例如像柏拉图那样；这是因为他们着眼于公共生活而非每个人的权利。正义可以被解释成只有当存在确当差异时才可实行区别对待的原则。但是，最重要的确当差异是那些占据不同岗位的人们对整个社会贡献的差异。人们只被视作工作人员，而不是具有不同世界观的个人。自由只有在社会自给自足且无外部力量干涉时才会出现。或者，正如自由存在于卢梭试图重建的城邦理想中，自由可能存在于对社会“普遍意志”的依赖之上，这个“普遍意志”就是将个人从其自身欲望的专制下解放出来。同样道理，利益的考虑只针对社会的公共利益，如同卢梭《社会契约论》（*Social Contract*）阐述的一样，而不考虑个人的癖好。

在雅典这样的城邦生活中，甚至在瑞士各州的生活中，友爱的态度十分自然地体现在社会生活的原则中。因为传统、共同利益及共同关心的问题明显地存在于面对面的社会生活中。尽管友爱是强有力的，但是也有减弱的可能性，这种态度附属于统一体的生活，而这种统一体的表现形式，确切地说，它的实际存在只是一种假设。有关这方面的案例聚焦于据说是同一阶级和民族成员共同的公共生活态度上。

许多深思过马克思主义深奥学说的人一定会奇怪马克思的学说为什么能够受到广泛的拥戴。部分原因是它体现了对友爱的呼吁，而个人主义的学说则对此则关注不够。马克思主义的原动力主要以假定的共同困境和编织的共同希望为基础。这个假定的困境是指全世界无产者失去的只是锁链。他们因为都是资本主义制度的受害者而团结在一起。这种作为一个阶级的团结会随着他们对自身困境意识的增强而增强。

但是，这只是一种构成一半吸引力的消极动力。马克思主义学说的积极方面在于其令人激动的信念，即只有无产者才会有追求真正友爱的兴趣，追求这个被忽略的法国大革命[1]的理想。按照马克思的观点，这种共同兴趣在资本主义国家是不可能产生的，因为资本主义国家体现的是一个阶级对另一个阶级的剥削。因为根本利益的冲突，这样的国家不仅仅长期处于一种不平衡的状态，而且能够约束人们的契约也基本不存在。因为，按照他的观点，传统——无论是文化的、道德的还是宗教的传统——都是上层建筑，是表面现象，掩盖的是对立阶级的根本对立的利益。对于资本家阶级而言，友爱也是不可能的，因为尽管资本家阶级的共同利益在于剥削工人，但是他们之间也是相互敌对的。因为存在一个基本逻辑，即他们每个人必须以牺牲竞争者的利益来使自己的利益最大化。无论怎么说，工人阶级之间没有相互敌视的逻辑。他们不可能从相互争斗中获益。“只有在这些人中间，”马克思说道，“才能发现真正的手足之情。”只有当无阶级社会到来时，只存在一个阶级——无产阶级，共同文化或者共同道德及为共同利益服务的政治机构才有可能出现。真正的友爱在无阶级社会才有可能实现，对这种社会的向往就是为马克思主义提供积极动力的人为编织的

1　法国大革命（French Revolution），1789 年在法国爆发的资产阶级革命。在这次革命的过程中，制宪会议通过了《人权和公民权宣言》。该宣言确立了人权、法制、公民自由和私有财产权等资本主义的基本原则。参见《中国大百科全书》（上），北京，中国大百科出版社，2013 年，第 352 页。——译者注

希望。

在这样一种理想社会中，人们团结在友爱中，其基本原则会因对友爱的重视而得到适当的应用。那里也存在分配正义之事，但由于那里的社会产品极丰富，这一问题也就不是那么重要了。随着社会竞争的减少，共同的任务受到前所未有的关注。人不再脱离工作，也不再疏远他的同伴。人们之间的相关的区别，从眼前看，在于他们对公共福祉贡献能力的大小，也许在遥远的阶段，在于对他们的“需求”(needs)的贡献，不管“需求”是如何界定的。对自由的解读不再完全从政治角度，而是从经济角度。人被从其他人的剥削中解放出来，也部分地从因这种剥削产生的需要中解放出来，因科学的发展已从自然的制约中解放出来。真正的平等会随着人为制造的人与人之间的社会差别的消失而实现，到那时，人与人之间只有天赋方面的少量差异。利益的考虑将集中在与所有个人利益一致的公共利益上。

马克思主义者坚信，主要的社会变革是技术变革带来的，相对而言，理念的作用不大。理念只是重要经济变革现实的反映。针对此观点，其中一个最明显的反驳证据是“民族”（nation）概念对现代社会的影响无可估量。而且，在思想史上，还有一个内涵更加模糊的概念——甚至比马克思的“阶级”概念还要模糊，阶级这个概念至少清楚地表明它的不适当性。民族是什么？它应当与国家不同。实际上，黑格尔是一位大声疾呼、倡导民族主义的人，他将民族视作在民族将自己变成国家的发展过程中的一个重要进程。“在民族的存在中，实质性的目的在于成为一个国家（to be a State），且作为国家存续下去，一个还没有将自己变成一个国家的民族——仅仅只是一个民族——严格地讲是没有历史的，就像生活在野蛮状态下的部落（the Nations）。”共同语言是一个民族的标准吗？不一定是，因为斯拉夫人和印度人说多种语言。对于一个民族来说，共同宗教是必需的吗？当然不是。非洲人在这方面就没有统一的宗教。一个民族必须有共同的历史吗？如果如此，有着多元化历史的阿拉伯人、犹太人和美国人怎么能声称属于一个“民族”呢？如果一个民族由接受一个共同法律制度的人组成，而这个法律制度又将许多自称是一个民族的人排除在外，比如将犹太人排除在外，那么就很难区分民族和国家。那么，有关国家的基础在于民族自决原则（这种说法比较普遍）的论断又当作何解释呢？

在被称为“民族”这一假设的且含义极端模糊的统一体中体现的现代信仰难道不是反对友爱的产物，或者，难道不是出于对友爱感情附带物的需要？当一些小群落的生活被入侵或者被技术进步搅乱时，特别是当人们共同遭受苦难时（如外国压迫），友爱感情的提出不正是旨在建立一个像民族一样的统一体，使之成为受难同胞的精神归属吗？例如，在黑格尔写作的时代，拿破仑[1]征服后，德国上下不满情绪高涨，开始向往建立一个大的统一体来替代正处于衰败的分裂状态的小国。黑格尔感到了这种向往，将这种向往提升并纳入其著名的“同一性哲学”（philosophy of identity）。从他受到卢梭和希腊城邦共同生活理念激励以来，他就产生了这种想法。他将自己的感受倾注进由

1　拿破仑（Napoleon, 1769—1821），法国政治家和军事家。——译者注

新普鲁士国家崛起的铸模中，得到了他所批判的德国民族主义运动的共鸣。民族的概念为较为行政化的“国家”概念注入了友爱的感情。

通过民族主义态度来解释自由、正义和利益太为人所熟悉了，无需太多的阐释。“自由”被解释成民族自决，个人的“真正自由”在于为国家服务。正义简单地说就是与国家的法律一致。民族的利益至高无上，个人的利益要么与国家的利益一致，要么受公民身份和职责的压力而被遗忘。当友爱感情依附于这样一种神秘的作为民族的统一体时，基本原则就会发生扭曲，出现难以令人信服的怪异变形。但是，在这种意识形态泡沫下面是一种对亲族关系的向往，表现在对“外团体”[1]极端厌恶的形式中。实际上，一种像共同血脉（common blood）或者雅利安祖先的神话可能被发明出来，使这种不明原因的感觉得到满足，它能够以令人震惊的暴行来对待那些被宣称为缺乏内在亲族关系标记的人。

二、基督教的友爱与尊重人

到此，在已经提供思想体系的例子中，友爱是主要的棱镜，通过它，基本原则的光芒透了出来，但尊重人的光芒还没有。这是可能的，因为在思想体系中的两种态度之间存在着紧张状态。这种紧张状态存在于受基督教强烈影响的任何体系中，基督教独特的功能表达一种对待人和人命运的基本态度，而不是表达对一套社会原则

1　外团体（out-group），指非自己人，与“内团体”（in-group）相对。——译者注

制度的态度。

耶稣[1]关于天堂的说法是其教义的核心内容，但它对各种解释持开放态度。强调其精神性是可能的，表明它是一种心灵状态，像芥菜籽一样成长，像酵母在面团的内部产生作用；同样可能的是，当我们三三两两以耶稣名义聚集在一起的时候，我们强调的是它在我们中间而不是在我们的内心。在教会早期教义中，既有对个人价值的强调，这种价值因耶稣在其教义中宣称上帝关心他的每一个孩子及圣保罗[2]在救世教义中高调的宣传而得以永恒，也有对基督肉身在信徒团体中的凝聚力的强调："正如我们一个身子上有好多肢体，肢体也不都是一样的用处。我们这许多人，在基督里成为一身，互相联络作肢体，也是如此。"[3]路德[4]也是这样认为的。[5]早期的基督徒不重视家庭纽带的作用，他们考虑的是用精神纽带将人们结合在一起，他们认为，精神纽带比亲族关系和血缘的纽带更为紧密和持久。但是，他们也认为，每一个人必须特别关注其灵魂状态，因为，在上帝看来，每一个人都

1　耶稣（Jesus），在基督教中，指上帝之子。根据《新约》，他出生于公元前 4 年，死于 28—30 年。原为木匠，30 岁开始从事宗教事业，成为传教者、老师和行医者。后因门徒犹大出卖被捕，被罗马当局以政治煽动罪判处死刑，钉在十字架上。基督教认为，他被钉十字架是替人类所犯的罪受罚。参见美国不列颠百科全书公司《不列颠简明百科全书》（4），北京，中国大百科全书出版社，2011 年，第 1890 页。——译者注

2　圣保罗（St. Paul，约 10—67），基督教早期传教士和神学家。基督教成为世界性宗教，主要归功于圣保罗。参见《不列颠简明百科全书》（3），第 1481 页。——译者注

3　"罗马书"（Romans），12：4—5（指新约圣经中的"罗马书"。——译者注）。

4　路德（Luther, M., 1483—1546），16 世纪宗教改革领袖。——译者注

5　参见沃林：《政治学和构想》（*Politics and Vision*），伦敦，艾伦和昂温，1961 年，第五章。

非常重要。

在基督教历史上，这些不同的态度在不同的时代受到了不同的重视，但都是基督教的基本教义。托尼对这种差异的表述很有说服力。他在“清教徒”那一章做了如下对比：

> 在他们（天主教徒和圣公会教徒）将社会看成一个神秘团体的地方，虽然成员契约的等级和地位有着差异，但是，他们都因参加基督教世界的共同生活而感到有尊严。他（清教徒）认为在生气勃勃的精神和异己的、冷漠的或者充满敌意的世界之间存在着阴冷的对立。在他们尊重公平秩序的地方，历史与现实、人与人以及人与上帝交织在一起，通过慈善活动、节日和禁食，教堂里的祈祷和圣礼，他转变了，对人类正直的肮脏外衣产生了厌恶……，清教徒的道德自信给他的意志以力量，但侵蚀了他的社会团结感……一个精神贵族，他为自由牺牲了友爱，他从理想化的个人责任感那里引出了个人权利的理论，经过世俗化和概括，成为整个世界所知晓的最具威力的炸药。[1]

基督教的人的概念所强调的重心总是在两个问题上摇摆不定，有时强调作为基督同一肉体的肢体之间的精神联系，有时强调每个人最

1　托尼：《宗教和资本主义的兴起》，第228、229页。

后只能依靠自己孤独地寻求救赎。

在受基督教强烈影响的西方世界的许多运动也存在同样的情况。例如，受到社会主义思想激励的英国工党相信友爱是可能存在的，它宣传社会团结的长处，抨击个人主义的“利益动机”。这种动机，除了国家发生紧急情况之外，使为公共利益工作成为不可能的事。另一方面，它也受到许多人的支持，他们认为，如果财富能够更加均衡地分配，而且，如果主要的经济权力资源为公众所拥有和控制，个人才能获得一个“平等的机会”去发展自己。公学系统已经在尝试灌输一些理念，如团队精神、集体忠诚和坚持传统的公共道德标准，但是它也鼓励个人的首创精神和责任感，而且推崇那些在面对社会压力时坚持原则的人。

三、友爱的正当性问题

证明友爱态度的正当性与证明尊重人的正当性立足点有所不同。因为从来没有哪一个种族的人不带有某种友爱感情，而在人类历史上，尊重人则是相对稀有的现象。尊重人是一种得到理性评价原则支持的态度，而正如前文所指出的，友爱具有多变性。因此，这个与友爱相关的问题通常不是它是否应当被感觉到，而是附着于感觉的“亲族关系”是否是重要的问题。

所有各种类似物，例如人头发的颜色或眼睛的颜色，都能引起“亲族关系”的感觉。但是，只有在特殊社会里受到特别强调的时候，这种“亲族关系”感才会产生滚雪球效应。这是普通社会学规律的一个特殊案例，即社会信念会变成社会现实，[1]因为，人们感觉到他们有“亲族关系时”或者感觉到属于某个分享着实践活动和理念的群体时，他们便会倾向产生一种标准的思想和行为习惯，这种习惯会强化他们自认为是“亲族关系”概念的基础。“青少年文化”的发展就是一个明显的现代例子。“社会阶层”和“民族”的发展是另一个例子，它们已经被用来作为友爱感情的主要现象。一些明显的类似现象，例如人的肤色，常常只不过是表现在语言、信仰和生活方式方面的外显的根深蒂固的相似性符号。它作为一种有意义的相似性符号受到研究的原因在于它的可感知性而非自身的意义。

世人中普遍地有一种“内团体”，就字面意思看，它是“友爱”的中心。这就是家庭。当然，不同社会的家庭构成和内在结构差异很大。但是，家庭的存在及其产生的“归属”感和忠诚是人类普遍的现象。解释不难找到，因为人们普遍地是通过“原生群体”成员身份进入社会的，正是在这个群体中，人们才了解和学习友爱的态度。实际上，有证据表明，如果一个人早期阶段在原生群体中学习这种态度的机会被剥夺，日后他会发现再想获得这种机会几乎是不可能的事。

然而，假定在某一方面，一个人并没有因为知道自己与他人有亲族关系而有所触动——甚至他们属于同一家庭——而且不明白这种偶然的事实为什么应当构成令人激动的理由。能够说些什么来表明他认识到的亲族关系应当是某种与他有关的事情呢？这相当于在于问一个

1　参见默顿（Merton, R.）：《社会理论和社会结构》（*Social Theory and Social Structure*），伊利诺斯，自由出版社，1949 年，第七章。

获得了“人”的概念的人需不需要受到尊重的问题，因为在这两种情况里，概念含有规范的意思。如果他认为，他和其他人表达不同观点是重要的话，就完全说明他有了“人”的概念；同样，如果他认为他属于某一群体这一事实是重要的话，那也能说他完全有了“亲族关系”的概念。但是，另一方面，如在尊重人方面，这种概念的阐释解决不了政策问题。需要表明的是，由于群体成员的身份比其他人重要，因此，群体作为友爱感情的黏合剂是可以理解的。

怎样才能分辨出这种有价值的忠诚呢？第一步，要根据忠诚的特征，从统一体的人格化中辨认出重要的忠诚。人们可能是同一国家的成员。作为公民，他们生活在规定了他们的权利和义务的法律制度中。即使作为个人的公民消失了，但这个制度会坚持下去。就个人的决定或者个人的行动应当符合合理构成的公共程序而言，也可能说是国家的“意志”或国家的行为。即使操作它们的人员发生了变动或者去世，这些程序会坚持下去，得到延续。这里坚持的是一种权威关系，坚持的是那些有关立法、行政和司法行为的界定，以便能满足法人的法律推定的需要。对于任何一个理性人来说，这样一种秩序框架的存在是极为重要的；因为，如果没有这种法律规则，理性人要想获得安全感是极为困难的，而安全感既是他寻求自由也是他追寻善的必要条件。因此，他必须将公民义务视为重要的事务，他与本国同胞（fellow-citizens）的亲族关系感是以有价值的忠诚为基础的感觉。因为，当他认识到，维持具有重要意义的制度符合所有人的共同利益，他便会融入他们的群体。可是，无论怎么说，没有任何理性依据去颂扬将无视个人意见的规则系统纳入统一体中的做法。

因此，对于任何一个理性人而言，问题是要根据规则及源自规则的目的来考虑他的忠诚，并以此为依据来评价它们。例如，当他被看作属于社会“中产阶级”的成员时，他应当考虑对中产阶级的忠诚吗？如果这个阶级的成员是根据户籍总署署长（Registrar-General）相对专断的职业分类来界定的，这个阶级对他可能没有什么意义。如果，另一方面，它的界定依据的是某种“资产阶级”价值观，如诚实、勤奋、精确、吃苦耐劳和公平，这个阶级可能对他意义重大。许多忠诚并不允许对其进行随意的解释。例如，如果一个人加入基督教知识促进会，友爱的核心含义会相当清楚的。

同理，对理性人而言，一定存在着某种合适的亲族关系，无论他对家庭、国家、阶级或俱乐部的忠诚感觉是什么，那都是作为理性人的人与其他理性人之间发生的亲族关系感。只要他是个理性人，而且和其他理性人一起寻求发现什么是应当做的事，他们的观点得到了考量，他们的主张得到了公正的评价，他们追求的利益没有受到不公正的干涉，他与其他人的这种亲族关系肯定会被认为是重要的，因为最低限度的亲族关系感是形成实践理性的前提。友爱的感觉因此至少与作为一个人的亲族关系感是有关联的。

然而，友爱感情的力量不一定顺着理性的正当性路线发展。在理性讨论中，与其他同伴参与者有友情联系的感觉，对于一个理性人而言，一定是所有可能产生的感觉中最无可非议的，但它不一定是最能打动个人的友情联系形式。部分原因在于这里所谈的实践理性的发展经历了相当长的阶段，才处于心智的最有力量和最原始层面的上层。一个人在家庭成长过程中内化了一套行为准则，这是他与家庭中某个家长相互认同的结果。后来，他又在同辈群体的压力下获得了其他行为准则。从理性来看，这种准则可能是也可能不是正当的。个人可能会进入这样一个阶段，即他能够理性地评价这些规则，而且被其他与其处于相同困境的理性人的思想所感动，但是，他可能不会因曾经让他获得第一套行为准则的旧机制的复活而更受感动。对权威的恐惧，对领导人的热爱，或者舆论的威力可能会淹没他对人的尊重。个人正义感可能很强烈，但面临比较原始的压力，正义感便会消退。许多有能力尊重人的理性人加入了迫害少数群体的队伍。

也存在这样的事实，一个人对其他人产生的认同感比具有凝聚力的面对面群体成员所感觉的友爱感情抽象。道德工作者没有组成特别的社团来讨论道德问题，具有凝聚力的面对面群体的形成也不是因为他们都接受了基本的道德原则。也没有限定哪种道德准则只属于某个俱乐部、阶级或国家。不错，康德的确设想过理性人是一个居住在“目的王国”（kingdom of ends）的人，王国的法律是客观的原则，且被理性人所接受。但是，这是道德哲学家眼中的天国，而不是对具体社会的描述。因此，“道德社会”没有得到作为面对面社团典型特征的忠诚感的支持，而这种忠诚感是在多年为完成共同任务过程中形成的。实际上，仅仅作为人去面对另一个人是不会去考虑他的地位、角色及其自然的亲密关系和友谊的。从比较消极的方面说，根据界定，“道德社会”是没有权威结构的，也没有对共识的内在要求。但是，这意味着，道德规则的效力不像国家或俱乐部规则那样，取决于权威或多数人的同意。因此，绝没有明显的能够决定这些规则威力的心理或身体的惩戒。它们的效力由理性的感染力所决定，人良心的心理力量并不总是与立法的至高无上相匹配。正如巴特勒在谈良心时所说的：“如果它像它的权利一样有力量，如果它像有显见的权威一样有威力，它就会绝对掌控着世界。”[1]因此，理性人常常允许他们对其他理性人的亲族关系感让位于更加强有力的和原始的忠诚感，允许思想体系付诸像黑格尔和马克思这样的理性人的笔端，更多强调的是群体忠诚而不是尊重人的基本原则。这一点不足为奇。

第三节　教育与人的概念

前面第二章第四节已论述了尊重人和友爱感情进入教育情境的途径，也特别强调了教师尊重人的问题，因为教师处于道德意识发展的中心。他必须关注每个人的发展，必需理性地接受自由原则，必须确保选择的原则只能应用于一定的活动范围和合乎需要的行为模式上，无论他自己有何特殊偏爱。

探讨引导儿童向有价值活动方向的发展，教师需要清楚了解什么是有价值的活动，做到关心每个儿童，需要有贯彻自由原则的决心，

1　巴特勒：《论人性》（*Sermons Upon Human Nature*），第二卷。

但仅仅做到这些是不够的。他还必须熟悉有关动机、学习和儿童发展的原理，因为，始终如一地尊重作为人的儿童是不可能让教师远离本书这一节费力探讨的道德原则的。那么，也许有人认为，教师要向心理学著作求教，以便他了解作为他的尊重对象的人的概念。然而，当他向心理学家求教时，他会发现各种令人迷惑不解的观点。这些观点的差异不是经验性调查结果之间的差异导致的，而是研究儿童发展的不同方法导致的，也是对调查结果进行硬性分类的概念性方案的差异造成的。

例如，如果教师去咨询一位倾向弗洛伊德观点的心理学家，他会首先获得一种强烈的印象，即与儿童相关的问题绝非他们所见到的表面现象。他也许认为，儿童会在探索沙子、水或者圆柱形物体等自然界物质特性的过程中产生真正的兴趣。但他很快对这一现象得到的解释是，这些操作或探究是玩弄排泄物、玩弄生殖器或者对性的好奇心的替代物。他会知道，弗洛伊德学派对哪类活动是基本的及哪类活动是衍生的活动有一个明确的界定。他认为，有价值的活动，如雕塑和科学研究可以一直追溯到他们婴儿期的原始型活动。因为，人们没有按照将吃、吮吸和性活动等视作“自然的”的方式，将它们视作“自然的”。如果他头脑清楚，他会明白，这个相当牵强的故事如果是真实的，它也不会影响他对自己珍爱的有价值活动的追求。因为，关于事情根源的故事不一定会影响到这件事情的价值。然而，他会发现他追求的观点悄无声息地发生了改变。

教师也会发现在弗洛伊德理论中，儿童发展的曲线不是依据认知理解而是依据感情反应绘制的，特别强调的是性、焦虑和敌对心理。在口腔期、肛门期和性器期这三个基本阶段，儿童身体的相关部分是敏感的，而且，儿童得学会处理偶发的从事某种被禁止活动的愿望所导致的冲突。儿童与家长及家长替代者的关系至关重要，儿童的性格与他在不同阶段努力的结果是一致的。如果教师研究了这种心理学，那么，他会发现这个和认知发展或课程内容毫不相干。他会发现，感情生活和教学过程中的人际关系实际上受到了极大的强调，课程内容应当与之相适应。他会发现自己被定位为家长或治疗师的角色。他的动机被认为主要来自外部，他对待学生和对教学内容的态度被认为是至关重要的，因为根据这种理论，大部分属于“文化”的不同事物是由权威人物鉴定选择的。

如果教师发现这种关于儿童发展的描述既令人烦恼又无益于他的工作，他可以转而学习近一段时间在教师中非常流行的皮亚杰的理论。在皮亚杰的理论中，他将发现更多有关儿童认知发展的描述与学校科目中概念学习的发展阶段高度一致——特别是数学和物理学。他会大致了解康德的心智的范畴机制发展阶段。他会知道在什么年龄阶段，可逆性和顺序性的心理操作对儿童而言是可能的。他也会认识到在什么时候儿童可以仿效亚里士多德对自然界的事物进行分类和排序，而且知道他们后来怎样开始采用曾经是伽利略[1]研究特征的假定—演绎（hypothetico-deductive）思维模式。他也会了解披着心理学外衣

1 伽利略（Galileo, 1564—1642），意大利数学家、天文学家和物理学家。——译者注

的逻辑真理，诸如学习必须由简入繁，或者具体操作必须先于抽象思考等。

在皮亚杰的体系中，教师会吃惊地发现，动机是被假定为内在的。在皮亚杰的著作中，教师几乎读不到教师在刺激儿童兴趣或者在传递标准方面应该发挥的作用的内容。准备被认为是第一重要的事情，教师的作用似乎主要是鼓励儿童自己去发现事物并且运用自己的认知洞察力去得出自己的结论。儿童的道德发展路线，按照康德的术语来勾勒，是从他律阶段向自律阶段过渡。但是，这种理论对于能够使这种过渡成为可能的社会环境却只字未提，或者说，它对儿童早期阶段可能阻止或扭曲儿童发展的影响因素也只字未提。对感情发展或者社会发展的一般形式，皮亚杰也没有什么论述。综上所述，教师会获得一个印象，即个人就像莱布尼茨[1]的单子，依靠自然规律发展，在他探究外部世界的时候，对种类和概念做出解释。

教师可能是头脑比较精明的人，强调高标准的科学严密性。因此，他会发现弗洛伊德的理论术语过于模糊，思辨性过强，假说未得验证。他可能认为，皮亚杰的理论大部分像是戴着实证心理学面具的哲学，所进行的调查几乎没有关注到实验变量，调查的儿童数量也过少。因此，教师可能抱着希望转向行为主义和学习理论，它们在心理学中的重要性在于把心理学建成了一门实验室科学。在这里，教师将发现旧联想律依然有强大的力量，但是只应用于运动之间的联系而未应用于

1　莱布尼茨（Leibniz, G.W., 1646—1716），德国哲学家和数学家。《单子论》（*La Monadologie*, 1714）的作者。——译者注

理念之间的联系。他会发现强烈的兴趣对学习动机的影响。他会注意到一种转移，即从重视外在动机转向重视内在动机。实际上，他的反应可能多少有点令人不快，朴素的好奇心被用一种相当做作的方式乔装打扮成“认知内驱力”（drive to know），或“探究内驱力”（exploratory drive）。他会注意到，黑猩猩学会学习的现象表明，兴趣会在训练的迁移中复苏。但是，他感到疑惑的是，在一般情况下，能够做些什么才能对人类的学习作出说明。实际上，他可能感到奇怪，什么样的实验能够表明动物可以进行不同于在特别环境中受到诱惑捡起东西的学习。他也许会承认，某种简单的动作技能可能通过工具性条件反射而习得。但是，他可能同意，条件反射可以解释某种恐惧、嗜好、厌恶。但是，作为讲究实际的教师，他仍然会对学习理论要求做的事情与在校儿童必须做的事情的相关性持怀疑态度。

思想更加自由的教师会反思，行为主义者将自己限制在可观察到的数据上，回避内省的报告，肯定会使其调查结果带有明显的局限性。如果不允许调查研究一个人的内心世界，那么那些含有目的和带有某种评价性质的感情的行动，以及含有想象、记忆、感觉、梦想和痛苦的行动都必须排除在科学调查的对象之外，因为，这些现象没有一个可以被描述或证明，如果与意识无关的话。因此，人的行为中几乎没有值得调查的东西。所以，这种研究人的学习的方法毫无效果也就不足为奇了。

当然，也可能有这样的例子，即无论学习的内容是什么，被桑代克[1]旧效果律包含在内的有关外在环境的原理都与学习有关。但是，如果行为主义理论与这种原理相结合，应用于某种类似的学习情境，这种模式可能会产生某种令人不快的特征。教师可能被视作外部的操作者，承担的功能是按照某种范式要求“塑造儿童的行为”，用的是与马戏团训练海豹表演一样的方法。儿童对世界的看法可能是无关紧要的。此外，他与教师的关系可能仅仅是另一套实验变量。在学习的过程中，模仿外部观察到的动作可能起重要作用，但不能使他人的态度成为自己的内心形象。例如，人们可能发现强化原理是有效的，但是与之相一致的概念性方案却不可能凸显教学情境的道德特征。实际上，要想看到固执的行为主义者讨论道德关系是十分困难的，因为，道德活动不是一种要么正确要么错误的身体运动，而是与特定目的相一致的活动。

行进在探究儿童发展和人的专门知识及技能学习的朝觐苦旅中的教师至少会有两种反应。一方面，他可能深思，这些理论是互为补充的，不一定互不相容。错误在于没有采用一种折中的理论。皮亚杰为认知发展提供了最具启发性的理论框架。他绘制了理论和实践理性的发展路线，而且小心翼翼地将它们与科学、数学和道德思维所必需的概念的获得联系在一起。他的解释首先需要细心地用历史、宗教和美学的思想模式来补充，还要用考虑个人和社会的思想模式来补充。第二，

1　桑代克（Thorndike, E.L., 1874—1949），美国心理学家和教育家。效果律（Law of Effect）是桑代克在《教育心理学》（*Educational Psychology*, 1903）一书中最早提出的概念，与练习律（Law of Exercise）和准备律（Law of Readiness）并称为桑代克三大学习理论。这个定律强调个体对反应结果的感受将决定个体学习的效果。——译者注

它需要得到弗洛伊德理论（主要是被动性理论）的补充。[1]它解释了思想的扭曲和失误及感觉、记忆和行动。它论述的是包括梦、癔症和幻觉在内的现象。它从病理学思想和行为角度理性地解释了各种失误。它假定不同水平的心智操作是造成这种现象的原因。这些愿望与爱、恐惧和愤怒等基本感情紧密地联系在一起，是心智水平缓慢发展时必须涉及的。弗洛伊德理论既解释了理性发展失败的原因，也解释了因坚持幼稚的意识模式而导致理性扭曲的原因。一般认为，行为主义者的贡献在于帮助我们理解了学习的一般条件及懂得如何才可能获得简单的反应（simple reactions）。

另一方面，可能得出的结论是，凡涉及人及人的发展的经验性调查结果的任何一种概念性方案时，人们很难统一意见。也许，弗洛伊德理论是道德家的成果，这些道德家属于被迫害的族类，是现代斯多葛学者，他们倡导在充满冲突和沮丧的生活环境中过一种小心谨慎的生活。[2]行为主义基本上是一群公私特征模糊的人的产物，他们的生活态度是工具性的和物质主义的。皮亚杰理论是哲学和产生于19世纪的乐观主义生物学的自我发展信念融合的产物。换言之，可能有人认为，所有这些概念方案都遮蔽了伪装的评价。在对人性及其发展的描

1　参见彼得斯的“情绪、被动性以及弗洛伊德理论在心理学中的地位”（Emotions, Passivity and the Place of Freud's theory in Psychology）载于沃尔曼（Wolman, B. B.），内格尔（Nagel, E.）：《科学心理学》（*Scientific Psychology*），纽约，基础图书，1965年。

2　参见里夫（Rieff, P.）：《弗洛伊德，道德家的心智》（*Freud, the Mind of Moralist*），纽约，瓦伊金出版社，1959年。

述中偷偷塞进了关于人应当是何种造物的准则，他们珍视的不是单纯的与有价值的生活形式相关的原理，而且暗地里地规定着它的内容。

第四节　人的价值中立概念的可能性

因此，可以非常有理由地说，人的概念与文化交织在一起，珍视的是那些提出这些问题者的评价。然而，尽管大多数有关人的概念如此，但并非总是如此。实际上，这些有关人的概念所出现的这种情况，表明一种对人的更高水平的概括，可以放之四海而皆准。人在许多方面与动物不一样，但是，也许最重要的特征之一是人的生活形式受到人对自己作为人的认识的极大影响。在人所得以启蒙的公共传统结构中，他们有关人的概念是最重要的且最具深远意义的经纬之线之一。但是，在不同社会的思想中，它并不是始终如一的。也许，生活中始终存在着一些不变的事情，如吃饭、饮水、睡觉和排泄。但是，这些机体功能所具有的重要性、风格和方式是由不同的社会传统决定的。在这些不同的传统中内含着不同的人的概念——特别是不同类型的人与社会和自然界的关系。这些差异在决定行为准则的应用时是至关重要的。

对于这一点，马克思用一句著名的格言明确地做了说明："不是人的意识决定人的存在——确切地说，是人的社会存在决定人的意识。"这是非常重要的观点，所有倡导个人主义的人的概念的人都应当认真地思考这个问题。例如，第二章中涉及教育和人的发展的多数论点显而易见是源自这种思想传统的，认为人的社会存在在决定人的意识方面起着极为重要的作用。但是，马克思在强调这种社会意识的同时排除了个人主义传统所具有的同等重要的认识，即隐私是智力的一种标识及个人在有限的范围内按照自己的选择造就自己。正如一位现代哲学家隐晦地提及的这一情况，“灵魂的特性不在于它不能被任何人看见，而在于它只能被一个人所见。”[1]马克思曾言简意赅地就“异化”问题的一个有限方面作了评论，但是，问题主要是，从解释事件和制度的角度看，在不重视个人和理念的宏大理论框架中，涉及个人意识隐私的问题和个人选择的责任问题是模糊不清的。另一方面，存在主义者建立了一个强调个人的决定和选择具有重要性的理论。实际上，萨特[2]的人性理论几乎否决了人性强加给道德的限制。按照这种观点，人性多多少少是通过选择形成的，人是自己造就的。如果他们认为自己有一种“本性”，并受本性制约，那他们是在蓄意欺骗以规避责任，因为即使在感情反应和人在自然面前的被动性而言，决定“选择”的是脑袋。

然而，综合考虑上述观点，更为抽象的有关人的概念并不是不可能出现。这可能需要心理学家、哲学家和社会科学家持久的合作。皮亚杰、弗洛伊德、马克思和萨特等思想家在这方面的理论并非完全不相容。因为，他们可能用具体而独特的形式将重要的真理融合在一

1　威兹德姆（Wisdom, J.）：“心智的概念”（The Concept of Mind），载于《亚里士多德学会公报》（N.S），第一卷，1949—1950，第 195 页。

2　萨特（Sartre.J., 1905—1980），法国 20 世纪最重要的哲学家，存在主义教育思想的主要代表。——译者注

起。例如，弗洛伊德众所周知的恋母情结（Oedipus）的复杂性可能融合了早期学习在社会关系领域具有极端重要性的一般原理。他的潜意识性欲可以归于更加宽泛的被动性和无鉴别力意识（undiscriminating awareness）理论中。另一方面，皮亚杰研究的是不同思想模式的发展，萨特论述的是决定和可能的自欺形式。马克思关注的是决定思想和行为的社会因素。

在教育理论中，这种合作绝对是必不可少的；因为哲学只能部分地回答教育问题。哲学可能有助于人们厘清哪种生活形式值得传递，但它无法确定怎样完成这项任务。本书尽管也已强调，哲学能够指出教育中蕴含的基本伦理学原则的正当性怎样才能得到证明，但是如果缺乏对人的概念的认识，这些原则不可能得到确切的应用。然而，目前多数有关人的概念的问题是它们暗含伦理价值判断。因此，对那些希望促进教育和政治理论发展的人来说，基本任务在于携手心理学家、社会科学家、历史学家，以及具有广泛实践经验和睿智判断力的人士，共同用心智哲学（the philosophy of mind）去探究。哲学家们仅凭自己清晰的道德意识便能够通过自己的观察和内省来得出人性理论的时代已经过去了。

第三部分

教育与社会控制

第九章　权威与教育

导　言

本书第一部分坚持的一个观点是，教育的基本任务在于引导社会成员进入被认为是有价值的生活形式。第二部分力图证明传承内容及其因人而异的分配方式的正当性。这种引导主要发生在学校里，但学校内在的社会控制所具有的问题则几乎尚未谈及。即便在人们因为有共同的追求而自愿参加的某俱乐部里，也存在着社会控制的尖锐问题。这些问题在学校里甚至更加尖锐。由于中小学不是按自愿原则录取学生的，因此，学生直到离校也不一定完全理解学校的目的——如果到那个时候他们能够理解的话。社会控制的问题因为社会变革的加速而受到重视，因为伴随社会变革的是由于缺乏理解而造成的代沟加深，使得年轻人更难认同学校有责任传递的价值观。

因此，本书第三部分关注的主要是社会控制的问题。如果不讨论这些问题，有关教育及教育内容和方式正当性的讨论难免沦为乌托邦式的空谈。

在学校里，与社会控制相关的至关重要的概念是“权威”（authority）概念。学校不像监狱，强制是后者的主要社会控制手段；学校也不像工厂，其社会控制主要通过奖惩来实现。学校存在的理由（*raison d'être*）是传递社会所重视的东西。它可能近似监狱；社会中的激烈竞争可能会导致学校组织被扭曲变形来反映这种激烈竞争。但是，这两种是变质了的学校控制形式。要想清楚理解什么是学校的适当社会控制形式，需要对关键概念“权威”加以分析。

第一节　“权威”的概念

权威的概念与依靠规则管理的生活形式（a rule-governed form of life）密不可分。只有当出现所想、所说和所做的事情是否正确或是否真实的问题时，才谈得上权威的应用。与其不可分离的是语言、象征性手势及仪式的使用，通过这些手段，那些正确的或真实的判语、命令和宣布得到明示并被赋予重要性。因此，“权威”假定，某种规范的命令（normative order）必须颁布、坚持和保持永久化。立法者、法官、仲裁官、上校、警察和牧师都是典型的权威人物。一些过程规则（procedural rules）赋予这些人决定、颁布、裁决、命令和宣布的权利。他们因此被授予权威去制定实质性规则（substantive rule），并应用于特殊情况，强制执行，通过适当的仪式当众宣布。换言之，如果我们没有先获得遵守规则的概念，从内心认识到做事的方法有正确与错误之分，权威概念将是难以理解的。

然而，这一命题的逆命题不是真实的。我们可以想象这样一个社会，在其中，人人都是道德高尚者，他们遵守道德律和尊重他人，全体公民和睦相处，他们中间没有人处于权威地位，也没有任何人被作为权威看待。然而，如果他们以寻常方式进入这个世界，而不像成熟的天使一样来到这个世界，那么，他们很可能就会获得“权威”的概念；因为，作为儿童，他们开始从父母和教师那里了解到什么是正确的和什么是错误的，在这样的心理环境中，他们了解到这个世界有一群特殊的人懂得这类事情。但是，从逻辑上说，他们长大成人后则可能不再应用这种概念。如果在这些情况中，我们在谈论传统的“权威”和蕴含在其中的道德律时使用“权威”这个术语，那是在象征性地表示对他们要遵守的这些规则的权威的支持。因为，“权威”并不适合用于所有含有什么是正确的和什么是错误的问题。它只能在适当的情境下使用，即需要依据某种消息提供者（source）或者“拍卖人”（auctor）对正确或错误进行裁决时才适合使用，或者只有那些被认为对正确和错误有独特见解的人才能使用。因此，“权威”在法律、军队和宗教社团中有其自然家园。在这样的组织中，一群特殊的人被赋予了裁定什么是正确的权力，以及在特殊情况中应用规则的权力，或者说被赋予了强制实施规则的权力，或者说，一群特殊的人被认为是洞悉了普通凡人知识范围以外的知识。在需要一个特殊人物作为消息提供者、创始人、解释者、规则的实施者时，“权威”这个术语才能够适当地应用。对“权威”的这种分析获得了语文学的某种支持，因为拉丁语中，

"*auctoritas*"一词在意见、协商和命令语境中含有"产生"（producing）、"创始"（originating）和"发明"（inventing）的意思。

"权威"在有权威系统的社会控制领域是显然存在的；我们称那些人"掌握权威"（in authority）或属于"职权部门"（the authorities）。在这方面，必须将它与权力（power）区分开来，因为政治学家和社会学家常常将这两者混为一谈。"权力"基本是表明一种通过一些手段使他人服从于自己的意志，如通过人身强制手段（例如，施以痛苦、限制行动），或通过心理的强制手段（例如不提供食物、水、居所，或不提供获得必需品的机会），或通过不是太极端的奖惩手段（如控制物质资源和奖励，性满足等），或通过催眠术或性吸引等个人影响。另一方面，权威诉诸的是不受人情影响的规范秩序或价值系统，主要通过遵从这些秩序和价值系统者的认同来规范其行为。在规则支配的生活形式中，由于人们理解并关注众人仿效的东西，权威才产生作用，这也是权威人物力图建立和维持的秩序。当然，权威可能是或通常是得到各种权力形式支持的。在警察象征性手势的后面是一种他可以行使的强制性权力，或者是他令人呆若木鸡的瞪眼也能起到相似作用。但是这不能成为混淆这两个概念的理由。

不过，权威不一定局限于社会控制。我们可以说一个人是一个权威，仅仅因为他某方面的知识渊博，比如说了解印加文明、希腊史，或者了解鸟类的迁徙。这样的人理应有权利在这些事情上发声，因为他们有特殊能力，接受过训练，或者有特别的见识。然而，这一方面的权威和在社会控制方面的权威是不同的。在社会控制方面，比如说，法律能否产生效力，取决于法律是否由得到授权的个人或团体制定。制定出的规则可能不够明智或者是邪恶的，但是其效力并不依据隐含在这些评价中的理由而定；因为，按照霍布斯的说法，制定法律的是权威，而不是智慧。同样，废除法官的决定只能依靠更高层次的权威，它不可能仅仅因为理性不足而无效和作废。在一个像军队那样的权威系统里，挑战秩序的合法途径是质疑一个人是否有行使权威的权利。在知识领域，情况却是截然不同的。在这里，最终诉求的是理性，而不是一锤定音的“拍卖人”。在知识领域没有仲裁人或者说没有被任命的法官。因此，17 世纪查理二世[1]作为仲裁人主持无法得出结论的辩论是不合适的。任何权威人士的论断总是会遭遇质疑，被要求给出证据或理由。他可能总是犯错误。在知识领域中，被视作权威人士的权威产生的原因在于他们可能是正确的，因为他们受到过特殊训练；或者因为历史证明他们总是正确的，因此，他们的观点占有优势。也因此，这种权威总是被视为临时性的。就感知而言，他们的地位非常像可靠证人的地位一样。没有任何事情是因为他们说对就成其为正确，正如在法律领域一样。

在知识领域，我们谈“专家”，也谈“权威”。在这一方面，区别在于如何看待知识。如果把知识看成实现某种目的的工具，而不是纯粹为了追求知识，我们会倾向说这个人是“专家”。政府有许多专

1　查理二世（Charles Ⅱ，1630—1685），英国和爱尔兰国王（1660—1685）。——译者注

家为其各种政策的实施提供咨询，而一个人想认识什么事情时会去咨询权威。“专家”的含义是应用知识，不是仅仅为了拥有知识。一个专家型的游泳者或者击剑者，与这些活动的权威是有很大区别的。

教师是具有上述两种意思的权威。他在权威的岗位为社会做特定的工作，工作时他需要维持学校中的社会控制。同时，他也必须是他奉命传递的社会文化某个方面的权威。在某种程度上，人们也期待他是儿童行为和发展方面的专家，是儿童的权威，掌握教育儿童的方法。对于这种身份所产生的复杂性和矛盾，我们会在后文探讨。

第二节　形式权威和实际权威

在前面的章节中，在探讨平等和自由概念时，我们发现，对根据规范规则界定的形式地位和实际情况作出区分是十分重要的。同样，对“权威”也要做这样的分析。例如，从形式上看，班主任可能处于一个班级的权威地位，但是实际上他无法对全班行使他的权威。他有权发号施令，但是实际上却没人服从他。也会有这样的情况，即尽管一个人在权威结构中没有形式上的位置，但是在某种社会环境中，他的命令或决定却能得到其他人的服从。当个人品质和能力特别有利于主要目的的实现或符合群体的需要，而形式上的领导人却没有这种品质和能力时，这种现象通常会发生。或者，也许自然产生的领导人可能代表着另一种价值体系。在一般情况下，形式的位置保留在那里，这要么是因为存在着紧张或不满意的状态，要么是因为形式上处于权威地位的人对实际领导人做出的判断、代表的纪律和发挥的指导功能表示遵从而和谐相处。

社会心理学家对于有关实际权威的决定性因素能否总结出一些原理，依然停留在揣测阶段要思考的问题。当然，通常在稳定的、具有合法领导人而非革命领导人的社会环境中，人由职定。如果他自然地成为权威角色，人们服从的是这个岗位的化身。人们对官员的行为通常有明确的期望，如果一个人能够胜任，有足够的能力满足这些期望，那么人们就会认为他是有用的人。当然，他必须致力于实现群体追求的目的，他也必须有学识，能够有效地达成这一目的，也就是，他必须至少有一点专门知识和技能。如果他有一种“权威的神态”，行动果敢，好像在期待其他人的服从或信任，权威的这些外显标志将会增加他实际行使权威的可能性。在处理群体中的竞争和紧张状态方面，他必须是机敏和有策略的。简言之，他的品质必须保证他能够发挥最普遍的领导职能，对内获得群体的尊敬，对外呈现不会让人羞于认同的“形象”。这种有关领导的一般概括，或者对权威的实际行使，适用于教师或者其他需要对别人行使权威的人。

除上述有效行使权威所需的一般品质之外，还需要的具体特质取决于组织类型和具体情境的紧迫性。宗教组织、军队和产业组织对领导人天赋的要求不同。和平环境与战争环境，完全就业和失业情况所产生的需要呼唤不同类型的领导，常常会有这样的情况，即领导之职由两人共同担任，他们互相合作，其禀赋互补。像摩西[1]这样著名的先知通常得到像亚伦[2]这样的祭司的辅佐。站在伊丽莎白一世[3]背后的，除了克伦威尔[4]和艾尔顿[5]之外还有伯利勋爵[6]。要确定是否还有其他能够赋予人权力的更为模糊的品质更为困难。有一种特别内在的、通常用"人格魅力"（magnetic personality）或"令人陶醉的影响力"（hypnotic influence）来表述的品质吗？有能够用像引起性兴奋一样的方法吸引其他人顺服的人吗？弗洛伊德认为，在恋爱中的人和被催眠的人之间存在着一种同族关系。[7]那么，成为追随者在多大程度上能够成为同类观念的家族成员呢？

上述种种揣测只能通过对社会心理学的深入研究来解决。[8]与哲学相关更多的是那些处于权威地位人士的资格依据的问题，这与他们是

1　摩西（Moses），基督教《圣经》（旧约）中带领犹太人摆脱埃及人奴役的领袖，犹太教的教义和法典大多出自其手。——译者注

2　亚伦（Aaron），基督教《圣经》中的人物，摩西之兄，犹太教第一祭司长。——译者注

3　伊丽莎白一世（Elizabeth Ⅰ, 1533—1603），英国女王。——译者注

4　克伦威尔（Cromwell, O., 1599—1658），英国军人和政治家。——译者注

5　艾尔顿（Ireton, H., 1611—1651），英国政治家和英国内战时期议会派领袖。——译者注

6　伯利勋爵（Lord Burghley, 1520—1598），英国政治家。——译者注

7　弗洛伊德：《群体心理学和自我的分析》（*Group Psychology and the Analysis of Ego*），伦敦，霍格斯出版社，1921 年。

8　例如，参见霍曼斯（Homans, G.C.）：《人的群体》（*The Human Group*），伦敦，基根·保罗，1951 年；阿希（Asch, S.）：《社会心理学》（*Social Psychology*），纽约，普伦提斯·霍尔出版社，1952 年；克雷奇（Krech, D.），克拉奇菲尔德（Crutchfield, R.S.），贝拉奇（Bellachey, E.）：《社会中的个人》（*Individual in Society*），纽约，麦格劳希尔，1962 年。

否能够和为什么能够实际行使权威的问题无关。韦伯[1]以尝试对权威类型进行区分来寻找这一问题的答案而著名。他声称，不同的权威系统可以通过参考支撑它们的不同合法性理由得到区分，在他所称作的法律 – 理性系统（legal-rational system）中，合法性是建立在对规范性规则范式的“信仰”基础上的，以及建立在被授予权威的人士具有依据规则发布命令权利的基础上的。[2]他的权威理论与传统的权威理论不同，后者是建立在古老传统神圣化基础上及在古老传统下行使权威的人士的地位合法性基础上的。人们熟悉的第一种权威中的人物有现代企业的董事会主席、公务员、板球裁判员；第二种是封建主和18世纪乡绅，或者是维多利亚时代的父亲。韦伯将从传统权威向法律 – 理性权威的过渡看成是西方社会最重要的变革。如果我们不喜欢这种说法，我们可以称之为官僚主义的崛起。

这两种权威类型中的区别在社会控制领域非常富有启发性。实际上，从政治层面看，英国16世纪的斗争就是这种从传统权威向法律 – 理性权威的过渡。人们赞成使国家权威理性化的政府理论。正如英国历史上的许多斗争一样，它以妥协为终结。任命或者选举一个总统或护国公（Lord Protector）的理性设计遭到拒绝。在世袭传统和传统仪式的基础上和权威光环笼罩下，亲族关系被保留了下来。但是，尽管传统统治的虚谎通过一种程式得以维持，使政府的决策在议会上通过

1　韦伯（Weber, M., 1864—1920），德国社会学家和政治经济学家。——译者注

2　韦伯：《经济学理论和社会组织》（*Theory of Economic and Social Organization*），塔尔科特·帕森（Talcot Parson）编，伦敦，霍奇，1947年，第300—301页。

就等于国王的决策，但国王逐渐被剥夺了实权。

韦伯还认为，不同权威模式的合法性基础是不同的。传统统治者是处于重要地位的人物，应当得到众人充分的尊崇。他聘用的官员是以圣职授权(patronage)和纽带关系为基础的。对能力没有特别的要求，也没有固定的薪水标准。它更多的是一种恩典和宠爱的表示。另一方面，对于理性权威，一个受到任命的官员只有在其能力范围内才能获得人们的尊重。在公务员系统，一个负责人能够在板球打得好的下属领导下打板球，而这在传统秩序里是不可思议的事情。官员严格按照工作能力聘任，他们的权威范围有严格的界定。他们定期领薪水。在英国，人们容易忘记权威的理性化只是最近才有的事情。只有在格拉德斯通[1]时代，公务员系统才开始实行选拔考试制度。

所以，韦伯的区分对考查社会控制模式有明显的启发。但是，当我们转向知识领域时，还有更加复杂的情况，而在考虑教育中的权威地位问题时，这是特别重要的，因为在这个领域，一个人可以不需要合法任命和世袭某种传统地位而成为权威或专家。当然，人们——主要是教师——被委派到某些岗位，是因为他们表明自己在某种程度上是某一领域的权威。也有一些社会是依据传统，将智识局限于特定家族或阶级。但是，在知识领域，一些人虽然没有法律的任命或传统的支持，他们也有可能被认为是权威的人，例如智者派[2]。无需赘言，如

1　格拉德斯通（Gladstone, W. E., 1809—1898），英国政治家，曾四次出任英国首相。——译者注

2　智者派（Sophists），公元前5至前4世纪活跃在以雅典为中心的古希腊城邦的一批职业教师、演说家和作家。智者也是西方最早的一批职业教师。——译者注

果这种人受到广泛的尊重，那一定存在一种传统，认为人们发表意见的领域十分重要。在一些社会，也有一些间接测验用以清除骗子和精神错乱者。但是，这些哲人发表预言的权利则完全不同，他们用自己的成就为自己赢得了前所未有的地位，在他们自己选择的领域证明了自身的可信度。

一个人能力与思想的深刻性及其接受的训练，与其作为权威的领域之间的直接联系使他处于与那些社会控制领域中既没有受到正式任命也非世袭的官员，尤其与战场上的领导人相似的地位。这里还要强调的是，个人品质和能力必须与群体的主要目的或需要相一致。但是，这两种自生（self-generating）的权威是不同的。一个被认为是非常有智慧的先知可能会出现，但像路德或者罗素勋爵[1]等一样，他可能不谙管理之道，或者在协调追随者方面缺乏策略和灵活性。但是，另一方面，他们可能像庞贝或马略[2]——在执行有限的任务时是管理人的好上司，尽管他们没有大智慧或抓不住更大的目标。偶然也会出现像伯里克利[3]或恺撒这样的领袖，既具有权威的品质又具有实行使权威的能力。这两个人既具有政治上的远见卓识，也有达成愿景的执行力，同时还具有向别人施行权威的个人魅力。

在上述例外情况中，我们看到一种类似于韦伯所称的“个人魅

1　罗素（Russell, Lord, 1639—1683），英国辉格党政治家。——译者注

2　马略（Marius, G.，公元前 157—前 86），罗马将军，执政官，曾重新规划罗马军队。——译者注

3　伯里克利（Pecicles，公元前 495—前 429），古希腊雅典将军和政治家。——译者注

力”型权威（‘charismatic’ authority）。这种权威建立在“对个人及其体现的或设立的规范范式或秩序所具有的具体和罕见的神圣性、英雄主义或个人模范品格特别忠诚的基础上”。[1]韦伯所指的主要是耶稣或拿破仑等宗教或军事领袖，他们就像突然在传统秩序或法律–理性秩序中冒出的革命者，使其追随者对他们极端地忠诚。因此，他对这种忠诚给予了高度评价，装点这类人物权威的是神召、神迹和神启。但是，其思想观点的主线认为，个人主张和个性特征是形成权威的极端重要的因素。这样的人得到人们的追随和信任是因为他们不同于其他人，因此，成功是获得并保持权威最重要的因素。也因此，直到由这些人建立的规范秩序变成理性的或传统的秩序之后，他们的品质和源自品质的成功才能维持其权威。这在战争中尤为明显。例如，由于恺撒基本上从未真正打过败仗，所以他才被当作传奇广为传颂。

当然，知识的主张必须在诸如宗教和政治等实践领域等待神授超凡能力的人物出现。到那时，一个作为权威的人物也实际处于权威地位。通常，在理论方面，这样的情况通常不会发生（比如，鸟类迁徙的理论），除非它们从事教学职业，否则也会有处于权威地位和是一个权威这两个概念合并的情况。

在教学职业，知识的主张因那些处于权威位置的人通过传递所发现的东西而被制度化。在韦伯感兴趣的神秘的“领袖魅力”领域，同

1 韦伯：《经济学理论和社会组织》，第301页。

样的制度化也在发生。但是，尽管韦伯对“领袖魅力”的制度化说了不少，比如关于使徒统绪[1]和达赖喇嘛[2]的挑选，他更关注的是它作为一种突破性变革的根源。他的兴趣因此主要在那些突然出现在传统或理性秩序中，并建立起一种全新规范性范式的人。但是，也可以肯定地说，拥有这些品质和主张的人常常是那些能够在传统或理性制度中实际行使权威的人，特别是像“领袖魅力”已经成其为惯例的天主教会人士那样的人。

“领袖魅力”概念含有的两层意思需要在这里厘清，一是指在某个群体关注的领域作为一个权威的魅力，比如，在宗教价值观方面；另一层意思是指人格魅力，这一魅力能够使人在社会控制的某个方面行使实际的权威，其中包括某种个人吸引力。韦伯对人的个性特征和成功的强调是重要的，但是，他没有充分强调不同权威领域需要不同的个性特征，因为各行各业的目的不同。革命的将军与先知可能毫无共同之处。而且，韦伯并不认为领导人及其追随者共享的且能让后者看到成功希望后予以认可的生活形式十分重要。毕竟，耶稣是根植在犹太人传统智慧之中的，他提供了新的见识，但是离开了培养他的且他在孩提时代就“以权威”身份论述的传统，这些新见解是很难理解的。

1 使徒统绪（apostolic succession），基督教教义，认为主教（会督、监督）的职权是从耶稣基督的使徒一脉相传而来。——译者注

2 达赖喇嘛（Dalai Lama），中国藏传佛教格鲁派两大活佛转世系统之一称号。“达赖”，蒙古语为“大海”，“喇嘛”，藏语是“上师”“上人”，“达赖喇嘛”的意思是“德智广深如海无所不纳之上师”。达赖喇嘛活佛实行转世制度，代代相传，皆以嘉措（大海）为名。参见《中国大百科全书》，第218页。——译者注

韦伯十分着迷于那些可能冲破官僚主义束缚的革命者，结果使他对另一些杰出的人失去了兴趣，即那些能够证明无需当革命者也能成为鼓舞人心的领袖的人，只要他们的见识和知识的主张与他们所属组织的既有观点没有太大的分歧。

所以，权威总是含有某事要么正确要么错误之意。[1]它通常只是一个决定什么是正确的和什么是错误的工具，根据韦伯的两种范式理论正确的观念总是属于特定的人。但是，会出现一些人，他们通过自己能够做或说合适事情的能力表明自己有权被视作智慧或社会控制的源头。如果他们的见识与他们和同辈生活于其中的传统差异不大，他们会成为传统或理性体制中的实际领袖。另一方面，如果他们的思想太具革命性，他们会成为新运动的缔造者。常常出现的情况是，具有魅力的人同时具有管理人的能力，这就确保他们会有一批追随者；但是，他们关于知识的主张会有局限。因此，他们要么成为奇特宗派或邪教的领袖，要么像一个患有痼疾的怪人一样惴惴不安地待在现存组织中。

---

1 我进一步论述个人魅力型权威的想法要感谢彼得·温奇，他对我在《亚里士多德学会公报》（增刊，第 32 卷，1958）发表的分析权威概念的文章提出评论，提出了不同的观点——例如，他认为，我把“权威”等同于“权力”了。但是，我同意他对涉及“权威”假定的有规可循生活形式背景的强调。然而，我仍然不想使权威领域概念的内涵延伸到判定做事方法的正确与错误，正如温奇所做的那样。因为，在决定正确与错误问题方面，我想，重要的是将诉诸权威和其他决定正确与错误的方法做一对照，因此，我强调的是“权威”和“拍卖人”之间的联系，而且我所进行的对照一方面主要是在道德和科学之间，另一方面在权威所做的规定之间。

第三节　权威的正当性

权威的正当性需要得到证明是随着旧的封建秩序的崩溃才渐渐凸显出来的。在那个时代之前，权威结构是被视作事物秩序的一部分。当时处于支配地位的社会控制依靠的是传统，它规定了人的地位及人在社会生活各个领域扮演的角色。随着个人主义的发展和新经济秩序的形成，正如霍布斯描述的那样，生活逐渐变得像竞赛似的。[1] 个人努力而非社会地位，在决定人在世界上的位置方面发挥着越来越重要的作用。

因此，毫不奇怪，在这样的背景下，自我造就的自由民和专业阶层人士开始提出的基本问题不仅包括应由谁来统治的问题，也包括权威的正当性及如何合法地对权威作某种程度限制的问题。[2] 这样的问题在那个时代是非常贴切的。因为，正如前面几章在论述"自由"问题时，提出关于社会的现实问题不是社会控制是否应该存在，而是社会控制应当采取什么形式。随着个人主义时代的到来，一般的倾向是用强化和拓展国王权力的办法来取代旧传统的束缚。因此，那些清醒地意识到自己已从传统秩序镣铐中挣脱出来的人，也会清醒意识到一种新的高度集权社会控制形式发展的可能性，法令法规会提供一种新的更有效的桎梏来替代旧有的镣铐。正是出于这样一个理由，霍布斯给这种

1　参见《英文著作集》，第四卷，第 53 页。莫尔斯沃思编。

2　参见奥克肖特（Oakeshott, M.）：《政治学中的理性主义》（*Rationalism in Politics*），伦敦，梅休因，1962 年，第一章。

新的社会体制的形式起了个绰号——“利维坦”[1]。但是，霍布斯的问题，就像这个时代其他理性人的问题一样，在于如何用一种适当方法来描述这个新怪物，清楚说明个人在其中的位置。为什么新近获得这种地位的个人应该服从长官？国民的哪些权利应该被视作不可侵犯的？在什么情景下，抗命是情有可原的？

这些是 17 世纪亟待解决的重要的问题，而不同的理论家对此是众说纷纭。近代政治哲学家对这些问题嗤之以鼻，不屑回答，因为他们执着于“契约”和“同意”等概念，对实际情况提出了一些误导性模型，界定了臣民与政府的相对位置。但是，正如常常在“微哲学”（minute philosophy）中出现的情况一样，所遗漏的东西是人们无论用什么方法都不得不说的东西，以及用相似的语言相互争论人们共有的预先推测（shared pre-suppositions），即制度是可改变的，权威结构不是世界秩序的一个部分，权威本身的正当性是需要证明的。所有这些争执者都信奉理性。他们的观点是，理性人能够发现被称作“自然律”（the law of nature）的某些基本规则，这些规则对社会生活而言是重要的。他们也会看到，人们未必都愿意温顺地遵守这些规则，需要某种权威形式去维护社会秩序或保护个人权利。只是在必要的权威形式和权威的限度方面，他们的观点才有所不同。

探讨建立权威制度的各种理由和应当对权威做出的限制不仅令人乏味而且也无必要。有意义的是人们一致认为，权威的正当性是必须

1　利维坦（*Leviathan*），圣经中象征邪恶的怪物。霍布斯在其 1651 年出版的著作《利维坦》中，重申了他的专制主义主张，反对政教分离。——译者注

而且能够得到证明的东西。这些哲学家为韦伯称作的法律－理性权威提供了基本原理阐述。英国的一个典型情况是传统权威的形式保留了下来，而“议会中的国王”（the king in parliament）的职能和制度逐渐合理化。许多人仍认为这个合理化进程还不够彻底。

无论政治层面进一步的合理化有何长处，显然，这个进程无论在家庭还是在学校进展得都不太顺利。我在其他地方[1]提出了一个观点，即在家庭中，父母与儿童都会意识到一点，即父母亲都不可能再通过诉诸传统地位的方法来证明家长有权规划孩子的生活。但是，对这种认识也还有一种不满，说家长在这一方面绝无权利——至少在儿童达到他们不可避免的叛逆年龄阶段时。适当的反应不应当是放弃权威的主张，而是理性地处理好权威与家庭功能及儿童的年龄和责任的关系。我们将简短地讨论这一点对教师的意义。

到此，关于权威正当性的讨论或多或少是根据历史上韦伯的传统权威和法律－理性权威区分进行的。其中，理性的权威可以用下面更为抽象的术语来表达。初看时，权威制度面对的是理性人，因为它与第七章论述的赞成自由的假设相对立，但是，它涉及组织系统中的制度。在这种制度中，所要做的不一定能通过诉诸理性而得到解决，而是诉诸一个能够或者不能够为自己的决定提供充分理由的人。为这样的组织系统辩护，必须参考一些有关自由悖论的思考[2]或者有关落实公

1　参见彼得斯:《权威、责任和教育》(*Authority, Responsibility and Education*)，伦敦，艾伦和昂温，第三章，1959年。

2　参见彼得斯：《权威、责任和教育》，第186—188页。

平（法律的规则等）的思考，或者参考理性人有关利益和安全原则的思考。政治哲学家们对这些源自不同原则的思考看法不一。因此，他们关于权威的形式和限度的观点是有分歧的。例如，霍布斯对权威理论的思考完全是以安全为基础的。而在洛克那里，特别是他主张对权威做出限制的理论，源自他对保障人的不受专断干涉的权利的思考，源自他的一种认识，即如果没有法律人（men of law）的制度，无论如何理性，人在解读自然规律的时候都会因为自己的偏好产生偏见，从而也无力实施其权威以抵制侵权者。

在社会控制领域中证明权威正当性是如此显而易见，以致向公众解释理由似乎是多余的事。当然，有人会认为，一直以来，人们对国家在提供安全方面的作用是有清醒意识的，无需像霍布斯这样的人来提醒，因为人民福利至上（*Salus populi suprema lex*）。伯克曾声称，“一个病态管理的国家的明显症状是人们习惯于求助理论……当人们被迫去探究联邦的基础的时候，总让人产生一种悲哀的感觉……”，难道他讲的不对吗？一方面，他的诊断是正确的，尽管态度不必如此保守。因为，只有在已经确立的治理事务方法失灵时，或者，只有当完全背离传统做法时，人们才会被引导去探讨支撑权威制度的基本原则。斯图亚特王室试图将国王特权的领域拓展到传统上由习惯法（Common Law）控制的领域就是一种背离。抨击这种背离或为这种背离辩护，必然会产生关于权威正当性的基本问题。霍布斯的论点实际上是在说，当安全成为政府唯一的理由时，国王的特权，这个在传统上包含王国安全事务的特权，应该无限扩大。在习惯法没有限定的领域，国王只能依照判例法行事。无论在何处，斯图亚特的法律必须取代习惯法，君主的权威必须是绝对的和毫不含糊的。霍布斯的反对者否定安全是唯一考虑的因素。在近代，诸如拒服兵役和反对涉及处理同性恋和卖淫现象的《沃尔芬登报告》[1]的问题，使相同的有关国家作用的问题复苏了起来。关键在于诸如此类的特殊问题，如果不诉诸基本原理是难以得到恰当讨论的。更加意味深长的意义在于，传统的社会形式已经被受到广泛支持的一个形式所取代，这个取而代之的形式坚持认为基本权利应该得到普遍的拓展，政府行为应该得到理性的探讨和辩护。如果不探讨政府行动的目的和限制方面的问题，这是无法做到的。

在社会控制领域，权威的理性问题几乎无法回答，尽管对于源自不同原则的各种考虑完全有可能存在各种各样的争执。然而，就知识领域中的权威而言，权威是非常微弱的，它充其量属于临时性的。正如先前解释的，这种差别在于：在法律制度中，合法性是诉求权威而决定的，而在知识的问题上，不存在这种诉求。一位名不见经传的考古学生的发现能够毁掉一个伟大权威挚爱的理论。在适当进行讨论的知识领域，一定存在着支持声称知道什么的理由，也一定存在公开的程序来检验这些理由。当然，人们必须是在相关的思想传统环境中成

1　《沃尔芬登报告》（*Wolfenden Report*），1957年英国公布的一份报告，全称是《同性恋犯罪和卖淫问题调查委员会报告》（*Report of the Departmental Committee on Homosexual Offences and Prostitution*），由英国同性恋犯罪和卖淫调查委员会（the Committee on Homosexual Offences and Prostitution in Great Britain）起草，委员会主席为沃尔芬登爵士（Wolfenden, Sir J.）。该报告提议保护同性恋者的私人权利，同性恋的私人行为应被视为无罪。——译者注

长起来的，也必须受过解读这些证据的训练，但是最终没有任何东西取决于对特殊人物的诉求。

尽管如此，在每一个知识领域出现的权威，都已通过事实证明自己比其他人更可能是正确的。他们的见解受到人们的尊重，尽管他们的见解最终可能是错误的。实际上，思想史的特征主要就是逐渐证明这些权威提出的见解是错误的。接受这种临时权威的意义是双重的。

首先，普通人和政府在处理事务时都需要利用现有知识。尽管他们知道经济学家对发展趋势的预测常常是错误的，知道心理学家有关用哪种方法解决儿童问题的看法也常常是错误的，但是，他们没有其他咨询专家可供选择。因为，一旦开始建构知识体系，问题就不再是一个人处理事务时有没有提出关于结果的理论假设的问题，确切地说，是他的假设能否成立的问题。因此，如果他是理性的，他必须尽可能利用当下发生的事情。由于在现代环境中，没有人有望成为超过一个或者两个领域中的知识渊博的人，他必须尽可能利用其他专家的见解。这意味着需要咨询相关领域的权威。

第二，只有按此目的设计制度，知识才能得到传递和发展。如果这些制度是按理性组织起来的，这意味着要确保精通各种事物的权威有机会教授其他人和参与这种制度的事务管理。作为权威的人必须处在与其公共责任原则相一致的权威[1]的位置。如果一个外行在学术机构中被给予太多权威，知识的发展可能会因为过多考虑急功

1　参见本书第十一章，第五节，第一目。

近利的效果而误入歧途。因此，我们可以水到渠成地思考教育中的权威问题了。

第四节　教师的形式权威

学校是应以教育目的为首要目的的机构。正如我们在本书第一部分所论证的，教育包含引导青年人进入有价值的生活形式。这其中包含被认为具有内在价值的活动及思想和意识形式（参见第五章）；也包含在道德方面可证明其正当性的行为模式（参见第四、第六和第七章），以及它们的政治派生物，例如，符合“良好公民身份”的行为；包含穿戴、言语方面的举止风度和礼仪，讲究卫生等，这些都是受到称赞的生活形式的一部分；它还包含像读与写这样的技能，而这些是这种生活形式必不可少的条件。在这样一种生活形式中，追求这种目的可能或多或少强调自我实现，强调友爱和尊重人（参见第八章）。这样，学校与教会、研究机构及各种志愿机构共同具有保存和传递一个社会基本价值的职能。在一个“开放社会”，这种职能不完全是保守的。因为，正如前文所论证的，在这样一种社会，价值不仅仅存在于传递的知识和技能的内容或体系中，它们也存在于程序原则和思想形式方面，它们能使知识体系得到发展并被新的环境接受。

然而，除非许多不体面的和工具性的任务得以进行，而且社会中大批的人得到这方面的训练，否则社会将无以为继。雅典的生活方式之所以可能存在，在相当大的程度上是因为奴隶和外邦人承担了上述职能。在现代工业社会，所有这些工作都得由公民去承担，对于他们中的许多人而言，训练是必不可少的。因此，为完成这种任务，学校担负了训练人和选拔人的工具性任务。好的学校试图在培训人的同时也使其受到教育。因为，对于社会中更受人青睐的工作而言，离开学校之后是需要接受进一步训练的。正如在当今的英国，如果这些机构中有许多空缺职位，学校就不得不承担与选拔机构非常相似的角色。考试数量的激增可能会影响在教育方面付出的努力。

因此，教师扮演着双重角色。在现代法律－理性社会，他应当被置于权威位置，因为他已依据公认的标准确立其社会文化特定领域的权威地位。他的任务是引导其他人进入被视作有价值的生活。另一方面，他也受到委派去训练准备从事某种职业的人，在工作竞争和高等教育竞争中，他是肩负选拔任务的代理人。这两项任务都需要特别的专业技能，因为简单的技能是否能够被传授，或者知识和意识的形式是否能够被传递，问题都在于教学方法。学科权威不一定都是好教师，也不一定通晓教学方法。在引导别人时，有技能的人常常不善辞令。所以，教师需要掌握特别的技能，无论他充当什么角色。

在不同国家，对教师角色的强调是不同的。例如，美国[1]学校教师的地位与其他公共机构工作人员一样，与英国和法国相比令人沮丧。其中，部分原因是工商业者和拥有财富的人地位优越，部分原因是教

1　参见巴伦（Baron, G.）：“美国教学的社会背景：英国人的评价”（The Social Background to Teaching in the United States: An English Assessment），载于《英国教育研究杂志》（*British Journal of Educational Studies*），1956 年 5 月。

师的社会出身，还有部分原因是教师的教育水平。在社会文化的某些方面，教师的作为“一个权威”的概念应用范围十分有限，尽管传递文化的高水平技能受到人们的期待。自从制宪元勋[1]开创的面对面民主制度的早期阶段始，学校教育一直被看作是地方社区的责任。教师任期常常不确定，是“受雇佣”来实现家长和教师一样都清楚的教育目的的。教师们被要求无论在校内还是在校外，都必须与社区的准则保持一致。在诸如工资、课程和课时安排方面，他们完全受地方学校董事会的支配。由于涉及学校资助的多数事务也是地方的责任，因此地方社区著名的工商企业家在教育事务上有很大的发言权。这造成的结果是，学校的工具性功能受到了特别的强调。实际上，就一般而言，教育，甚至大学教育，主要是按照工具性作用来思考的，强调训练工商业需要的技能。

社会最终价值领域强调社会化，要求培养忠诚于美国生活方式的公民。在一个有许多移民的国家，这一点意义重大。因为，美国多数教师接受训练的教育学院是与大学分离的，而且受到大学相当大的轻视，教师作为某一事物权威的理念是一个难以维持的理念。而且，由于在高等教育顶层有大量的学额空间，由于这个国家有丰富的物质资源，因此在美国中学里没有太大的专门化和学业成绩的压力。他们没有可与英国第六学级相媲美的学校。因此，美国教师没有一定要成为学科权威的太大需要，尽管存在着各种阻碍他们这样想的因素。然而，

1　制宪元勋（Founding Fathers），指参加 1787 年美国制宪会议的人。——译者注

人们期待的是他们应当是专家，是达到某种程度的方法论专家。他们可能像其他人一样被认为是了解他们文化的专家，但是在了解儿童和怎样传递文化方面，他们则受到更多的期待。这就要求他们必须成为方法的专家，而不是成为实现目的的权威。

而在英国，教育经费和控制不是委托给地方社区管理的，教师也从未想过他们是被地方“雇佣的”。中学教师的“形象”是以文法中学和公学的教师为标准的，这两种学校中的大多数教师都有大学学位。教师像新教牧师一样，是传统的国家统治集团成员的一部分。人们期待他了解历史和贺拉斯，正像人们期待牧师了解《圣经》一样。出于这样的原因，也因为这些学校中高水平的学业成绩，人们期待他们成为某方面的权威——比较通俗地说，如果直白一点，就是要像大学讲师那样思考问题。实际上，对于第六学级的教师来说，在大学担任职务并不是鲜见的事，而且有一个传统，即大学的学监是公学校长的合适人选。

这就引出另一个有意义的区别——英国校长是伟大的权威。传统上，他是受英国家长委托负责引导儿童进入家长无法深入的知识领域的人。在英国各级学校系统中，校长处理课程、大纲、纪律和学校组织的自治权大得令人吃惊。[1] 另一些事情也完全取决于他，如他能听取教职人员多少意见，是否能容忍向他提出尖锐的涉及学校管理问题的

1　参见巴伦：“‘校长传统’的某些方面”（Some Aspects of the “Headmaster Tradition”），载于利兹大学教育学院的《研究与学习》（*Research and Studies*），1965 年 6 月。

家长——教师协会。这种校长权威能对他的教职人员产生相当程度的影响。除了关注学业成绩优异之外，他可能更多强调的是性格训练而不是职业训练，也不是像“英国生活方式”那种云遮雾罩的东西。而且，他在意的可能是高水准美德，如正直、锲而不舍、勇敢和公平，而不是特殊社会集团的价值。

尽管有着中学教师地位光环的照射，但小学教师不能完全享受到同等的地位。过去，小学教师传统上被认为是为那些低等儿童提供一些从事不体面工作所需要的基本技能的教师，其工作也在于“使大众变得文雅”，让大众满足于自己的命运。尽管英国教育已经踏上民主化进程，但这种传统依然顽固得很，小学令人兴奋的发展需要大批受过高水平训练的有才智的教师去实施。导致这种地位差距加大的一个原因在于教师工资低，另一个原因在于这样一个事实，即大多数教师是在教育学院培训的，而教育学院迄今仍在大学之外。对于那些仍在教育学院接受训练的未来教师而言，至关重要的是，他们的学院最终是否能够完全并入大学轨道，还是继续在大学之外。[1]如果它们仍然在大学之外，在这些学院接受训练的教师不大可能改善自己的社会地位。

人们越来越清晰地认识到，如果教师不是儿童心理学和儿童发展及某个学科方面的权威，他是不可能很好完成任务的。这在小学阶段尤显重要，因为这个阶段儿童的心智与成人完全不同，而且，因为他

1　参见本书第一部分附录，三。

们在各个成长阶段变化迅速。例如，在理解诸如小学数学和科学的内容方面，他们的发展也表明教师有必要懂得这些学科的基本原理。长期以来，儿童也因为教师只懂得一点教学“方法”和只掌握最基本的学科知识而受害。因此，到小学任教的教师无需太有才智这个广泛流传的观点是荒谬的。人们也认识到，仅凭了解儿童在学校中的表现，是无法真正懂得儿童学习中的问题的，更多需要了解的是他们的家庭和那种微妙地塑造了他们生活的社会压力。因此，教师应当从社会学的视野去理解自己的工作。

还有一个毋庸置疑的事实，即公众比以往任何时候都要关心教育，而且了解的教育知识也比以往多得多。教师如果想坚持自己的做法而不受喧闹的聪颖的家长干扰，坚持住不受对学校和儿童教育指手画脚的各种专家干扰，他就不能再仅仅依赖传统权威和常识及师生休息室的谈话。教师必须掌握实用的心理学和社会学知识及任教学科的知识，这些知识对于教师的重要性，就像生理学和解剖学对于医生的重要性一样。在英国，教师传统上是被视作权威的。但随着传统权威形式的消逝，他的权威像其他人的一样，不得不理性化，如果他还想在社会中维持他的权威的话。如果他仍然希望被视作一个权威，而不是被视作被安置在一个权威的岗位为社会完成工具性任务的权威的话，他就必须能表明自己是某个方面的权威，而不是仅仅依靠传统来证明自己主张的合法性。

过去，一些从事小学教师培训的人已经十分清楚地意识到方法和理解儿童专长的必要性，但是他们对“学科”的态度也许有点漫不经心。

与此相对照，中学老师一直有一种倾向，即认为他们只要是一个学科的权威就足够了。教育儿童的方法以及对儿童的了解可以现学现用。一个大学毕业生可以不经任何训练便可获得合格教师的资格。教学职业的这种分叉现象因为一个事实而凸显，这个事实是，那些大学毕业生多花了一年时间在大学教育系接受教师培训，这种培训与非大学毕业生在教育学院接受的培训不一样。人们希望所有教师都要在某种程度上既成为某一学科的权威也成为教学法和儿童专家。人们也越来越清楚地认识到，应当在教师的权威与教师对课程和儿童的理解之间建立日趋理性的联系。

无论强调教师作为权威还是强调教师作为专家，这两种强调各有侧重但都假定教师的主要关注应当在教育。同时，社会也假定教师在做这一工作。不幸的是，这是对英国实际状况的一种相当乐观的描述，因为，现实中有一些需要深刻阐明的因素在阻碍着有能力的教师潜心于教学。这些因素表现在，作为选拔机制代理人的教师承担着官僚功能（bureaucratic function），其结果是对考试过分强调；还表现在，因为家庭和小学的文化匮乏，儿童需要相当多时间实现“再社会化”。[1]当然，专门知识和技能是适当地发挥教师的次要功能所需要的。危险在于，又增加了一个审视教师的专门知识和技能的维度，即，从社会学看，教师不再被视作权威的角色。这些辅助性角色及履行职责所要求的专门知识和技能在某种程度上阻碍了教师被视作社会最终价值观

1　参见本书第一部分附录，四（二）。

的权威了吗？这有助于他们不仅被视作社会文化的守卫者，也被视作传递无论环境变迁与否其价值都会被接受和质疑的思想和意识形式的人吗？教师会被视作那些像韦伯构象的比较世俗化的人那样，一旦领袖气质制度化后，会使社会中的“领袖气质”永久化的人吗？换言之，他们会被视作服务于社会目的、引导其他人进入有价值的生活形式的临时权威吗？或者，他们会被视作仅仅掌握传递社会文化方法的专家或者被视作为国家训练公民来从事有用职业的专家吗？

当然，这不是非此即彼的选择。正如前文多次强调过的，每一个现代国家必须为国家需要的职业训练和选拔人。这项工作可以通过以教育为核心内容的训练来完成。而且，无论教师扮演什么角色，今天的教师必须在某种程度上成为谙熟教学方法、儿童发展、学习形式和儿童社会背景的专家。但是，问题在于，教师是否应当被放置在权威位置，因为，在某种程度上，教师是一个被视作社会价值临时性权威的人。一方面，通过观察社会中大学和教师职业之间的联系可以发现这种地位与教师实际情况是否一致的客观证据。也可以从另一方面发现相关证据，即通过研究教师训练的内容发现，特别要先看看他们用在学习学术性科目的时间，其次看看他们用在学习教育哲学和教育思想史的时间，这些学科与方法论及与作为辅助性学科的心理学和社会学截然不同。

这不是指将教师视作哲学王，而是指强调他们的训练要突出对教育目的进行批判和历史的审视本身是一种严肃的暗示，即他们是被视作文化守护者及变革和挑战的源泉的。当然，社会学和心理学也能作为人的自我反省的科学自由地教学。当今时代，它们当然会对受过教育者的世界观产生很大的影响。但是，在某个方面有个令人遗憾的倾向，即将它们仅仅视作教师专门知识和技能扩展，这样工具性目的就显得过于突出了。

第五节　教师的实际权威

在社会中，教师作为“权威”有某种地位是一回事，但他能否在学校中有效行使这种权威完全是另一回事。首先，尽管人们希望教师是按照相关标准公平任命的，但是学生在这方面没有发言权，所以他的权威缺乏像其他公共职务任命所获得的认可基础。而且，一直以来，学生是被强迫上学的，教师的任务完全在于引导学生进入他们起初并不感兴趣的领域，这种任务也并不因为家长的支持而具有意义。或许，恰恰因为家长非常重视，对家长叛逆的学生对学习抱有敌意。教师的任务肯定不像通过社会选举担任特定职务的人的任务那么简单。那么，怎样做才合适呢？

一般来说，教师的任务是让学生认同学校的目标，和教师一起共同关注所传递的东西。因为，学校不像集中营，后者的目标与囚徒永远是相互为敌的。因此，采用强制的手段是不可能成功的，因为它们会使遭受痛苦的人疏远惩罚他们的人。如果这样，要求别人认同是不大可能的。工具性的技能不大可能使学生疏远他们的老师。如果教师能够将所传递的东西与学生可能有的外在兴趣联系起来，或者与某种职业因素相联系，也许能够使学生产生兴趣。同样道理，分数和竞争性考试也能达到同样的效果。但是利用这种外在兴趣的问题是传递的东西被扭曲了，而且学生完全以工具性态度对待学习。他们可能学习一些历史和数学，但是，他们也可能学习那些只具有明显作用的东西。他们可能不会欣赏学习内容的内在价值。他们可能获得一些事实和能力，但这些事实很快就会被遗忘，这些能力很快就会过时。另一方面，他们也可能因为吸引力而学习某个事物，并且会逐渐从欣赏的角度去学习它。如果没有确凿的证据而想对这些事情进行概括是困难的——这些证据实际并不存在。

一、作为权威的教师

对于教师而言，一个比较妥帖的办法就是成为某学科方面的权威，且忠诚于自己的职业。一位真正的权威会全身心地投入工作。他对他自己选择的活动和意识形式的热情，以及他对错综复杂事物的精通会对其他人产生吸引力，从而能引导他们去探究不可思议的事物。因此，教师应当向人们表明，他正在从事的是一项促进人类精神发展的事业，而不是那种仅仅为了引起学生转瞬即逝兴趣的工作。在所有这样的知识和技能领域的背后都有一个理念，即做事的方法有正确和错误之别；一些事是真的而另一些是假的；最为重要的是做了什么或说了什么。对赋予活动以意义的问题的好奇感和惊奇感，以及明确接受或拒绝回答这些问题的激情都必须得以表达。换言之，对活动和意识形式的内在价值的阐述应当娓娓道来，使人乐意接受，而不能给人一种傲慢感。一旦学生受到激情的感染，对探究有认同感，采用问答及其他鼓励的形式会引导他们不断地探究。所使用的方法将取决于教授的内容；如艺术所需要的方法与历史的不同。

按照传统，师生相见庄重氛围的标志是教师身着长袍。在这种场合发放书本让学生产生可以永久拥有它们的感觉。其他仪式也标志着心智发展具有特别重要的意义。对于这些外在符号需要特别强调的是，它们悄然表明所传递东西的重要性，会对引导的进程产生帮助。显然，这种氛围需要根据所教授的内容用不同的方式表达。每种事业都必须产生出合适的仪式。这些仪式的重要意义在于它们所营造的氛围。它们将过去与现在连接在一起，表明所传承东西的价值，无需再另做明晰的阐述。

人们认为，从心理学方面说，在教师和学生之间必须产生认同感，这样，学生才会接受教师的价值观。学生必须认识到他所学习的东西是重要的，达到合适的标准也是重要的。传统和学校的“风气”（tone）在其中发挥的作用重大，因为，同辈团体的压力会影响认同进程的稳定和合法化。仪式通过暗示传递的事物意义影响情感而推进认同的进程。《圣经》选读与这种引导性的仪礼不完全一样，但它们肯定很有效果，因为它们的氛围是一样的。

当然，就教师而言，仪礼及学生对教师的情感充其量是外在有利条件，可以促进教师的工作。正如过去一样，它们间接地暗示一些重要的和有价值的东西现在出了问题，因而它们可以提供一个氛围使教师能够让学生直接去体验事先选定的东西。如果一切顺利，内在动机便可发展——也许是一种旨在发现什么是真实的激情，或者是创造一文雅的或美丽的东西的激情，或者是能够精确和熟练地应用某种技能的激情。有效地考验学生内在动机是否发展的方法是，看看学生在无压力状态下能否继续学习，或者看看没有教师在场时学生能否继续学习。教师设法让那些最终会改变学生兴趣和世界观的活动进入学生的心智了吗？或者，像催眠师那样，其他人只是在直接受其影响时发生一点暂时的改变？

这种情况的内在危险是足够明显的。在讨论“领袖魅力”[1]时，本书强调韦伯的一个观点，即在他看来，这个概念有两个方面。一个是具有非凡的知识，另一个是杰出的个人品质，包含某种个人魅力。然而，“领袖魅力”的两个方面均会产生危险，必须在这里逐个探讨。

第一个危险是权威者变成集权主义者的危险。一直有人认为，在知识领域，权威只是暂时的，没有人会被视作永远的权威。没有任何东西仅仅因为一个人曾经这样说过就永远是正确的或真实的，无论他多么博学。正确与否或真实与否最终取决于不受任何人影响的事实，还取决于公开的讨论和评价的程序。这样，在教师和学生之间，就一直存在着一块劳伦斯所称的“圣地”，最终会有一种吸引力引人向往，[2]教师处在其中为时已久了，对其特征十分熟悉。教师也受到学科程序（procedures of a discipline）的训练，这些程序是欣赏和探究学科内容所必须掌握的。例如，如果他是一位科学家，他不仅要熟悉科学理论

1　参见前面第 233—247 页（指原著页码。——译者注）。

2　参见本书第二章第二节。

及通晓科学事实，而且还要在可以测试这些理论的科学方法方面受到训练。作为一个教师，他的任务不仅要表达出科学的重要性和令人激动之处，而且还要逐渐展示在科学理论探照灯光照耀下世界是怎么变化的，他的任务还要求他引导其他人进入这个程序，通过这个程序使包括他自己提出的假设在内的所有假设得到检验。这个危险在于他会利用自己的优势而变得教条主义或自以为是。这样做，他可能赢得追随者，但是，他将背叛自己的职业。因为，重要的不是一个人想的是什么，而是什么是真实的。一个教师如果不用发现真理的基本工具装备学生，那他就是在以灌输替代教学。教师必须是一个权威，但他必须用一种学生有能力发现其错误的方法来教学生，这足够自相矛盾的了。教师是变革和挑战的中间人，也是文化保护的代理人。

这相当于坚持认为，教师的工作是教学（to teach），不是单纯的讲课（to instruct），当然更不是灌输（to indoctrinate）。正如第一章第四节指出的，“教学”包含知识、技能和行为举止模式的传递，且传递的方法要能够促使学习者理解并评价呈现给他的事物的基本原理。另一方面，灌输包含的不论是反复教诲的信念，还是不鼓励评价信念的原理，都以权威作为后盾。然而，在教育的早期阶段，严格意义上的教学几乎是不可能的；因为，几乎不可能让儿童理解事物为什么会这样的理由。他们必须先了解金属遇热会膨胀，或者应知道电线危险，而无法懂得为什么。同样，在道德领域，他们必须知道一些事情是错的，例如撒谎和不守信用，尽管他们并不完全明白这为什么是错的。这样，在正式教学之前，就需要一种预备性教学。但是，如果这种教学采用的方法不鼓励儿童在稍后阶段当其心理成熟时自己去探究其中的原理的话，这种预备性教学会蜕变成灌输。儿童会倾向于相信权威人物告诉他们的事情，但是，如果处于权威位置的人以集权主义或教条主义方式进行教学，就会使儿童难以从对权威的依赖转向自己去获取思想和意识的基本形式。

如果教师的个性特征能够吸引其他人盲目地跟从他，教师成为教条主义或集权主义的危险便会增强。学校和青年运动盛产这样的诱拐者（Pied Pipers）。作为教师，他们是灾星还是恩惠，取决于他们在这一领域的能力和他们利用自己的个人品质实现正确目的的倾向性。有许多教师是享受管理儿童的权力感的，因此，他们倾向于使儿童永久处于一种从属状态，他们会戒备以防儿童发展其他依恋。他们可能产生一种破坏性的影响，因为他们控制儿童的权力如此强大，甚至会制定自己的规则，或者一时冲动置学校规则于不顾。

另一方面，具有这样品质的教师会有意地利用他的品质来控制学生以达到他的目的。他也许属于理性的人，其成功主要取决于他的内驱力、能力、谦卑及对课堂情况的敏锐的感知能力。但是，也许他还有其他吸引人之处——内在的强烈情感，也许这种情感会改善他对学科的了解，增强外显的权威形象。他可能会意识到正在发生什么，也能够使学生放弃对他的迷恋，转而迷恋他力图使他们为其献身的事业。同样的一个范例是弗洛伊德对迁移的发现。当他和布鲁尔（Breuer）合作时，布鲁尔不久后发现一个女病人爱上了他。他十分震惊，于是中断疗程和他的妻子去外地再度蜜月。[1]而弗洛伊德咬牙坚持了下去。他发现，这是大多数病人可以顺利度过的一个阶段。他利用他们对他的情感，使他们转而发现真实和有价值的东西。

二、处于权威地位的教师

教师任务的复杂性与众不同，他必须保持教学环境的秩序，因为这是完成其工作的必要条件。传统上，教师的形象是一个令人生畏的人物；通过严格的命令和强制手段使被托管人屈服，像是监狱的看守或军队的中士。这种维护学习秩序的方法不仅低效且伤害自尊，自然受到质疑。然而，遗憾的是，在一些方面，这种方法被那些仁慈的幕后关心儿童的人的方法取而代之，他们通过引发兴趣来操纵儿童。换言之，教师认同了消费社会的态度及价值取向。超市的手段接替了监狱的手段。

不利用权威手段来维持秩序的本意是好的，但发生了什么情况呢？一般而言，权威的实施已演变成一种特殊压制的形式。所需要的不是放弃权威，而是将其视作一种理性的社会控制手段。最适合权威而不是最适合权力或说服的控制手段是发布指令或命令及提出要求。大致来说，命令是规定性的表述，无需给出理由。它们通常是由明显具有控制行为权力的人用一种具有其特点的语调发布的。如果人们将它们作为命令来遵守，而不是将它们视作令人讨厌的刺激，他们一定

1　参见琼斯（Jones, E.）：《西格蒙德·弗洛伊德：生平与著作》（*Sigmund Freud, Life and Works*），伦敦，霍格斯出版社，1954 年，第一卷，第 246—247 页。

是已经被引导进入监管已经为人们所习惯的一种生活形式。人们听见这些命令的效果就像看见警察的手势一样。在一定的情境中，当迅速果断的和明确无误的指示不可或缺时，像这样一种控制形式的理性方面就占绝对上风。没有上述命令，在战场上，甚至在足球场上，要想控制好局势是相当困难的。

对许多人来说，被人发号施令代表着自尊心受到伤害。但是，情况是否如此取决于发布命令的情境。在处理人际关系时，发号施令显然不是合适的方法，因为顾名思义，人际关系中缺乏正式的地位和角色的结构。在地位的关系中，命令维护尊严或伤害自尊取决于它是否是情境的性质所要求的，或者它仅仅是个人一时性起。一些被置于权威位置的人很高兴能够掌握使他人服从自己意志的权力，或者，也许他们想通过行使一种明显不必要的特权来突出地位所赋予他的重要性。但是，在这一方面，命令的执行不必以地位为导向，命令的执行应严格地以任务为导向。

如果命令是任务导向的而非地位导向的，它们就是完全理性的设计，可以控制和指导局势的发展。不过在这些情形中，清晰无误的指导或禁止显然是必要的。但是，命令要具有命令的功能，它们首先必须听起来像是命令，还要在发布命令时伴以与之相符的动作；就学生而言，他们必须能够接受任务的特定价值。如果不是这样，则表明命令已经开始从权威蜕变为权力。在良好的教学情境中，提出的要求通常都是构成情境组成部分的要求。诚然，一旦上了一堂好课，内在的兴趣可以将其维持而无需太多这样的支持。许多人可能认为，这种社会控制形式不适合幼儿。但是，即使在早期阶段，加德勒小姐（Miss Gardner）和卡斯小姐（Miss Cass）所做的有趣研究揭示了好教师采用命令控制课堂情况的频率。[1]

命令当然不是唯一可以避免采用强制、威胁、贿赂和其他外在刺激手段的社会控制形式。请求是一种温和得多的命令形式。适合教师的也还有一些道德和慎重的呼吁，而德育是其工作的一部分。在这个领域，教师的建议、规劝、赞扬和责备可能是地位导向的或是情境导向的。他也可能不合逻辑地以家长的口气说："我是你们的父亲，告诉你们不应该吸烟，所以这就是为什么你们不能吸烟的理由。"或者，他可以说出建议学生做某件事的一些理由，例如，吸烟有害健康。然而，他能否让儿童做有足够理由要做的事情，取决于儿童能否接受这些理由。这是另一个问题。例如，教师可能告诉一个男孩，如果为了看看火车碾过时会发生什么情况而把物体放在铁轨上是愚蠢且错误的行为。但是，如果他发现这个男孩正在这样做，他能任其所为吗？确定哪些事情可以留给道德规劝去解决，哪些事情必须按权威规则办是很有意思的问题。很自然，他会希望通过道德规劝去对付，但是，他也常常清醒地认识到，如果诉诸道德规劝无效，还得借助权威去解决问题。随着男孩的成长，外部的控制需要逐渐减弱。自我约束将取代外部强加的纪律。外在的限制内化为自我限制。但是，如果没有之前

1　参见加德勒（Gardner, D. E. M.）和卡斯（Cass, J.）：《幼儿学校和幼儿园中教师的角色》（*The Role of the Teacher in the Infant and Nursery School*），牛津，帕加马出版社，1965 年，第 102—115 页。

的外部强制，内化绝不可能发生，因为心智的内在结构反映外在的公共传统和制度结构。内在道德心的声音是外部家长和教师的声音的反射。所以，那些处于儿童的权威地位的人必须为儿童提供一个行为范式，儿童在其中可以养成其独特的自我调整的风格（style）。他们的权威对下一代人来说是必要的，是要让下一代人学会离开权威也能生活。除非他们行使的权威是理性的或任务导向的，否则，这不大可能发生，因为年轻人会自然地反对传统权威的非理性表述。简而言之，教师和家长得学会行使权威而又不致成为权威主义者。

第十章　惩罚与纪律

导　言

尽管按人们想象，儿童应当渴望到学校并在教师引导下探究文明的奥秘，但事实上，多数儿童并没有这种渴望。上一章论述到，面对这种情况，教师应当像某个学科权威一样从事教学活动，而不是直接采用于收买、劝诱和强制的手段。这种氛围有助于教师逐渐增强其力图传递的东西的价值。就此而言，他得依赖辅助性方法去保证学习的必要条件，例如仪式和提要求的方法。这些方法特别适合这一情境，如果它们是以完成手头任务为目的的话。

然而，即使那些最能鼓舞人心的、最能激励人的和最有能力的教师，有时也会碰到不守学习纪律的学生。或者，从其他教师接手过来的班级没有形成守纪律的传统。在这样的情况下，权威自身可能不会产生什么效果，也许还得寻求权力的支持以维护或者形成最低的学习条件，否则学习无法进展。这就自然而然引出了惩罚的问题。

只用一种方式谈惩罚的“问题”，是向概念混乱永久化方向迈出的第一步，多数有关惩罚的讨论也因此混乱不堪。一方面，有人认为惩罚要么是令人厌恶的，要么是不合适的，因为犯罪作为一种社会疾病形式，不应当认为是犯错者的责任。另一方面，愤怒的女人在公共场所挺身而出要求恢复鞭挞，因为社会对待青少年太宽松了。人们有一种共识，认为存在 3 种不同的惩罚“理论”。第一种是报应理论（retributive theory），相信“以眼还眼和以牙还牙”，这是野蛮时代的无人性的遗风。第二种是较为文明的威慑理论（deterrent theory）。第三种是最进步的和最具开导性的“改造”（reformative theory）理论。由于对不同的惩罚问题的界定存在困难，因此，这些讨论在相当程度上仍在进行。也可能出现这样的情况，即一旦这些不同的问题得以界定，所谓的这些“理论”相互间就可能不会完全水火不相容，因为它们为不同的问题提供了答案。[1]

关于惩罚，要问的第一个问题是“惩罚”的意义何在？它与“报复”“纪律”“威慑”和“改造”有什么区别？第二，还要面对惩罚正当性的问题。予以惩罚的原因是什么？前面这两个问题是哲学问题。第三个问题是，要对惩罚可能采取的形式进行考察。一般情况下，破坏规则应该给予什么类型的制裁？这是属于立法者的问题。最后，还有一个属于法官的问题——对于特殊的破坏规则的行为应当给予什么样的处罚？本章将结合教育领域中的情况来考察这 4 个问题。

1　如果想进一步了解对这一问题的论述，参见本（Benn, S. I.）和彼得斯：《社会原则和民主国家》，伦敦，艾伦和昂温，第八、九章；哈特（Hart, H.A.L.）：《惩罚原则的序言》（Prolegomenon to the Principles of Punishment），载于《亚里士多德学会公报》，第 60 卷，1959—1960 年。

第一节　“惩罚”的含义

在学校情境中，人们常常把惩罚与纪律混为一谈，特别是把维持纪律和纪律本身混为一谈。“纪律”，从词源学方面说，在学习情境中，它表达的是对规则的服从或者对某种命令的服从。这些规则可能是学什么的规则，如语法规则或道德规则；也许是学习方法的规则，如练习和训练的规则；或者是与安静、姿势和饮食相关的规则。这些规则可能是某个处于权威地位的人从外部强加的，或者是学习者本人强加给自己的。无论何时，只要我们一想到这些规则或者命令，我们就应该意识到这涉及的是“纪律”。因此，“纪律”是一个与规则紧密联系的非常普通的概念。

另一方面，“惩罚”是一个非常特别的概念，通常只有在规则被破坏时使用才合适。它包括有意识地给予规则破坏者以痛苦，或者使其不愉快。痛苦必须是处于权威的有权力实施惩罚的人士给予的。否则，我们就没有办法区分“惩罚”和“报复”。当然，处于权威地位的人士也会情绪用事，但是，这会被称作“恶意”，除非惩罚是犯有过错的受罚者应得的结果。同样，处于权威的人士也可能因为一个人打破规则而奖励他 5 个英镑。但是，除非接受者认为接受钱是痛苦的或不愉快的，否则就不能视作惩罚。换言之，惩罚至少有 3 个标准：（1）有意地施以痛苦；（2）由处于权威者施以；（3）就受罚者而言，如果我们欲称其为“惩罚”，它必须是受罚者因破坏规则而接受的后果。

通常，也有些惩罚案例不能满足这 3 个标准。例如，有一种口语用法说拳击比赛中从对手那里获得许多惩罚，这种说法只符合惩罚的第一条标准。而且，这只是一种隐喻的用法，不是这个术语的核心意思。

惩罚的不同理论中能够回答“惩罚”意义的问题可能只有报应理论。在“惩罚”和诸如“威慑”“预防”及“改造”观念之间没有任何概念的联系。因为有时惩罚一个人并不含有预防其再次犯错的意思，也不含有使其变好的意思。这是另一个问题，即受罚者自己或其他什么人因为害怕惩罚而不敢去犯错的问题。但是惩罚必须包含“报应”的意思，因为“报应”含有回报的意思。它可能含有从感谢或奖励获得的愉悦感；也可能含有因为惩罚而招致的不愉快感。换言之，惩罚是一种报应的执行。因此，根据概念界定，惩罚注定是报应。

在学校情境中，存在着某种被称作“惩罚”但又不是严格意义惩罚的情况。例如，假定一个男孩没有做作业而被告知必须做，这即是一种外部的纪律而不是惩罚。它采取命令的方式以确保某种实践活动或准备工作得以进行，并非有意施以痛苦。当然，除了被命令之外，学生会感受到责备和羞愧，但是，这属于道德规劝而不属于惩罚。可是，如果男孩受到鞭挞，或者被剥夺某些特权，这就是惩罚了。因为某种不愉快的感觉是由于学习退步而有意施加的。当然，也有这样的情况，即男孩没有完成作业是因为他把做作业看成一件浪费时间的令人不愉快的事情。但是，这是个不相干的问题。因为，如果如此认为，按照我们的假定，教师不会做出如此的规定。

第二节　惩罚的正当性

惩罚是一种报应。顾名思义，这个术语的部分意思是，它必须含有痛苦或不愉快，而且，它必须被视作犯错的后果。但是，正如前文所指出的，界定没有解决实质性问题。当一个教师看到教室的窗户玻璃被打破，而全班学生都表现出清白无辜的样子时，他可能会说他准备让全班留在教室里作为惩罚。如果学生向他指出，除非能证明他们犯错，否则不能把他们留在教室里，教师也许会这样回答："我不在乎你们是否将其称作'惩罚'。事实是我打算把你们留在这里。"

关键是规范关系隐含在"惩罚"概念的内部。必须让犯错的人遭受痛苦并不是自然规律。通常，只有当人们建立起法律系统，规定必须让犯错者遭受痛苦时，惩罚才会发生。因此，生活在这种制度中的人们倾向于坚持一种报应关系。但是，理性人还得面对一个问题，即当一个规则被破坏，是否应当让全体遭受痛苦；还是只让那个规则破坏者遭受痛苦。怎样才能证明"惩罚"概念内涵的这种规范要求的正当性呢？"惩罚"到底意味着什么？这是需要人们理解的一个问题。为惩罚提供充足的理由是另一个问题。

当然，这些问题的回答取决于人们接受的一般伦理学理论。本书第二部分，尤其是第三章讨论了这些理论。简言之，直觉主义者会采纳报应理论来回答这个问题。他会说，实际上，从道德方面看这是合适的，那些犯错的人应当受到痛苦的惩罚。这里给人的感觉是恶有恶报。如果邪恶者像月桂树一样茂盛，会在道德上引起义愤。那些看不见这一点的人是道德盲人。这一观点遭到了反对，主要原因在于它的专断性和缺乏客观证据。[1]许多人——如边沁[2]——并不认为这种联系是不证自明的。他认为，痛苦是令人不舒服的，惩罚是一种必要的“伤害”（mischief），因为它包含施以痛苦的内容。因此，应该施以痛苦的做法怎样才能不证自明呢？

还有些人，如韦斯特马克，认为惩罚是报应情感的表达。[3]因此，它在人类中有某种自然基础，与它的不证自明有联系。不少人显然对这种观点持反对意见。批评主要是针对这种观点的道德感或情绪理论。[4]第一，这种理论只提供了一种解释，而不是正当性的证明。即便“惩罚”是“自然”反应的表达，人们应当学会抑制这种自然反应。一种道德判断不能仅仅依靠对人性的归纳来证明其正当性。第二，存在一种谬误，即试图借助情绪来解释判断。人们认为，像不赞成这样的情绪只有参考含有认知核心的评价才能阐释。

最有希望证明惩罚正当性的论据是由功利主义者提供的。他们认为，尽管乍看（*prima facie*）痛苦是令人不舒服的，施以痛苦是一种伤害，但是，对犯错者施以少量痛苦与对因拒绝执行惩戒这一社会重

1　参见本书第三章第三节。

2　边沁（Bentham, J., 1748—1832），英国哲学家，功利主义伦理学和功利主义教育思想代表人物。——译者注

3　韦斯特马克（Westermarck, E.）：《伦理的相对性》（*Ethical Relativity*），伦敦，基根·保罗，1932 年。

4　参见本书第三章第四节。

要规则而招致大量的痛苦相比，前者痛苦的程度则是小巫见大巫。因此，威慑和预防是惩罚的基本理由。对功利主义者而言，惩罚越少越好，因为惩罚含有痛苦。惩罚及惩罚的实施应当起到威胁的作用。一些人可能反对，认为惩罚实际上并不可能阻止人们犯错。只有一些特殊的惩罚可以起到这种作用，如死刑。但是，认为惩罚一般都可以产生效果的看法是荒谬的。要使这一观点成立，刑法需要终止执行一段时间。谁愿意在考虑到可能的结果时还会提倡这样一种试验，即人的数量不变而许多物资极度匮乏？反对功利主义的人提出的一个主要问题是，如何才能确定痛苦是令人不舒服的这个自明之理（axiom）呢？这需要参考本书第五章和第六章相关的简要论述。

在反对功利主义的意见中，有一点非常难以琢磨，即就威慑而言，因其能够施以痛苦才能产生。然而，它需要解释的是，为什么要对那些犯错者施以痛苦。而“惩罚”意味着对犯罪者施以痛苦。威慑的一个较为有效的形式是劫持人质或处罚集体。教师经常采用这种方法，将全班留在教室里，或者当查不出事故根由时，他会剥夺所有人的某种特权。学生一般会说这不公平。当然，他们是绝对正确的。因为施以痛苦是一种对个人或者对一群人的区别性对待的行为。如果个人或其一群体认为自己不同于其他人，或者不属于应该受到这种惩罚的那一类人，这样做才能被证明是正当的。[1]纳入这一类人的相关标准是自己承认犯了某种过错，或者，至少在某一方面作为同谋卷入其中。没

1　参见本书第四章第一节。

有这样的联系，这就是一种不公正的做法或者是一个缺乏相关依据的区别对待的做法。但是，为什么仅仅将惩罚视作威胁的功能主义者却会为公平而烦恼呢？

边沁认为，用这种方法获得的公平一般而言是较为有效的威慑。但是，这无需太花心思就可以一方面保持公平，另一方面较有效地规避痛苦。这就提出了功利主义体系中公平原则的地位问题，这一问题会让我们陷入离题的讨论。在本书中，前文论述过公平和考虑利益都是理性道德的基本原则，而且逻辑上它们是相互独立的。因此，在一些情景中，这些原则会发生冲突，这就必须根据赋予它们各自的意义做出选择。在上述情景中，教师应当更加重视公平呢，还是为了维护法律规则更多考虑公共利益呢？

当然，根据功利主义者的观点，或者根据将考虑利益作为基本原则的观点，威慑不是惩罚的唯一理由。惩罚还有预防的作用，用一种方法将犯错者隔离以防止他们给社会添麻烦。也可能有改造的作用，人会因惩罚而变好。当囚犯受到惩罚时，他们可能受到积极的对待，为的是他们出狱后会变成好人。但是，这并非表明是惩罚产生了这种期望的效果。实际上，不论惩罚环境如何，这样的效果都可能产生，更确切地说，产生这样的效果不是因为有必要的惩罚环境。改造的理论肯定不能作为惩罚人的理由。实际上，人们常常认为，惩罚的需要会阻碍在改造中采取积极的措施。惩罚基本是从威慑和预防两方面来考虑的。只要这些惩罚的理由成立，用一种方式实施惩罚是合乎需要的，这就是当他受到惩罚时，即他的自由受到限制时，对他的改造有可能进行。

人们常常认为，处理儿童问题时，可以采取比成人更为有力的理由将改造作为惩罚的理由。许多青少年生活在一个幻想世界，而且，人们认为惩罚产生的“剧烈冲击”（sharp shock）会给他们留下深刻印象，有助于他们用比较令人满意的行为模式重新证明自己。也有观点认为，在学校情境中，教育是学校的主要工作这一事实导致学校考虑的事情必然会与“改造”理论相联系。因为，“教育”像“改造”一样，含有向更好的方向变化的意思。因此，学校发生的任何事情都必须主要以这种视角去看待。因此，人们会提出惩罚儿童是否能够让他们变好这样的问题。

当然，“变好”需要进一步分析。在哪个方面变好？教育不同于改造，在于它不会像改造那样要求堕落者达到社会的标准。它的主要任务是引导儿童朝他们从未梦想过的标准前进。惩罚是否有助于这一任务的完成是十分令人怀疑的。就学校布置的作业而言，如果孩子因为计算出错或者因为未做作业受到惩罚，他还会热爱数学课吗？当然，他们可能被要求改正做错的题，或者补做未做的作业。但是，正如前文已经指出的，这是纪律而非惩罚。施以痛苦的惩罚针对的是明显的工作疏忽和管理不善。有充分的证据能够支持惩罚可以改进工作的观点吗？尽管相当多的人不赞成和谴责这个观点，但是实际的惩罚完全是另一回事。毋需赘言，对做得好的工作给予合理的奖励和表扬要比对做得差的工作给予惩罚和责备能够更有效地促进工作。因为，奖励和表扬更有助于学生与教师的相互认同，因此有助于遵守学校的规范秩序。惩罚是最有效的使人远离错误的方法。就学校作业而言，惩罚作为教育辅助手段的效力似乎相当微弱。然而这只是一种经验的感觉。证明其有益效果的证据也许能够找到。但惩罚都应当慎重地使用，因为它只可能在短期内对某个孤立的学习任务产生效果，而无法产生长期的效果。

也许，在惩罚方面，学校一般规则可能比让学生做作业更有效。但是，在这方面，惩罚的力量是以威慑为基础的而不是以被惩罚者道德方面的改善为基础的。因此，有必要对可能实施的3种惩罚做一分析。第一种与破坏正常教学秩序的行为相关，这种秩序通常称作课堂秩序。第二种与违反社会规则及学校规则的行为有关，这些规则在道德方面是重要的，或者说这些破坏行为是法律所禁止的，如偷窃、撒谎、伤害他人、破坏财产和违约。第三种是违反涉及学校管理中的一些重要的细则，如不准在狭窄走廊中奔跑，不在学校吃饭要说明原因等。

假定是，这些规则不会因其是规则就应该得到坚持。要么，它们的正当性可以通过参照基本的道德原则而得到证明；要么，它们是实现特殊目的所必需的；要么，这是为了避免出现麻烦所必须的，因为缺少这些规则，麻烦就会产生。人们均希望学校的传统、教师的权威和道德规劝基本能够有效地维护学校的秩序结构。但是，在这种背景下需要有一套惩罚制度作为一种威慑的手段。这些惩罚必须是令人不愉快的，也是必须可预料的。它们越是可以预料，所造成的不愉快程度会越低。

重要的是要明白实施惩罚不是因为它们可能对受罚者产生益处。

惩罚的正当性在于它可以维护教育活动得以进行所必须有的正常秩序。因此，教师可能处于两难境地，因为他可能坚持将惩罚作为一种威慑手段，或者（例如，将学生送到教室外面）作为一种预防措施，但是他也知道，这样做对受罚者毫无益处。因此，他必须从两方面处理这个问题，即他必须公正无私地执行处罚，但也必须尽可能了解和理解犯错者。他的行为必须像法官和假释官（probation officer）一样。他必须向男孩表明在一定程度上自己是站在男孩一边的，他并非像同伴那样不同情他。他也必须设计出某种可以让孩子补救的机会，让男孩在社会中重塑自己的形象。尊重法律的同时也必须尊重人。但是，决不能用后者替代前者。如果惩罚只是变成了一种复杂的人际关系交易，制度就不可能运转。

另一方面，有人可能认为，这种惩罚并不是仅仅起到威慑和预防的作用，它们有时还有助于道德教育，会有助于表明什么是正确的和什么是错误的。如果教师细心地解释强制执行规则的理由，它们会有助于形成一些合乎需要的习惯，这些习惯日后会成为理性道德行为准则的基础。而且，惩罚对个人能否取得这种效果属于经验性问题。在这个领域中，心理学家所做的大量细致工作是对动物开展条件反射研究，所设计的情境只是相当类似而已。更直接的证据来自缺乏细心控制的试验（例如，来自儿童方法的试验），这些证据似乎不能有力支撑惩罚会对儿童性格发展产生有益效果的观点。[1] 有证据表明，“家长

1　参见西尔斯（Sears, R.R.），麦康比（Maccoby, E.），莱文（Levin, H.）：《儿童抚养模式》（*Patterns of Child Rearing*），埃文斯顿，罗与彼得森出版公司，1957 年。

出于惩罚目的的攻击性行为会导致儿童的攻击性行为，但是没有证据表明惩罚会产生道德学习。”[1]纪律，或者严格地坚持标准，以及对违反纪律的批评和对遵守纪律的表扬，完全是另一回事。也许，儿童与家长的情感纽带比实际采用的方法更重要。[2]

然而，这些一般情况关系到儿童和合理的系统训练形式。从这些研究中并不能得出结论，说个别“剧烈冲击”式惩罚不可能产生有益的效果，这不是因为它们作为非偶然的消极强化刺激抑制了令人不快的行为，而是因为它们能够让青少年感觉到它们的作用，进而帮助青少年了解自己行动的后果。许多有犯罪倾向的青少年生活在幻想的世界中，他们会在一种些微幻觉状态中突然冲动起来。隔离，或者出庭及承担受权威公开指责的行为的后果所产生的作用微乎其微。当然，惩罚的威胁能够对青少年产生威慑作用。实际上，著名的哈茨霍恩和梅所做的“性格发展调查”（Character-Development inquiry）表明，及时的实际惩罚是引发欺骗或诚实行为的重要变量。[3]青春期的道德行为与智力发展有密切关系，也与儿童的一般概念发展有密切关系，包括对社会现实的理解。[4]“剧烈冲击”这种方法的益处在于可能发挥其

1　参见科尔伯格（Kohlberg, L）：“道德发展与认同”（Moral Development and Identification），载于《儿童心理学》（*Child Psychology*），《全国教育研究会年度报告》（NSSE Year-book），第 62 卷，第一部分，第 303 页。

2　同上文，第 302 页。

3　哈茨霍恩（Hartshorne, H.），梅（May, M.A.）：《性格本质研究：（第一卷）欺骗的研究》（*Studies in the Nature of Character: Vol. 1, Studies in Deceit*），纽约，麦克米伦，1928 年。

4　载《儿童心理学》，《全国教育研究会年度报告》，第 62 卷，第一部分，第 320—325 页。

帮助儿童意识到社会现实的作用。当然，结果是男孩可能会因此变得更加谨慎。但是，难道谨慎不是美德吗？

中学教师常常处在另一种两难境地，这种境况是由“教育”的类型、学校和家长中流行的对待惩罚的传统态度造成的。缺乏想象力的课程、严格按能力分组和频繁的考试不可能促进学生学习的欲望。儿童受到的教养可能会让他们在诉诸暴力时认为成人只不过意味着权力。这是他们唯一能够懂得的“权威”。因此，那些拒绝诉诸最具抑制力量的强制形式的教师可能会碰到严重纪律的问题，除非他能特别使人入迷或具有相当的表演天赋。那么，他要做的是什么呢？如果他打算继续教学，他也许不得不敲打男孩，或者将男孩送到校长那里去接受更威严的处理。否则的话，他会受到学生、家长和其他教师的嘲笑。然而，他知道，这种方法对犯错者毫无益处，会使儿童进一步远离真正的教育。从长远来看，答案当然是，这样的学校须采取一些激进的措施。自从《纽瑟姆报告》[1]公布以来，公众都已意识到，这是我们教育制度的一个污点。[2]但是，由于教师数量不足和教育经费匮乏，这些措施的落实需要时间。同时，许多教师在实践领域处于尴尬的两难境地，对此，哲学家也无法提供令人满意的解决方案。

1　《纽瑟姆报告》（Newsom Report）指以纽瑟姆（Newsom, J）爵士为首的“中央教育咨询委员会”1963年公布的一份报告《我们未来的一半》。——译者注

2　中央教育咨询委员会（英国）：《我们未来的一半》。皇家文书局（HMSO），1963年。

第三节　惩罚的形式

惩罚需要采取何种形式取决于惩罚的理由。因此，报应主义者认为，在决定采取惩罚形式之前要回过头去看看所犯罪行，使“罪行得到相应的惩罚”。除了反对意见提出的需要证明惩罚的正当性之外，这里还有两个难点，第一个难点属于实践方面的，即怎样才能确定对犯罪的惩罚“适当与否”？“以眼还眼，以牙还牙”听起来简单。假定对于谋杀可以判处死刑；对于偷窃可以判处没收财产——假如窃贼有财产的话。但是，对于纵火、强奸和公共场所猥亵他人，判处什么惩罚为适当呢？又如何衡量这些犯罪呢？这种衡量要比执行边沁的衡量快乐的工作更令人气馁。如果说严重的犯罪应当受到严厉的处罚，轻微的犯罪应当受到轻微的处罚，那么，什么样的犯罪算是“严重的”，什么样的算是“轻微的”？如果不从功利主义角度去考虑人们所做的一切应当有利于防止其他人犯罪，这种观念适用于惩治犯罪吗？当然，预防性和威慑性惩罚本身也许不含有“严重的”或“轻微的”的意思。不过，这个观点今天没有得到认可。人们认识到的是，在具体情境中应用这些观念是困难的，除非考虑到人们在一般情况下是否准备宽容。

任何接受功利主义关于惩罚理由立场的人都期盼不同量刑标准会产生不同的效果。他们在心里特别期望特殊类型的惩罚足以产生威慑以防止人们犯罪，因为他希望惩罚的威胁足以免除日后频繁地诉诸它。如果这种威胁完全有效，因为没有机会去实行死刑，那么死刑处罚便能够对所有犯罪产生效果。可是，由于没有完备的侦查系统，而且由于一些人总是爱冒险或者做事不计后果，如果想保持威胁继续产生效果的话，就要实际执行一些处罚。因此，针对具体罪行的惩罚尺度在不过度量刑的条件下需要逐渐加大，这样才能防止对社会造成更大的伤害。统计资料可以为社会适当的调整提供帮助，尽管其中含有艰难的道德抉择。因为如果罪犯受到的惩罚被明显减轻的话，他们对社会造成的伤害可能与他们受到的惩罚不平衡。在一些情况下，针对一些罪犯的"预防性拘留"（例如拘留惯犯）不是因为这种处罚对其他人有什么威慑效果，而是因为有可能因此消除潜在的危害社会的因素。

有人认为，在成人阶段，将改造作为惩罚人的理由是难以站住脚的。确切地说，一个人受到惩罚是尝试某种措施的充分理由，例如对他的自由做一些限制。可是，如果将改造的考虑放在首位，尽管可以乐观地期待这种惩罚形式可以产生改造效果，重要的是要确保惩罚的形式。例如拘留的环境不要明显地影响让罪犯努力获得生活的新方向。当然，没有人能够迫使其他人变好。这是某个必须在人内部逐渐生长的东西。但是，自然环境和对待方法能够有助于或者阻碍其发展。

然而，在学校层面，这必然是一种改善型环境，而且由于很少给予极端严厉的惩罚，惩罚形式大都从改造效果来考虑的。实际上，这相当于从是否会对受罚者造成严重伤害的角度来考虑惩罚形式的。当然，没有哪位教师在学校里是毫无根据地决定惩罚形式的，通常他们是用头脑来决定可能做什么或者不可能做什么。教育权威也可能禁止体罚。他所在的学校可能有复杂的独特标志系统，或具有正式的关押体系。换言之，通常他可以从备选方案中选择一个，使之成为学校传统的一部分。

在通常的惩罚形式中，鞭挞大概是最有效的威慑措施。如果经常使用，它也大概是对个人造成最大伤害的一种惩罚。它的改造价值至多可以归于“剧烈冲击”一类。它对个人产生的后果不可能是有益的，以致它被视作终极威慑手段。如果如此的话，鞭挞也非常可能作为一种有效的威慑手段。正如前文提及过的，一些学校将鞭挞作为唯一有效的威慑手段。

放学后让儿童留校也是一种有效的威慑。儿童对此痛恨不已——那些留下来监督儿童的教师也同样痛恨。留校之后会有一个问题，即留在学校做什么，如果没有什么有意义的事情可做，便会出现一个滑稽的场面，出现一个难以掌控的局面。而且，这不是理想的具有教育价值的情境。剥夺特权是另一种不大可能对犯错者造成严重伤害的有效威慑。但是，要发现一个不涉及其他儿童或其他教师的特权并非易事。许多教师试图设计一种社会服务作为“适合特定罪行”的惩罚，意思是让犯错者为他们所做的破坏对社会做出补偿，例如财产受到严重损坏。然而，通常这种“服务”需要花时间督导。值得怀疑的是，通过这种强制的方法，能否培养出儿童正确的社会服务态度。但是，如果慎重地选择使用，这种方法也许是一种真正的补偿机会，能使他们重塑自己的形象。毋需赘言，这个方法特别适用于那些明显损害社会的道德错误。德育中这种方法的有效性在相当程度上取决于能否确实证明他们的行为对其他人造成了极大的影响。

这类事情讲的真实情况是，学校中的惩罚充其量是一种必要的伤害。作为威慑手段，它是必要的，但是，它是否具有积极的教育价值则令人半信半疑。如果没有最低限度的秩序作保证，教育无法进行。有时候，为了确保这种秩序，惩罚也许是必要的。有经验的教师非常了解那些扰乱秩序的事故种类，会及时先发制人进行干预和防范。在规范的情境中，对事业的热情，加上富有想象力的授课和课堂管理方法，会避免采用惩罚的手段。讲课乏味是导致课堂秩序混乱的主要原因之一。教师必须是权威，也必须坚持标准。毋需赘言，教师也必须真正地了解和热爱儿童。好教师总是“在课堂上”，不要沉湎于自己错综复杂的冥想之中。他清醒地知道当前情况，儿童也能真切地感受到他对他们的情感以及他对学科知识的掌握。在课堂中，幽默是一种重要的催化剂，因为如果人们在一起大笑，他们便步出因年龄、性别和地位造成的自我封闭的羁绊。他们会感觉到自己是一个真正的参与者，而不是一场演示的旁观者。

正如在上一章论述的，参与是打开教育情境之门的一把钥匙。惩罚产生的是一种疏远。它使师生关系产生裂缝，激起学生对师生间那块“圣地”的敌意。它只能在这样的情境下应用，即跺脚声和驴叫声使“圣地”成为嘲讽的对象时。如果教师把自己变成警察，哪怕是临时的，则后面就要花很长时间去重建学校的氛围。

当然，一些学校非常遗憾地出现这种情况，那么只能请警察来制止骚动，请清洁工来打扫环境，请医生和牙科医生来处理伤口，请心理学家来训练教师对校内学生做心理辅导，而且做一些学校显然欠缺的“社会化”方面的工作。除此之外，别无他法。这种学校环境和校内学生的态度使“教育讨论”几乎像在粪堆上进行时装游行一样不合时宜。在这种“黑板丛林”（blackboards jungle）式的机构中，教学需要特别的天赋，可能需要接受特殊的训练。这像是突击队的行动而不像是教育活动，因为问题基本是建立常规教育得以开展的环境。即便如此，那些具有同情心和讲究实际的教师在如此恶劣的环境中利用难以想象的资源所取得的成绩也是了不起的。[1] 教育是一个需要充满信心和热情的事业，有必要用诸如“风气”（tone）和“精神”（spirit）来表达对人们对感染性氛围的感觉。只有在具有强烈感染性的氛围中，教育才可能开花结果。但是，有一些学校环境没有形成这种感染性。[2]

第四节　特殊过错的惩罚

本章第二节详述了教师的两难境地，教师看重的是惩罚对受罚者可能产生的威慑效果。得出的结论是，在维护法律规则时必须不偏不倚，同时与受罚者建立一种关系，以缓和因惩罚造成师生间情感的疏

1　例如，参见法利（Farley, R.）：《现代中学的纪律》（*Secondary Modern Discipline*），伦敦，亚当斯和布莱克，1960 年。

2　参见帕特里奇（Partridge, J.）：《中间学校》（*Middle School*），伦敦，戈兰茨，1965 年。

远或者防止疏远永久化。这实际提出了一个法官的问题，到目前为止，这个问题与我们谈到的哲学家问题或立法者问题显然不同。一个法官或者学校教师有许多惩罚措施，可以从中选择一个适当的。在现实中，常常会出现一些导致教师倾向宽大处理的情况或借口。那么，接受或拒绝宽大处理的理由是什么?

首先，重要的是将请求的正当性与其他借口区分开来。例如，一个人可能申辩自己是在自卫时杀了人。这显然不同于申辩自己是意外失手杀了人。在英国法律中，这两个案子都不会被视作刑事杀人犯。但是，不把它们列入犯罪的条件是明显不同的。就第一种案子来看，所做的事情不必视作受谴责的事情。对于第二种案子，所做的事情应当视作应受谴责的事情，但是在当时的心理环境下这样做可以视作无罪。后一种申辩是没有犯罪意图（mens era）；这完全相当于说，当事人并没有做被指控的事情。这个行为并非出自他的“本意”，要么因为他不是有意识地忽略了什么，要么与他的行为相关的还有其他什么至关重要的因素（如不是有意识的），要么他失去了对身体动作的控制（即非自愿的），要么因为他受到了正常人无法忍受的某种形式的强制或威胁。这类行为都不会被视作道德上应该受谴责的或法律方面应该受惩罚的。如果这些申辩能够成立，就有理由认为当事人不应为这些行为负责。

这些免罪条件必须要与减轻处罚的情况区分开来。后者是指那些不应该免除对犯错者的责备或惩罚但可以宽大处理的情况。例如，一个人因受到诱惑或刺激一时冲动做出了鲁莽的事情。就这种情况来看，当事人的责任可以减轻一点。[1]

这种案例引申出的两个重要问题必须先简要地概述一下才能应用于学校来解决儿童出现的问题。第一个问题是，人的活动在性质上像其他事务一样，必须符合规律，因此，它们都是被“决定了的”，没有哪种行为应当由人负责。如果以此为借口，对所有行为作宽大处理，应该有多大的伸缩性。第二，在存在减轻处罚的条件下，如何证明免除处罚或宽大处理做法的正当性？这些例外的情况与惩罚的一般原理又是怎样一种关系？

一、责任的“排除”

提出责任排除的概念完全出于两种理由。第一，确定没有犯罪“意图”是有实际困难的。以麦克纳顿规则[2]为典型的英国法律重视认知因素。在申辩“有罪但神经错乱”（guilty but insane）时，需要确定的是，罪犯根本不了解他正在做的事情的理由或者不了解、明白他正在做的事情是错误的。确定这一点常常是极为困难的，而且近期情况变得更加复杂，因为人们认可了一个人也许了解这种行为的后果，但还是缺

1　参见哈特（Hart, H.A.L.）：《责任和权利的归属》（The Ascription of Responsibility and Rights），载《亚里士多德社团学会公报》，第 69 卷，1948—1949 页。重印于弗卢（Flew, A.G.N.）：《逻辑与语言》（*Logic and Language*），第一辑，牛津，布莱克韦尔，1952 年。

2　麦克纳顿规则（McNaughten rule）：1843 年，英国伦敦发生了一起谋杀案。麦克纳顿试图刺杀当时的首相皮尔（Peel, R.），结果意外杀死了其秘书德鲁蒙德（Drummond, E.）。麦克纳顿最后被宣布是精神错乱而不必承担刑事责任。于是形成了最早的也是应用最广的刑事精神病验证规则。即，若被告犯案时，（1）不清楚自己具体在干什么；（2）不知道自己的行为是错误的，可以不承担刑事责任。——译者注

乏控制自己的能力，做了他明知是错误的或违法的事情。把受到强制或强迫的托词延伸用于内心强迫和意志力不足，将使责任的确定比以前仅强调认知条件还要困难。因为，怎样才能确定受诱惑的或受刺激的人能够回避他实际已经做了的事情？不论伍顿女士（Lady Wooton）在她撰写的著作中的“精神错乱、道德和刑事责任问题”（Mental Disorder and the Problem of Moral and Criminal Responsibility）[1]那一章中还说了什么，她至少提出了制定和应用“减轻”责任标准内在的困难。在承认“严格责任”情况的法律方面，目前也有进展。在一些犯罪方面，例如，持有涂改过的护照，出售掺假的牛奶，危险驾驶等，不再准许为受指控者辩护，无论是否是有目的的行为，也不论他的行为能否合理规避惩罚。[2]有人认为，如果在一些案件中，承认“严格责任”，那么就应当在所有案件中承认“严格责任”。惩罚的方法也不应当由于调查这种难解的事务而变得复杂化。相反，应当更加关注如何能够安排“治疗”，且能通过数据来说明是否产生了有益的效果。

对责任概念的批评常常得到来自决定论宣传的支持，它们的假设是：人类行为是“引发的”（caused），这一现象也表明，在决定做什么的问题上人是无能为力的。因此，一般而言，区分“有能力”（can help）和“无能为力”（can’t help）是没有意义的。探究揭示蕴含在浩瀚因果系统中意义不大的细节是没有意义的。

1　参见伍顿（Wootton, B.）：《社会科学和社会病理学》（*Social Science and Social Pathology*），伦敦，艾伦和昂温，1959 年，第八章。

2　参见哈特：《惩罚原则的序言》，载于《亚里士多德学会公报》，第 60 卷，1959—1960 年，第 19 页。

人类事务的决定论概念引发的问题极为复杂，这里无法全面深入讨论。[1] 其中，涉及责任话题的观点有以下几点。第一，与“决定论”概念相关的因果关系可释性（causal explicability）和不可避免性这两个概念常常交织在一起，所以需要区分开来。它们之间绝无重合的必要，因为就常识而言，做一些事情是有充足理由的，如拍打窗户上的苍蝇是有充足理由来解释的。如果有人愿意的话，这种事情也是可以控制不去做的。它不像坐在烧红了的火钳上是必然要跳起来的。另外，了解为什么一个人要做他可以避免做的事，如被批评家挑刺，常常是可以避免做这种事情的必要条件。认为因果关系可以说明不可回避性的观点很可能来自从某种特例归纳出的貌似有理的规律，例如，催眠后的意识，所谓的母爱缺失（maternal deprivation）事实等，在这方面，一定的因果条件可能与强迫征和不可避免综合征有关。

这就引出第二个观点，即在解释行为时，需要对不同类型的“原因”做出区分。这意味着，不仅要区分必要条件和充分条件（这是非常重要的，因果解释至少需要充分条件），而且要在解释不同类型行为时对所需要的不同类型条件进行区分。言语失误可以用心理学来解释，言语中“非故意”的失误可以用假定无意识愿望（unconscious

1　要进一步了解这方面的讨论，参见彼得斯：《权威、责任和教育》，伦敦，艾伦和昂温，1959 年，第二部分；想更全面地了解，参见本和彼得斯：《社会原则和民主国家》，伦敦，艾伦和昂温，1959 年，第九章；皮尔斯（Pears, D.F.）：《自由和意志》（*Freedom and Will*），伦敦，麦克米伦，1963 年；斯特朗森（Strawson, P.F.）：《自由与怨恨》（*Freedom and Resentment*），载于《英国人文社会科学研究院公报》（Proc. British Academy），第 48 卷，伦敦，牛津大学出版社，1962 年。

wish）来解释，但是，一个男子对家务女工[1]讲法语而不讲英语的情况也许只能够解释为这个男子了解所处的情境且有交流的愿望——或者想通过讲法语来加深女工对他的印象。人类行为的现象是多种多样的，需要应用不同的概念族（families of concept）来证明不同类型解释的正当性。

尚未有人表明，根据这些逻辑上不同类型概念提出的解释可以简化合并，或者它们可以互为推断。[2]与那些发生在我们身上的事情不同的是，我们所做的许多事情是依据一定模式来解释的，这个模式假定做事的人是清楚其行为环境的，也是了解实现目的的手段及对手段和目的起适当制约作用的规则的。在这种模式中，诸如"意图""审慎""深谋远虑""决定"和"选择"等概念都有自己合适的位置，可以作为行动的"原因"看待，正如在机械运动模式中，一个运动可以作为另一个活动的"原因"一样，例如解释眨眼睛。

当我们解释一个人在组织结构中的行为时，例如解释一个人在委员会里、在旅馆里、在高尔夫球场和在实验室里的行为的时候，我们往往诉诸这种模式。我们都非常清楚，有些事情是无法用这种方式解释的，如做梦、谵妄和幻觉等。我们也清楚，行动和工作会出现疏漏、失误和错误。这些我们称作"偶然的""非故意的""非自愿的"行

1　家务女工（*au pair girl*），"*au pair*"是法语，意思是不付钱，相互交换服务；"*au pair* girl"指不取报酬，吃住在雇主家的家务女工。——译者注

2　参见哈姆林（Hamlyn, D.W.）：《因果关系和人类行为》（Causality and Human Behaviour），载于《亚里士多德学会公报》，附录，第 38 卷；泰勒（Taylor, C.）：《行为的解释》（*The Explanation of Behaviour*），伦敦，基根·保罗，1963 年。

为也不能用这种方式解释。弗洛伊德对心理学理论最大的贡献之一是认为，这些情况并非是无法说明的。他建立了一种特殊理论来解释这些动作倒错[1]及其他现象，如做梦、癔症和妄想等，[2]而这些现象需要给予另一种解释。实际上，他试图相当精确地阐述他的特殊解释可能成立的条件。[3]的确存在一些两可的案例，还有许多行为是多种因素决定的，[4]而且难以决定某种行为属于哪一类，但这一事实并不能降低区分理论的理论重要性。

简而言之，诉诸决定论的学说不会有什么帮助，因为在这个学说中，需要对不同形式的因果解释进行区分。非自愿和非故意的行为，以及我们所处的被动心理状况，要求采用不同的方式来解释，而这不同于直接行为和行动。它们各自的生理学基础也是不同的。所以，律师采用的既定的大略标准是以心理学理论中为坚实基础。

这些区分所具有的重要实践意义与它们的理论意义一样深远。哈特说过："人类社会是一个由人组成的社会；而且，人们并不自认为，或者相互认为他们是一群在以一种有时是有害的、需要避免的或需要改变的方式活动的肉体。相反，人们将各自的活动解读成意图和选择的表现形式，而这些主观因素对于社会关系而言要比体现主观因素及

1　动作倒错（parapraxes），心理学概念，指一种认知错误，如口误、错听和暂时性遗忘。——译者注

2　参见彼得斯："情绪、顺从和弗洛伊德理论在心理学中的地位"，载于沃尔曼，内格尔：《科学心理学》，纽约，基础图书，1965 年。

3　参见弗洛伊德：《日常生活中的心理——病理学》（*The Psycho-pathology of Everyday Life*）。伦敦，欧内斯特·本，1914 年，第 192—193 页。

4　参见彼得斯：《动机的概念》，伦敦，基根·保罗，1958 年。

其效果的活动重要。如果一个人打了另一个人，被打的人并不认为另一个人仅仅是给他造成痛苦的人，因为对他而言，至关重要的是，这一击是蓄意而为的还是非自愿的。如果这一击不重却是蓄意而为，那么，对于被打的人来说，其意义完全不同于意外发生的相当严重的一击。毫无疑问，要传达的道德判断就蕴含在受这种重要区分影响的事物中，但也许受到如此影响的是最不重要的事。如果你打我而被判断是蓄意而为的，便会引起恐惧、愤慨、愤怒和怨恨：这些不是有意的反应，但这样的判断会让我慎重考虑未来与你的交往活动，会在你我的社会关系上蒙上阴影。我应当成为你的朋友还是敌人？是讲缓和的话语还是回敬一击？如果这一击不是故意的，那意义就完全不同。这就是现实社会中的人性，而且我们无力改变它。”[1]所需要表明的是，这种描述似乎在我们的日常生活中非常有作用，也是我们用了数百年才建立起来的，但它却没有得到合适的应用。如果仅仅指出存在着我们没有把握解释清楚的模棱两可案例，这一点是不能成立的。这只有在试图分类时才会发生。更符合伍顿女士计划的可选方案是建立一种心理学理论，对这种重要的区分给予特别关注。[2]有人认为，哈特的话假定了尊重人的原则，而理性人在与其他道德当事人交往时必须接受尊重人的原则。一旦放弃了这一原则，当我们要合理操纵别人的时候就没有相关标准了。伍顿女士在评论“现存的道德概念”时，忧虑地

1　参见哈特：《惩罚与责任的排除》（*Punishment and the Elimination of Responsibility*），伦敦，阿思隆出版社，1962 年，第 29—30 页。

2　奥斯汀（Austin, J.L.）：“辩解”（*A Plea for Excuses*），载《亚里士多德学会公报》，第 57 卷，1956—1957 年。

感觉到了她的观点产生的令人不快的伦理学影响。[1]遗憾的是，她没有对这种疑虑做进一步探究。

二、保留责任的正当性

试图排除责任的想法主要出于一种善良的愿望，以引导人们关注惩罚的改造含义而不是报应含义。实际上，正如哈特所指出的，在拟讨论的问题方面，在让人联想到报应性质的法官的谴责与19世纪以伍顿女士为代表的唯科学主义的埃瑞璜人[2]观点之间，似乎无中间道路可走。不过，我们需要证明某事依赖于这种区分的正当性，而这种区分不是以直觉为基础。这种正当性的证明可以诉求于本书第二部分论述的基本原则。

首先，要根据公正原则证明其正当性。无论一个人是接受惩罚还是受到某种补救性“治疗”（remedial “treatment”），他一定是受到歧视的。与这种处理中的区别对待唯一相关的理由在于他将自己看成应当受到惩罚或“治疗”一类的人。如果他以非故意的行为并以造成的影响不大为理由进行的申辩得不到支持的话，显然，这个人受到的对待与受到歧视并无二致，尽管两者之间还是有一定区别的。如果

1 参见伍顿：《社会科学和社会病理学》，第253—254页。

2 埃瑞璜人（Erewhonian），是英国小说家巴特勒（Butler, S., 1835—1902）所著乌托邦小说《埃瑞璜》（*Erewhon*）中埃瑞璜国家的公民。在该国，疾病应受惩罚，而道德上的堕落和犯罪行为却得到同情宽恕。巴特勒借此辛辣地讽刺了英国维多利亚时期的社会秩序和风俗习惯。“Erewhon”是“nowhere”的倒写，意思为“乌有之乡”。——译者注

无论在什么情况下都坚持“严格责任”的话，那么一个人必须像为有目的地做某事负责一样为因失误或意外做错的事负责。毫无疑问，如果让心理学家或社会学家来给他“治疗”，其结果可能就不一样了。但是，这对公正观念的冒犯将会十分严重。

受到严重冒犯的还有自由原则。如果一个人在知道他的行为可能造成的后果时还是做了违法的事，如果根据一个人要为自己可能因失误或意外做的事情负责的话，那么赞成让人主导自己生活和成为自由人的假设就难以成立了。自我约束和自律的价值也被贬低了。因为，我们的制度确保的是，一个人如果能控制自己的冲动和遵守法律，如果他因意外或失误犯了错误，那他获得的报偿是可以不被追究责任。但是，如果一个人违法后仅仅只是受到了“治疗”，那就没有这种隐性报偿。实际上，一个人一直采取“治疗”态度来对待犯错是不符合逻辑的。心理治疗社会工作者应当在法律被破坏之前四处搜寻“治疗”的候选者。“治疗处理”的态度取决于为同一社团弱势成员的利益而牺牲自由和公平的程度。这是身着实验室白大褂家长的作风。

做这种区分的重要性可以根据威慑理论进行证明。如果惩罚的主要目的在于威慑，则惩罚只有对故意行为才有作用。因此，如果法官面对持续的辩解而放弃惩罚，那么，威慑的效果不一定会减弱。按照功利主义者的观点，让人们除了蓄意犯错之外也受到惩罚是一种毫无意义的伤害。

假设减轻处罚，功利主义者会十分慎重地对待宽大处理。他要更多地了解威胁没有作用的情况的性质。在这方面，一些减轻处罚的情境与其他情境可能完全不同。“冲动犯罪”（crimes of passions）可能会因严重威胁而减少，而“为了喜爱”的偷窃（stealing for “affection”）则不会。在这些案例中，公平可能会使威慑的效果适得其反。在这所有问题的背后还有一个问题，即赋予威慑的重要性不同于前文已经论及的纯粹改造。令人鼓舞的是，伍顿女士将此视作“目前流行的罪犯心理治疗方法所拒绝承认的刑罚改革面临的根本窘境”。[1]

三、儿童的处境

现在产生的问题是此处的讨论与学校中惩罚儿童的问题有多少相关度。显然，它涉及一些更重要的问题，即刑事责任年龄和国家处理少年犯罪的方法问题。[2]但是，这个问题本身至少还可以再写一本书来论述。这里能做的是，对法官判决罪行的立场与学校教师处理特殊犯错者的立场进行对照和比较。

首先，二者的不同在于，在相当程度上，尽管学校的规则类似于法规，均是由处于权威职位的人士发布，并通过处罚手段强制实施，但是它们的道德意义有很大不同。因为学校是一个教育机构，学校的主要功能之一是道德教化。这就意味着，管理学校比管理法律体系更多地关注动机。任何接近于“严格责任”的做法都是不合适的。因为，道德教化的一个重要方面是培养值得称赞的内在动机，而这不同于从

1　参见伍顿：《社会科学和社会病理学》，第 337 页。

2　参见：《儿童和青年委员会报告》（*Report of the Committee on Children and Young Persons*），皇家文书局，1960 年（10 月），第 30—32 页。

外部强加的顺从。

第二，律规不再被单纯地看作可以保护社会和保证教育得以正常实施的威慑性制度，它在培养个人选择能力、自我约束和自律方面的教育价值也得到了强调（参见第七章第五节）。如果遵守规则没有报偿，如果在处理经常发生的非故意的、非自愿的和意外的违纪问题时不给予例外处理，这种教育价值是无法实现的。

第三，正如前文所述，教师既像法官也像缓刑官。他能够既公正地执行法律也能实行必要的惩罚，以使他能够减少惩罚的威慑和改造方面存在的冲突。他灵活和富有想象力的处理问题的机会比法官多。他对犯错者的了解使他在设计补救方案方面具有更多的优势。

第四，有一点很明显，即人们对于是非的认识及控制冲动的能力发展缓慢，且各人的发展速度差异明显。婴儿对是非毫无认识，完全不能控制冲动和身体运动。他不会预见未来，对他的活动造成长期的影响毫无概念。他想征服干扰他追求目的的恐惧和愤怒。即便在稍后阶段，当儿童对是非的感觉有了清楚的认识之后，也有充足的理由认为，他易受同辈团体压力的影响，只有那些很不同寻常的、独立性强的、敢于反对同伴的儿童才会拒绝去做他认为是错误的事情。在早期阶段，这种压力几乎等于一种强制，这种强制被公认为可以作为减缓责任的托词。因此，每个教师都必须小心翼翼，不要用同样的行为标准要求不同年龄阶段的那些性格发展落后于认知发展的儿童。

所有这些都是千真万确的，而且肯定会对睿智教师的儿童教育方法产生明显影响。他不仅必须掌握道德发展的不同阶段的特征，而且要洞悉相应年龄阶段每个儿童的发展情况。但是，在所有这些理解的背后，有一个尊重人的问题，尤其当涉及减轻处罚和讨论责任年龄的时候。如果涉及成人，那么假设就会是：成人是理性人，他们清楚是非差异，他们能够深思熟虑，而且可以根据对后果的考虑来调整自己的行动，他们知道自己的利益所在，他们不满他人的干涉。当然，一些人被视作“受动者”（patients）而非“使然者”（agents），因为这种假设对他们永远不适用。其他人由于诱惑或刺激，可能会出现一时的冲动，所以这种假设对他们暂时不适用。我们暂时将他们看作“受动者”，惩罚时也予以体谅。但是，当儿童达到我们可以将其完全视作成人的阶段时又如何呢？对于儿童来说，并不存在一个儿童突然发生改变的神秘年龄阶段，也没有哪种魔力能致使发生这样的突变。如果我们渐渐地将他们作为人来对待，如果儿童在与成人交往时学会做人而且学会将他人看成人，儿童才会发生改变。可以肯定，在一个能够确保环境稳定的规则制度下，他们会受到鼓励去规划自己的生活，并依据他们的经验和能力去发现有价值的活动，且从中学习做人。逐渐地，随着经验的增长和对是非认识的深入，他们会愈加谨慎，其能力及自制和控制环境的能力在不断增强。他们不再习惯于像表演节目的海豹那样进行条件反射式的学习，或者他们不再需要别人允许才去做自己想做的事情。

对于他们如何学习的问题要归纳出许多要点可能是轻率的，因为这是迄今还没有用精确方法描绘出的道德教育王国。但是，根据一般假定可以归纳出一点，即社会信仰改变社会现实，人们的行为在较大程度上取决于人们对自己的认识。这就是人的自我克制能力和自律行为在相当程度上取决于人应当为其自身行为负责的信念。这个假设是我们的法律制度和学校对待青少年的方法的关键，一旦放弃了，人们的实际行为也许会像木偶一样由他人指挥和操纵。如果我们这种高度珍视自由和尊重人的生活形式，却因我们对概念的一些细枝末节的曲解所产生的微妙影响而受到损害，则将是一件憾事。

第十一章　民主与教育

导　言

教育应当是“民主的”，这一点在民主社会中没有什么争议。这相当于在中世纪宣布所有的教育都是基督教教育一样。但是，这种宣布使人们为之投入的是什么远不够清楚。其中的部分原因是，如果它们要完成提醒人们知道自己的最终价值评判的任务，所有这些普通赞赏性术语都必然具有某种含糊性；也部分地因为对“民主”赋予“教育”的意义有不同的解读。

首先，这可能意味着，无论对“民主”作何解释，社会的教育制度都应当按照民主方式分配和组织。例如，一种制度如果忽略了一半人口的教育，或者“人民”对教育制度的组织没有发言权，它通常会被认为是“不民主的”。或者，它可能反过来表明，学校组织自身应当是“民主的”。换言之，人们可能呼吁给予同一机构内成员如教师、学生等以权利，让他们在机构管理方面有些发言权。这样看来，由于英国的公学是按照专断独行方法管理的，因此可能会被视作“不民主的”。或者，这种宣告可能想引起人们对教育内容民主性的注意。学校在训练公民作为民主社会成员所必备的技能和态度方面的作用可能会受到重视。毋庸赘言，一个学校制度可能在一个或两个方面是“民主的”，但不可能在所有方面都是“民主的”。因此，在涉及民主和教育问题时，需要分开论述三种可能出现的解读。在考虑民主如何应用于教育的时候，还需要仔细考虑民主的一般含义和正当性。这一点是必须要探讨的。

第一节 “民主”的含义

民主通常被认为是一种社会控制的具体形式。因此，人们就会自然地期待了解这个概念自身的独特含义是什么。希腊单词“*δημοκρατία*”表示的是一种“平民”进行“治理”的制度；但是，当民主观念在其自然家园——希腊城邦之外应用时，“平民”指的是谁，“治理”的意思是什么，还远远不够清晰。

首先，对于希腊政治理论家而言，“平民”是指与“富人”相对的“穷人”。但是，奴隶和外邦侨民不包括在内。我们会认为，一种大致如此界定的“平民”作为统治者的制度是“不民主的”。希腊理论家一致同意将没有阶级含义的政府称作“有组织体制的社会群体”（polity）。“治理”也是一个非常含糊的概念。需要对立法、行政、司法和执法功能进行区分；“平民”可能在上述部分功能中有一定权利，但不是全部。在各个层次的民众参与中，雅典人走得比谁都要远。[1]雅典议会是最高立法机构，每个月举行一次例会，每个公民都有权出席会议，并有权在议会发表自己的意见。立法议会（the Boule）由500名议员组成，这些议员由抓阄产生，来自雅典的10个部落，每个部落推选50名。50人一组组成一个分议会（prytany），每个分议会在一年的十分之一时间里充当议会的执行委员会。每天都有一个人通过选举当选主持人，由其主持会议，如果当天有大会会议的话，那天此人是城邦里最享有特权的人。

司法管理也用这种极端"民主"的方式进行。城邦里没有常任法官或律师。陪审团通过抓阄从议员中选出，只设一名主席负责主持会议。各部落分管自己的事务。唯一没有留给业余人士决定和投票决定的事情是战争。尽管每个公民都有义务服兵役，但要每年通过抓阄选出10名将军或司令（Strategoi），胜任的当选者可以连选连任。正是通过连选连任，以及通过自己在议会中的权威，伯里克利才能领导雅典那么久。正是因为这一点，修昔底德[2]才认为，雅典理论上是个民主社会，但是实际上是由最重要的公民统治的。毫无疑问，正是由于这种极端重要的专业特权，伯里克利才会在颂扬雅典生活方式时声称，尽管不是每个人都有能力制定政策，但每个人都有能力去评判政策。

伯里克利为之骄傲而又受到苏格拉底和柏拉图严厉批评的多才多艺的能力和参与各级管理的做法，只有在伯里克利时代雅典这类人们

1　参见基托（Kitto, H.F.）:《希腊人》（*The Greeks*），哈蒙兹沃思（Harmondsworth），企鹅图书，1951年。

2　修昔底德（Thucydides，公元前460—前404），古希腊历史学家，著有《伯罗奔尼撒战争史》（*The History of the Peloponnesian War*）。——译者注

面对面常见的小城邦才有可能。“平民统治”的理念在那里得到了具体的令人激动的应用。18 世纪，卢梭试图在其著作中瑞士的一个小州复兴这种“人民的统治权”（the sovereignty of the people），但是，一旦大型民族国家与常规公民机构、司法系统和常备军（正规军）及警察队伍发展起来，这些概念如何应用？这些条件下的民主必须是“代议制”。一个雅典人会将这种设计看作立法领域中的可诅咒的东西。卢梭同样如此，在他看来，将“人民”的“统治权”转交给这样一种代表性机构的建议的内在逻辑是荒谬的。他还一针见血地指出，这样的机构倾向于谋求他们自己的共同利益，与被他们代表的人民的利益相悖。在国家的立法和行政系统关系中还有一个问题。卢梭认为，只有当“人民的统治权”在人民大会立法决定中得到体现时，具体的行政和执行权利才能安全地委托给“政府”。[1] 但是，表达“普遍意志”的“人民”的决定，必须也非常有必要具有原则性。多数重要的决定并不是“人民”做出的，尽管这些决定在人民大会上能够得到批准和受到质疑。

那么，一旦国家变得太大，公民参与立法会议变得困难，那如何体现“民治”呢？当然，如果要对“民主”的概念有所理解，“统治权”的概念最好予以摒弃。它基本上属于法律概念，当成文法开始挑战习惯法占据的地位、法律制度处于模糊状态时，“民主”概念开始凸显。这就导致了法律权威结构的不连贯，因为法律制度必须有一个至高无

1　卢梭：《社会契约论》，第三卷。

上的程序原则，通过它才能决定法律的有效性。[1]在大不列颠，“至高无上的原则”（sovereign principle）是，国王在议会通过的任何法律都必须被法院认可才有效力。它与“人民”毫无关系。也许有人反对说，现今的议会必须是“人民”选举的，所以在民主制度里，“人民”终究是“至高无上的”。但是，是议会的法律赋予“人民”选举的权利，决定选民的构成，以及决定什么是有效的选举程序。

那么，假定有人认为，作为一个法律理念，“人民的统治权”是一句行话，但是它令人印象深刻地描绘了一个政治场景，人民在其中行使最终权威其实际意思是他们的意愿最终将得到尊重。但是，“人民的意志”这个概念的含义是什么呢？说一个人有自己的意志，他就应当能够仔细斟酌一些事情，能够自己决定做什么事情，并坚定不移地采取措施予以落实。一个志趣相投的群体，比如农庄主群体，也可能被非常形象地比喻成有“意志”的群体，意思是他们在共同关心的问题方面意见一致，且不遗余力地努力解决它。但是，可以用像这样易懂的方式来表述“人民”的意志吗？也许在民族危急之时，在面对共同危险之时，所有人可能团结在一起。但是，人民有这种“意志”的场景很少出现。同样，那些西方不承认是“民主”国家的共产主义国家会宣称，人民在这种意义上是“至高无上的”。而且，可以肯定的是，他们在追求共同利益方面似乎十分团结。

如果要对一些概念进行实质性的解读，任何试图使人民的“意志”

1　参见彼得斯：《社会原则和民主国家》，伦敦，艾伦和昂温，1959年，第十二章和第十五章。

或“统治”的含义具体化的努力都注定不会成功。这样说的意思是，人民的“意志”和“统治”属于目前的一致性意见或共同利益，是“人民”的共识和共同意见，由政府负责具体实施。同样还必须说的是，由“人民”赞同的政府理念是民主意识形态中的另一个时髦词汇。如果“赞同”既是指作为公民明晰的承诺，也指对政府行为含糊的一致性认可，那么就不可能对这个概念做非常具体的解释。我们无法通过投票征求民意来确定政府是否是“受到人民赞同的”。实际上，如果我们这样做，就可能发现在纳粹德国有一个被赞同的政府。因此，若非发生大规模叛乱和移民，什么时候政府才不会被赞同呢？

不将这些概念作为实质性概念的一个合适选择是将它们视作程序概念。这样才能对它们进行具体解释，才可能将民主政府与其他类型的政府区分开来。这其中的含义是，通过一些已经确立的程序，一些因政府行动蒙受损失的个人利益可以得到顾及，个人的愿望和意见得以表达。这样，“人民的意志”意味着决定是通过这些程序做出的。这也许不是大多数人民实际所需要的。但是，这并不重要，因为“人民的意志”不是指某些特殊群体的意见，而是指通过商定的程序（例如，英国的“立宪会议”）做出的决定。至于这些程序应当是什么则是另一个问题。例如，很可能民主国家需要一个常设公职来管理，承担公职的人必须在一些重要问题上采取公民投票的方法来确定大多数人的愿望。计算机和电视时代的到来，使这种政府制度和完美的“民主”机制的实现成为可能。它是否像代议制政府一样合乎需要则是另外一个问题。同样地，在由程序做出的决定中，没有任何东西可以将勉强多数、三分之二多数或者一致通过作为民主程序的“本质”（essence）。所有这些可供选择的程序的各自优点需要讨论。“民主”的概念并没有明确限定哪一种程序。

简言之，当“民主”概念用于一般政治制度而不是只应用于希腊城邦的民主自然家园时，在制度规定方面几乎不会有所发展。其中内含某个普通要求，即在涉及国家行为和政策的决定时，应当有一个向国家公民咨询的程序。但是，如果我们思考“民主”和教育关系的话，这不会让我们取得很大进展。那么，有没有其他方法有助于使对这一概念相当抽象的阐释变得更加充实？

第二节　民主主义者的预设

像“赞同”和“人民的统治权”等术语必须结合其语境才可理解，过于望文生义可能会遗漏其背后的重要预设。它们有具体的历史背景，它们更像布拉德利[1]的具体的共相而不是柏拉图的“形式”。洛克一些人非常理解“人民的赞同”的意义，清晰地表明如果国王要征税，依据传统应该召开议会征求“建议和赞同”，因为这涉及财产权。法律的推定是，就征税而言，“人民的赞同”是通过选举产生的代表来体现的。依据同样的传统，科克爵士（Coke，Sir W.）提出了一个可理解的主张，“特权是法律的一部分，但是‘至高无上的权力’绝不是

1　布拉德利（Bradley, F.H., 1846—1924），英国唯心主义哲学家。——译者注

议会中使用的词汇……马格纳·卡塔[1]就是这样一个没有‘至高无上’权力的人物。”一种开展政治事务的方法逐渐成熟，一些明晰的原则从实践活动中浮现出来，统治者如果想有效地维持统治就必然要做出妥协。政治活动的这种萌芽形式当然要回到《大宪章》去寻找。它们表达了英国人的独立精神，被嵌入习惯法中，在涉及臣民权利的问题时，国王的权力受制于清晰表达了人民习惯的判例。[2]因为英国是一个岛国，国王只需要一支正规海军来保卫国家安全，海军在其权力掌控范围内，而常备军（正规军）不在。但海军在使难以管束的臣民就范方面的作用微乎其微。当内战[3]到了最后决战时，斯图亚特王室在付出代价之后才发现，他们面对的不仅是新型的军队，而且面对掌握着装备这支军队大部分财富的臣民。而且，国王也从来不能依靠贵族不二的忠诚。在英国，阶层团结从未深入扎下根来。因此，与这种顽固传统和形形色色利益相一致的某种政治制度是唯一适合的制度。这意味着对冲突意见的宽容，也意味着凡事都可以讨论。议会（parliament）这个词来源于法语“parlement”，意思是有效的政府管理只能通过讨论实现。伊丽莎白一世对此非常敏感和现实，很快适应了它们，而来自苏格兰的斯图亚特王室则不然。他们的君权神授（Divine Right of

1　马格纳·卡塔（Magna Carta），即《大宪章》。这是作者拟人化的用法。该宪章要求教会自由，改革法律和司法、限制王室成员行动等。虽然《大宪章》反映的是封建的而非民主的要求，但仍被认为是英国立宪制度的基础。——译者注

2　要进一步了解这方面的论述，可参见彼得斯的《霍布斯》（*Hobbes*），哈蒙兹沃思，企鹅图书，1956年，第九章。

3　内战（Civil War），指1642—1651年英国议会与保皇党人之间的内战。——译者注

Kings）的诉求是不可接受的，也是令人讨厌的。当然，这些冲突被清教徒带到了美国，在那里，在一个令人兴奋的新环境中，它们发展成为美国人自己的生活方式。

第九章简要地谈论过传统权威逐渐变得理性的过程。但是，经过格劳秀斯[1]律师等人普及的理性主义者理念在英国扎根的原因只是因为他们提出的抽象原则已经内含在英国的阻止独裁化的实践活动中。对“自然法”和“自然权利”及政府与被统治者之间的“社会契约”的呼吁对一些人产生了影响，这些人已经在根据一种假设行动起来。这个假设就是：国王的法官只解释了有待公布于世的“基本法”（fundamental law），这个基本法可以保护他们的具体权利，如财产权。而且，一些人也习惯了国王向他们征求“意见和寻求赞同”。这些抽象的理念源自他们对实践的与众不同的解读——显然不同于法国的解释，在法国，没有这种根深蒂固的个人自由和限制政府行为的传统。

因为这些传统，盎格鲁—美国（Anglo-American）的民主概念从未设想以“人民的赞同”为名授权一个政府，一个民选的政府去做推进公共利益所必要做的事情。在这方面，人们对卢梭或者罗伯斯庇尔[2]的、大众喜爱的政府作为“人民普遍意志”的思想还相当陌生。盎格鲁—美国的民主是以一种抽象方法形成的，很可能是像这样的民主：首先，所有关于“赞同”和“自然权利”相伴物及“契约”的理论基本上扎

1　格劳秀斯（Grotius, H., 1583—1645），荷兰法学家，人文主义者和诗人。——译者注

2　罗伯斯庇尔（Robespierre, M. M.I.de., 1758—1794），法国革命者。1789 年入选国民议会，是支持个人权力的激进的代言人，也因此而著名。——译者注

根于已道德化的或理性化的对实践活动的描述之中，这种实践活动强调对政府做一定的限制，无论它是什么政府。洛克的基本信条是，没有任何一个人“应当臣服于另一个人的政治权力，除非他自己赞同”。雷伯勒上校[1]于1647年提出的主张更加强硬，他说：“每一个生活在政府治下的人应当首先自己赞同受制于政府，而且……在严格意义上说，英国穷人如果没有表态，他们就不受政府任何约束。”这种要求隐含的预先假设是，政府至多是一个必然的权宜之计，接受它是有条件的。权威是必要的，但是权威不能靠不正当地压迫个人来形成。权威要臣服于道德评价，权威要为下属构筑安全屏障。美国的宪法是人类史上最伟大的理性纪念碑，代表着一种精心制作的尝试，即在制衡制度下建立一个有效的政府，旨在确保个人和少数民族的权利，以及预防可能出现的行政和众议院专制。

这种理性地有条件地接受权威的含义在于对理性的承诺和对政治事务方面终极权威的否定。所有的政治决定都是“显而易见”的道德决定。就此而言，尽管它们包含着复杂的事务，需要向专家咨询，就像教育决定一样，它们也总是含有道德判断。而道德判断是本书从头至尾着力论述的问题，属于理性人的任务范畴；它们不属于少数天才的天赋特权。如果柏拉图是正确的，只有少数受过训练的哲学家才能分辨美好社会的形式，那么，他倡导的仁慈的家长式统治（paternalism）是唯一合适的政府形式。同样，如果古典功利主义者是正确的，如果

1　雷伯勒（Rainborough, T., 1610—1648），英国内战时期著名海军将领和政治家。——译者注

“幸福”是正确行为和立法的唯一可能的目的，如果谋求幸福的“财富”可以计算，那么，所有的政治决定就会变成技术性工作，交给具有特殊计算机装备的社会科学家做必要的计算便可。讨论和政府公开为自身政策辩护的必要性不仅证明了不愿受摆布人士的独立性和坦率性，而且也含蓄地承认了一些主要的事实，即政治决定的重要性在于判断而不在于计算。解决这一问题的唯一合适方式是通过调整和讨论达成“解决方案”。

然而，这并不意味着无政府主义。如果缺乏一致的意见，这种讨论不可能进行。一致意见是由道德的基础原则提供的，本书第四章至第七章论述过。这些由公平、自由、考虑利益和尊重人组成的基本原则因人们假设用理性解决这些问题而得到捍卫。它们都是一种程序而不是实质性特性，它们以此方式提供了原则的程序框架，从中可以找到道德和政治问题的实质性解决方案。因此，可以假定，在盎格鲁—美国民主的“生活方式”的描述中，解决政治问题的方法在于理性的讨论而不是武力或专横的命令。人们认为，处理政治事务的这种方法是从祖先实践活动中逐渐浮现出来的。盎格鲁—美国民主的概念只有参考解释这些实践活动的原则才能被理解，它不能被编造成为一个纯理论“人民的统治”的抽象概念。

第三节　制度和心理要求

本章第一节论述到，像“人民的意志”和“人民的赞同”这样的理念，必须用程序性而不是用实质性术语来解释。本章第二节论述到，这些要求限制政府的理念是内含在传统之中的。随着权威的理性化，这种对待政府的方法通过诉诸“自然法”和“自然权利”等道德原则而非依照惯例得到辩护。例如在一些常见的场合，君主公开宣称其授予《大宪章》荣誉的打算。政治责任变成一种特别的道德责任，而不仅是一种确立的实践制度。然而，问题在于，政治权威的教化（moralization）是否需要一种特别的政治程序。有人认为，“民主”需要的是选举代表的程序而不是经常采用公民复决投票。但是，如果可能的话，能不能使解决事务的道德原则通过诉诸理性来暗示政治程序呢？

一、制度内含的程序

无疑，含有“建议”和“赞同”的程序是基本的要求。政府必然会发现，他们只有使自己满足王国的主要利益的需求才能进行统治，而且会发现被统治者已经提出要根据权利对国王特权做出限制的要求。这个强调已经达成妥协的程序是制定考虑到被统治者利益的条款。而且，这种条款必须是具体的，而不是理念性的。穆勒对这一点的意义做了很好的阐释，他说：“只有当有利害关系的人自己能够，而且习惯于站出来维护自己的权利，每个人或者任何人的权利和利益才不会受到漠视……我们无需假定，当权利属于一个排外的阶级，这个阶级会有意和故意地牺牲其他阶级的利益来满足其自己：在自然捍卫者缺席的情况下，被排斥的阶级的利益总是处于被忽略的危险之中，而且，当被关注到时，也会遭到有直接利害关系的人的白眼，仅此一点也就足够了。”[1] 那些坚持认为没有代表就没有正义观点的人是在建议一个穆勒已经十分清楚阐明的执行最重要的政治程序的设计。代表的选举或者不断地求助于公民复决投票是否能证明更为有效的设计，是需要进一步仔细讨论的问题。但是，这两种设计是使最重要的政治程序制度化的途径。

当然，就历史而言，那种认为每个成年公民都有权利得到某种方式咨询的观点是经历了很长时间才出现的。例如，在 17 世纪，雷伯勒上校设想了一个普遍的公民权（universal franchise），而洛克想到的只是财产拥有者的“赞同”。但是，就历史而言，大多数这种普遍原则在得到公认之前，最初只有社会的一些特殊成员为之奋斗并使之得到确立。卢梭的想法是确保这些原则应当得到切实的执行，而不要冒个人被其他不称职的人代表的危险。他声称，公民如果没有参加立法会议的机会，就不会有适当的民主。只有如此，才能确保统治者“既没有也不可能有背叛他们利益的机会”。但是，卢梭也认为，这种最高议会本身是履行道德责任的措施，因此，“无需给国民以保证”。“普遍意志总是正确的，总是倾向公众的利益。”在主张普遍意志时，卢梭不仅天真地认为议会能够取得一致意见，而且他混淆了权威的形式和经过讨论达成决定的方法，而这些则是理性人根据道德标准可接受的东西。他使道德原则和政治程序联系得过于紧密。但是，非常清楚

1　穆勒：《代议制政府》（*Representative Government*），埃弗里曼（Everyman）编，第 208—209 页。

的是，没有具体的落实顾问制度的设计，公正地考虑利益和尊重人等基本的道德原则只能在私人领域得到应用，而不是在公共领域应用。

另一个一般制度要求必须是保证公众言论自由的一些具体措施。没有这些措施，任何形式的顾问程序都会流产。除非言论和结社的自由得到保障，否则享有利益的个人和群体不会有机会形成和表明他们的主张，对政府造成压力——对这类问题本书第七章进行了探讨。宽容在这个国家已经成为从事政治生活必不可少的基本条件。它假定的不是漠不关心而是一种对舆论的热切关注。法律保障措施的制定使之成为一个正式的传统，其中部分原因在于其必要性，部分原因在于原则。离开此，磋商咨询便是一句空话。毋庸赘言，自由的基本道德原则所要求的正是这种制度条件。

最后，一定要有某种公开问责程序。构建了一个就重要政策向人民征询的复杂制度，但是却不提供一个程序，让公众就政府的能力或就政府完成的任务不能令人满意而需要撤换的事务问责政府是荒谬的。作为一种政府形式，民主政体的最大优点是可以更替政府而无需革命。有许多确保公开问责的方法，其优点有待进一步详论。但是，如果没有这种制度条件，没有哪个政府体制可以称为“民主政体”。这也许是被高度颂扬的“人民的统治权”理念背后的基本政治原则。

二、人民的习惯

本章一直强调的理念，如“一致赞成的政府”源自政治活动的传统，不能被简单理解为抽象的理念而是具体的共相。引用奥克肖特的话说，

“在 18 世纪的美国和法国，被当作拟付诸实践的抽象原则来阅读的洛克的《政府论》（下）（*Second Treatise of Civil Government*）曾经被视作政治活动的序言”。但是，它远远不止是一篇序言，它还附有补充说明，其指导力量深深扎根于实际的政治经验。此处用抽象术语简洁记录的是英国人的行为方式——英国人政治习惯中令人瞩目的节略。[1] 这虽然是洛克《政府论》有点片面的描述，但它的主要意义在于，背景是理解政治观念不可缺少的一个方面。奥克肖特还有远见地认为，这种理念体系只有在那些在这种行为的传统中成长起来的人手里才能得到明智的和有效的应用。洛克的理念在美国扎根的原因是英国人对带到美国去的理念做了具体的解释。然而，在法国，洛克的理念从未真正生根。当这套理念作为一种“意识形态”漂洋过海到了外国，它总是要碰运气的。比较好的方法是，“工人带着自己的工具上路——这种方法造就了大英帝国。但是这种方法速度慢且成本高，特别是当人们行色匆匆时，有计划的人因其简洁利索每次均获得成功。在地方官员只被看作一种奴性符号时，他的口号是令人着迷的。”[2]

因此，“民主”政府制度若要不仅仅成为一套口号，其先决条件是，人民已经获得相关经验，可根据这些经验来应用抽象原则。清晰地拟定原则是一回事情，而证明其正当性则是另一回事，这是本书反复强调的事情。但是，智慧地将道德原则应用于具体的环境则又是一回事。

1　奥克肖特：“政治教育”，载于《政治中的理性主义》，伦敦，梅休因，第120—121 页。

2　奥克肖特：“政治教育”，载于《政治中的理性主义》，第 122 页。

在应用抽象原则方面，奥克肖特的观点特别中肯。这对“为了民主的教育”（education for democracy）的影响是不难推断的。

民主生活的另一个先决条件是：在程序原则方面，人们应该有较大程度的一致性意见。在证明公平、自由、考虑利益和尊重人等原则的正当性方面，人们一直在诉诸人的抽象理念。这种人按照理性生活，他还必须寻求其他人的合作来找到行事的理由。如果这种民主生活方式成为现实，必须有一大批人以这种行为方式处理实际事务。否则，讨论就会变质成宣传或者妄用。人们会将反对者视为恶棍或视为丢失灵魂需要拯救的人。“制度”，波珀说道，“像是堡垒，必须有完美的设计和人员配备。”[1]但是配备在其中的人不会像蘑菇那样一夜之间突然冒出。训练他们是一项宏伟的教育事业。理性生活本身就是传统，是批判传统的传统，[2]是新的一代必须被引导进入的生活。没有这样一种理性和宽容的传统在发挥效用，民主制度就徒有其表。

最后，民主还有一个心理学方面的更加难以捉摸的先决条件。这个先决条件就是人必须愿意参加公共生活。这不同于已经提及的另外两个心理学先决条件，因为它是常有的现象，针对的不是民主社会中那些行动能力强且非常理性的成员，而是那些厌恶参与公共事务的人。也许，如果某种重要权利受到威胁的话，他们会参加一个会议；如果他们面临压力的话，也许他们也会勉强做些分外的工作。但是，他们

1　波珀：《开放社会及其敌人》，伦敦，劳特利奇出版社，1945 年，第一卷，第 126 页。

2　参见波珀：“论传统的理性理论”（Towards a Rational Theory of Tradition），载于《推测与反驳》（*Conjectures and Refutations*），伦敦，基根・保罗，1963 年。

缺乏雅典人那样的参与公共生活的热情。热情参加公共生活是雅典人的一个明显特征。这样，他们失去的东西是一种友爱的感觉。他们对自己利益的考虑和认为政府必然是一种妨碍的强烈感觉，也许会导致他们忽略对友爱感情的关注。

如果对公共生活持有的冷漠态度蔓延，民主制度便处于危险之中。也许卢梭在试图重新燃起像雅典人那样参与公共生活热情的道路上走得太远。可以肯定，部分地由于他的影响，这种思想在法国社会弥漫开来，最终导致对个人权利的极大的漠视。苏联的相似做法清楚地表明了其力量和可能产生的重大影响。相对地，具有独立态度的英国人不大关注这种友爱感情似乎是非常合情合理的。但是，它也许有它的危害。英国人像是一个军营律师民族而不是店小二民族。这种传统确保了自由，但也许付出的代价是对友爱的损害。在美国，这二者似乎较为平衡。自由被更多地看作与邻居的交往和参与地方事务。他们不像英国人那样自信，将大部分公共事务放心地交给政治家和公务员办理。其中，部分原因在于美国人对政府的不信任根深蒂固，这甚至成为美国人的特征；还有部分原因在于，政治的地位不如工商业的地位高。他们没有相当于常任最高级公务员的职位，新的选举就有新的总统。这意味着美国公民比他们的英国伙伴更加警惕，认为有必要审查政治家们做的事情。而且，也许更加重要的是，在美国的一般城镇中，公与私的特征正在融合。他们是一个更加友爱的民族。在美国，他们的花园没有围墙。同样，在这方面，美国和苏联的相似性常常受到关注。

第四节　民主的正当性

对于民主的正当性的证明无需再多说什么，因为其正当性已经得到了基本证明。作为一种生活方式，它代表了符合道德基本原则的一种适当的制度，其正当性在本书第二章已经得到了证明。这样，它的伦理学基础已经构筑起来。在第三节第一目中，我们已经提出，这种生活方式要公开地得到落实，至少有 3 个政治程序是必要的——与利益党团磋商（consultation of interested parties）程序，保证言论和集会自由程序及公开问责程序。其中，最值得珍视的特殊制度是依据出现的情况进行讨论的制度。

有人常说，民主作为一种政府形式是不切实际的，因为它要求的普通公民品质只有少数人才具有。它最终只能代表着 20% 的人的观点，而这些人也只能理解其中 20% 的含义。在今天尤为如此。没有哪个负责任的政府会泄露只有少数人才能掌握的政府的经济、军事和外交秘密。如果民主显示出作用，只是因为精英们在必须向不了解情况的偏见让步时没有受到太多的阻碍。

对这一点存在着一些批评，但并不太多。首先，它依据的是一个幼稚的观点，认为它是咨询和公开问责制所要求的。在政府的代议制体系中，存在一种根据一些推定来解释程序的倾向，其中包括对“人民的意志”一类的理念做实质性解释。那些处于权威位置上的人，或是议会成员或是公务员，均是被任命来掌管公共利益的人；但他们不一定是部门或“人民意志”的代表。正如伯克所说：“你们的代表有愧于你们，他们不仅勤奋不足，而且判断有误。他们不仅未能服务你们，反而背叛了你们的意愿……如果政府的意志有倾向性的话，毫无疑问，你们的意见是最应采纳的。但是，政府和立法是理性和判断的问题，而不是倾向性问题。所有的理性都强调通过讨论做出决定，在这一过程中，一批人负责思考，另一批人负责做决定，而且，那些最后拍板的人也许还远在 500 千米之外。”[1]

具有权威的人都十分清楚，普通人对收支平衡或保留远洋海军基地必要性的意见没有什么价值。权威者也知道，他必须向专家咨询各种政策。他的任务不是简单地顺从舆论，还必须帮助制造舆论。他必须使用自己的权威支持那些知道自己在谈论什么的人所提出的建议。公众一般也能根据他们看到的实际效果来判断政策是否英明。无论怎么说，当政治决定的特点是利益的调整时，统治者如果不去咨询受到建议影响的主要利益集团，那是相当愚蠢的。但是，在考虑公共利益的同时，不应该忽略个人利益和少数民族的利益，他们也会导致强大的压力。此外，还有涉及性道德和性犯罪的问题。在这方面，公共政策的制定应更多地从一般道德角度考虑，而不是从专门知识角度考虑。在这些问题上，“普通人”的道德心和“统治者”的道德心一样敏感。现代民主政府一个令人苦恼的特征是，统治者自身也许是这种假设批评的牺牲者。广为接受的一个观点是，政府必须获得选民的

1　伯克：“对布里斯托尔选民的演说”（Speech to Electors of Bristol），1774 年，载于《名著》（*Works*），博恩（Bohn）编，第一卷，第 446—447 页。

“授权”，当政党间势力不相上下时，害怕下一次选举落选的心理常常使政府在一段时间里裹足不前。许多亟需的改革未能进行，其原因在于进行改革不仅不能赢得选票，而且如果哪届政府敢于改革可能还会失去选票。在英国，这方面有离婚法和国立学校宗教教学改革两个例子。

在这种批评的背后，也有一种也许非常奇怪的观点，即可能存在着某种理想的政府，在其治理下，正义和考虑利益的理念得到了完美的实现。那是一个乌托邦梦想。正如前文论证，政府自身概念中含有将一些人放在高于他人的权威地位的意思，初看起来是对理性人的冒犯，但本质上它不可能是一种理想的处理事务的状态，充其量只是一种必要的权宜之计。假定必须要有一个政府，要问的现实问题不是民主是否属于一种空想，而是要清醒地考虑对于理性人而言会发生什么最坏的情况。他一定会和洛克一样认为，“最坏的事情可能是臣服于另一个人的反复无常的、不确定的、未知的和武断的意志。”以专制开始，他的工作可能通过合适的政府形式获得进展，而且能清醒地顾及这些形式所含有的压迫和痛苦。当他最终走向民主时，他也许只会清醒地感到沮丧、失败和虚伪。但是到最后，它不再像其他政府形式那样代表着对个人的威胁。如果它等同于多数人统治的话，它可能改变方向，正如托克维尔[1]清楚地发现的那样。但是，它不必如此。它有

1　托克维尔（Tocqueville, A.de, 1805—1859），法国政治学家、历史学家和政治家，曾著《论美国的民主》（*De la démocratie en Amérique*, 1835—1840）和《旧制度与大革命》（*L'Ancien Régime et la Révolution*, 1856）。——译者注

一个突出的优点，即如果特殊岗位占有者比预期的还要差——为什么应当认为那些渴望这些岗位的人可能是天使呢？——那么，至少可以将他们撤职而无需采取革命的手段。

一个理性人也可能会认为，在一个民主政体中，如果权威是理性的，磋商、讨论和集会的保证及公开问责已经成为一国人民的习惯，那么这个民主政体代表的是那种与基本道德原则相一致的唯一政治生活形式。也许他甚至会享受民主政体可能带来的某些方面的政治生活。他的友爱感情关注的也许是如何为公共利益奋斗。也许他甚至会感觉到需要做自己力所能及的事去保护理性的单薄外壳，这是一件比单纯追求私人利益更有价值的事情。对待国家，他不可能有雅典人对待他们的“πόλις”（城邦）的那种感觉；但是，至少在一种民主制度中，他可能会感觉到参与的快乐。在处理问题而不是在夸耀偏见时，他会产生一种与其他理性人是一家人的家族感，无论是生者还是逝者。当然，他也知道，任何最终解决方案的想法都是没有意义的。实际上，他会意识到，正是这被采纳来治疗当前病症的权宜之计拓展了前人做梦也未想象到的困难的维度。但是，其意义在于它使解决问题的程序得以永久化，而不在于期盼找到最终解决方案。这正如快乐在于和他人一起旅行的过程，而不在于到达终点。的确如此，哪里又可以称得上终点呢？

第五节　教育中的民主

在这有点沉闷的和零碎的对民主的描述中，有哪些与教育有关呢？正如导言中所说，教育的“民主”至少可以从 3 个方面来解读。在这里需要简要探讨一下。

一、教育的民主化

说教育不是民主的，可能首先谴责的是它没有达到那些执着于民主生活方式的人对教育制度提出的一般道德要求。如果没有接受过教育，生活在工业社会中的个人不可能在发展适合其有价值的生活方式的某些方面前行得很远；而且，教育制度在用对社会切实有用的和发展所必要的技能和知识装备公民时是有选择的。因此，从这一观点出发，无论对于社会还是对于个人来说，民主人士认为，所有人都应当有接受教育的机会，教育应当得到公平的分配。本书第四章、第五章和第六章对这些理念的含义已经作了探讨。作为一个崇尚自由、公平，以及考虑利益的理性人，他也会要求给家长和儿童更多的选择机会，因为它与追寻属于其他两个基本原则的目标相一致。而且，所有这些原则都必须以尊重人的方式来实施。这一点在第二部分已经阐释清楚，对这些原则的解释更像是为了博得一致同意，而不是为了在具体环境中落实这些建议。在这方面，它们与卢梭宣称的普遍意志十分相似。这里不需要再重申第二部分所论述的理由了。

另一个受到激烈争论的问题是，要使民主生活方式成为现实，咨询和公开问责程序必不可少。那么，什么样的制度设计可以确保这些程序得以进行？由于教育涉及巨额公共经费开支，没有人会反对主管教育机构的负责人应当向被管理者咨询的做法，而且他们必须有责任向“公众”报告他们是如何履职的。但是，问题在于这种咨询和公开问责应当在哪一级别进行，教学机构应当拥有什么程度的自主权？例如，在英国，尽管大学的经费主要是国家提供的，在大学与教育和科学部[1]之间也有一个作为缓冲器的大学拨款委员会[2]（大学与财政部之间正式的组织），但大学自身依然享有相当程度的自治权。在另一方面，教育学院财政和管理责任属于地方教育当局，或者，如果它们是非官办学院（voluntary college），就属于教育和科学部负责，对此它们因受种种限制一直不满。从这一点来看，他们的生活与美国中学相比还是属于田园诗般的生活，因为后者在地方教育董事会的管辖之下。

对于这一问题没有更多要说的。在不同国家，差别虽很大，但决策必须考虑的主要因素至少有 3 个。第一，一个国家通行的程序必然会影响教育管理的方式。例如，要想比较英国和美国的问责制度是困难的，因为英国与纽约州大小差不多，这一事实明显会影响中央和地方各自的责任划分问题。而且，正如前文指出的，在这两个国家，人们对政府的态度大相径庭。这两种考虑会影响家长将儿童交给国家教育制度的意愿，而不坚持对当地教育机构所作所为的密切监督权。

第二，不同教育机构需要不同的控制形式。大学强调的是研究，不同于幼儿学校和地方技术学院。第三，还有一个重要的差别在第四

1　教育和科学部（the Department of Education and Science），英国主管教育的部门，几经更名，2010 年更名为“教育部”（the Department of Education）。——译者注

2　大学拨款委员会（the Universities Grant Committee），1919 年成立，负责大学经费划拨工作。1991 年撤销，取而代之的是分别在英国和威尔士建立的高等教育基金会。——译者注

章已经接触过，这就是在不同国家，教师地位是不同的。教师是被视作代表这个社会最终价值的权威？还是仅仅被视作受社会“雇用”以训练公民掌握有用技术的人和根据职业需要负责有效地选择人才的代理人？

显然，这 3 个主要变量使人们几乎不可能概括出公开问责形式和级别的一般性质。细致而具体的讨论应当在已建立机构的背景下才能进行。美国和法国的规模与民主传统差异巨大，如果要求在美国建立一个像法国那样的由中央组织和控制的教育系统，将毫无益处。一个哲学家可以为这样的讨论做出自己的贡献，但是从哲学视角的考虑无法推断出实质性的“解决方案”，这一点已经说得够充分了。

然而，本书第九章中强调的教师作为权威和作为社会生活品质监护人的概念是具有普遍意义的。这就是，在现代民主环境中，在那些民主发展成“集团的统治”而不是“人民的统治”的国家，在一些具有普遍重要性的教育问题上，教师必须使自己成为有组织的压力集团。然而在当前，只有在工资谈判方面，公众才意识到他的集体力量。

人们经常说，这意味着教师应当使自己更加有效地进入一个“职业”[1]——但是，进入教学职业意味着什么呢？对于普通人而言，“职业”人士挣的是薪水而不是工资。[2]但是，同样可以肯定的是，在医生、

1　参见利伯曼：《作为一种职业的教育》（*Education as a Profession*），恩格利伍德·克利夫斯，新泽西，普伦蒂斯·霍尔出版社，1956 年。

2　薪水（salary）和工资（wage）是有区别的。前者是非体力劳动者得到的报酬，通常按月，有时按季或年计算；后者又可译成“工钱”，一般指体力劳动者得到的报酬，通常按周、日等短期计算发给。——译者注

牙医和律师之间还有更多微妙的差别。假定职业人士都统一地要求获得特别的知识和接受过一定年限的职业训练，他们也必须具有符合他们地位和职责的共同的伦理标准。他们会因为“非职业行为”产生负疚感。一个大学教师和他同事的妻子私通是一回事，引诱学生则是完全不同性质的另一回事。职业人士必须积极地从事教学和研究，这是他们专门知识的源泉，而且必须有一个有效的机制，使他们能够在地方和中央两个层面获得与其他人交流的机会，也使他们做出的集体决定得到落实。就第一个要求而言，教师肩负着双重义务。一方面，他们必须了解其任教“学科”的发展，另一方面，他们也必须熟悉任教学科方法论方面的进展，即教育哲学、心理学及社会学的进展。此外，教师也应该不断地把自己置于学生的地位，进行角色转换，这样可以帮助教师察觉教学中存在的问题。就第二个要求而言，他们应当在地方协会组织中讨论共同关心的问题。在英国，根据《麦克奈尔报告》建立的教育研究所对第一种要求进行了制度性落实。教师们正在获得越来越多来自教育研究所为会议提供的设备和帮助，以及各种全日制或非全日制的在职训练。这样，教师可以与知识发展保持同步，而这些新知识是改革、发展和新理念的源泉。至少在一些大都市还出现了一些信号，即中小学里坚韧的实践工作者与教育研究所里不切实际的理想主义者之间的相互敌意开始消散。但是，在教师协会组织中会出现类似的变革吗？有人会踊跃参加不是讨论薪水的会议吗？难道协会组织没有受到本章前文提及的对民主参与的冷淡态度的影响吗？可以肯定，美国教师似乎对共同事业关注得更多一些。但是在英国的一些地方，一般而言，友爱的感觉很少与这种共同关注的问题产生联系。

二、作为民主机构的学校

自杜威生活的时代以来，有许多关于学校作为民主机构的讨论，但是令人疑惑的是，按照民主机构完整的定义，为什么只有少数学校配得上这一称号？而且，它们为什么应当成为民主机构？起初在英国，校长受到任命时，他的权威有多大取决于他本人。他也负责本社区多数未成年人的组织工作。还有一些问题，如课程问题、教师的能力问题，就这些问题向学生咨询是非常不合适的，更不要说将决定权交给学生了。因此，重要的是，在讨论学校民主问题之前，先要对校长在学校中的形式地位进行务实的评价。

如果只是口头说说而不实际执行程序，如实施磋商和公开问责，而且参与者完全明白最后还是校长一人说了算的话，民主幻想非常可能破灭。校长在某些事情上这样做是完全正确的和合适的，毕竟这样做表明他是权威。但是，在这样的情形下，咨询一词应当界定清楚。这涉及教师和学生。这意味着校长会召开会议征求意见但又不准备采纳吗？或者说，会议决定的事情能够得到落实吗？那些在大中小学花费数小时参加会议的人非常清楚，如果主要的观点模棱两可，这种会议只能培育一种玩世不恭的态度。理性要求的不是偶然地向雇员寻求“建议和赞同”，而是要构建一个情境，让人们知道自己的位置。

一旦这种普遍的意义成立，做决定的程序形式和内容就有很大的偶然性。它在相当程度上取决于学生的年龄、决定涉及的实质性内容和学校的传统。任何一个具有民主思想的校长都会向他的教师咨询许多事务，尽可能地在许多事情上形成共同的决定。他会鼓励学生自己组织活动，教师是否参与则取决于活动的性质和儿童的年龄。[1]他可能会成立一个学校委员会或教师委员会，这取决于他对这种机构的价值和效用的判断。学校委员会的职责有一定范围，仅限于讨论一些重要的学校政策。

再者，校长还要代表社会执行纪律和履行职责。让学生参与管理的传统方法是任命级长。[2]实际上，阿诺德的理念被公学广泛采纳，除了上课之外，涉及宿舍、休闲和游戏的纪律事务统统都由级长负责。在一所寄宿制学校，这样做显然比在走读学校实行有意义。然而，当今人们普遍认为，级长制度是已经过时的野蛮时代的陈旧遗俗。在那个时代，年龄大的男孩受到鼓励去管理年龄小的男孩，这些小男孩会紧步后尘，模仿他们的前辈那种令人不愉快的态度。

这类批评有时证明是对的，因为它取决于具体学校流行的级长概念。但是，批评级长制度的人通常没有注意到那种赋予高年级学生管理各种社会活动责任的制度已经完全废除了，他们需要注意到的是，这样一种权威制度已经得到合理化改革。负责人的任命应当考虑职务的任期和履职能力。应当建立轮岗和公开问责制度。所要反对的是这

1　想进一步详细了解相关论述，可参见奥塔韦（Ottaway, A.K.C.）：《教育与社会》（*Education and Society*），伦敦，基根·保罗，第三版，1962 年，第九章。

2　级长（prefect），英国教育家阿诺德在其担任校长的拉格比公学的一种管理方法，即选择一些高年级学生担任级长，负责学生的纪律事务。因为，阿诺德认为，让学生自我管理比校长管理会更加有效。——译者注

样一种制度，即高年级学生由于其学习能力或游戏才能而被赋予一种相当莫名其妙的特权。例如，允许他们将手插在口袋里，赋予他们像传统乡绅一样在青少年教堂里活动的权利。建立一种合理化的制度对做好工作来说是必要的。如果学校委员会公开支持学生负责人不得不强制执行的某些规则，那么纪律就不完全是由校长和教师从外部强加的东西了。这样一种作为训练理由的价值，也就是它既可培养学生对待权威的理性态度又可实际行使权威，就显而易见了。但是，这个问题给我们带来了民主教育的最后一个方面的问题。

三、为了民主的教育

对于学校发生的任何事情，不能单纯地看它与学校负责人制定的一般原则是否一致。因为还有一个对儿童产生影响的问题和鼓励生活方式发展的问题。因此，在民主社会中，任何学校都必须考虑在现实中能够做些什么去培养具有民主思想的公民。本章第二节已经概括这种公民的特征，解释了重视讨论和理性的民主生活方式是怎样从已经成熟的实践中逐渐发展而来的。

本书第二部分证明了正当性的基本原则已蕴含在这些实践中。它们逐渐得到了清晰的解释和抽象理论的论证，作为一种新理性主义的传统扎下根来，强调不能因为什么东西一沾上传统就必须接受。这不一定意味着实践中的改革，而是给予韦伯观点另外一种支持，或者说为其提供了“合法性理由”。从霍布斯时代以来，英国的伦理学和政治哲学著作一直在试图提供这种生活方式的理由。对这些著作的批评者常常幼稚可笑地评论说，它们像是与假想的对手进行拳击练习。因为哲学家并不怀疑，人们的行为应当公正、宽容、考虑他人利益、守信和讲真话，他们同样不怀疑的是，政府应当得到人民的赞同。他们争论的是如何能证明这些原则的正当性。但是，根据本书提出的一个观点，这正是人们所期待找到答案的问题。因为只有在基本原则方面获得广泛的一致意见，民主制度才能产生效果。

有人也许认为，只有按照对这种一致性的分析，黑格尔、马克思和存在主义的著作才能得到解释，因此才有道德原则是历史和经济环境的反映这样的相对论的解释，以及存在主义对个人决定重要性的强调。德国和法国也许是这样的，而且是解释自由主义在这些国家失败的重要因素；但是在英国和美国则完全不是这样的。当然，在诸如赌博、堕胎及婚外性关系问题上，人们的意见尖锐对立。但明确的是，由于在公平、宽容和考虑利益的原则上意见一致，尽管这些原则提供的解决这些问题的框架有待进一步讨论，但人们可以承受在较低级问题方面存在的基本原则之间的意见冲突。当然，这种意见一致并不一定使原则产生效力，这一点还没有论述过。但是，绝不能将民主作为一种粉饰门面的徒有形式的幌子。

那么，学校能做些什么来引导年轻的一代进入这种生活方式呢？这个议题十分宽泛，涉及学校道德和政治教育的实质。这需要再写一本专著来讨论，而且这些问题中的大部分内容涉及的是心理学而不是哲学。这里能够做的是在较短的时间内，简要地做一点或两点一般性评论，将这个议题与本书前文探讨的问题联系起来。

所有这些教育的潜在理念一定是，儿童应当在较短的时间内了解他们的祖先缓慢发展的历程。他们应当被引导进入一种含有理性基本原则的传统。最初，他们应当从其他人那里学习行为举止，而无需懂得为什么。逐渐地，他们要掌握指导其行动的原则，能够做到有理解地行动，而且能使自己的实践活动适应新的情境。他们也会质疑一些实践活动，因为这些活动不再能得到理性的辩护。

沿着这种历史范式，从心理学角度说，他们将会尽一切努力来学习理性生活的方式。因为，在所有教育中，我们面对的是我在其他地方提到的道德教育悖论。[1] 进入理性宫殿必须穿过习惯庭院。即使在鼓励儿童自律的社会，儿童直到 7 岁或 8 岁才开始接触道德理念，虽然作为维持社会秩序的规则并非是先验的，但是规则的理由是存在的。[2] 因此，他们首先需要用一种日后可以使他们理性地遵守规则的方式打好基本规则[3] 的坚实基础。他们是怎样学习这些规则的问题是心理学领域尚未探索的比较新的问题。但是显然，家长、教师及其他权威人物与此有关。因为像生活中许多困难的事情一样，道德行为可能也需要通过学徒式的过程才能习得。如果一切顺利，他们会逐渐用一种明显的方式表明他们已经掌握了基本规则以说明遵守这些规则已经成为他们的第二天性。人们一直认为存在着强调这种生活方式的基本态

1　参见彼得斯：“道德教育的悖论”（The Paradox of Moral Education），载于尼布利特所编《变革社会中的道德教育》（*Moral Education in a Changing Society*），伦敦，费伯，1963 年。

2　参见本书第七章第五节第一目，论“儿童的自由”。

3　参见本书第六章第三节，论“基本规则”。

度——对真理的全面关注、尊重他人及对他人的友爱感情。理性和感觉的对照是不合适的，因为，如果缺乏认知，感觉便不可能存在，而且一个理性人必须持有适当态度，以他自己的方式来支撑自己。在好奇心和同情他人方面，这种理性态度有其“自然的”基础；但是，这些态度怎样才能显示出它们的压倒一切的重要性呢，而且，它们是怎样通过如确当的、言行一致和公正无私等内在标准改变的呢？这些还是道德发展中尚未探究的问题。皮亚杰列举许多事实说明道德发展是从超验阶段向自律阶段发展的。[1]但是，对这些事实的解释，特别是关系到道德发展动机的解释尚未出现。

许多人认为，在掌握诸如公正、宽容和考虑利益的原则方面，同辈群体的经验发挥着重要的作用，正如在夯实基本规则基础方面与权威人物的关系一样。事实完全可能如此。但是，在这方面，如果处于权威地位的人物能够提供一个理性行为的范式，且能帮助青少年完成一项最困难的工作——培养他们对待权威的理性态度，那么他们的影响作用可能更大。一个在正常环境中成长起来的青少年对待权威的态度一定存在着某种程度的矛盾心理。一方面，他们的态度中充满依附、顺从甚至是钦佩，这是他们早期与家长关系的结果；另一方面，他们对待家长的态度中又存有敌意，这种敌意最初萌芽于他们婴儿般的欲望未获满足之时。之后，敌意的火花在他们的青春期独立意识逐渐增强时重新燃起。这种敌意的火花可能会因为同辈团体压力或者因为家

1　参见皮亚杰：《儿童的道德判断》（*The Moral Judgement of Child*），伦敦，基根·保罗，1932年。

长不妥协或软弱无力而酿成熊熊大火。

因此，教师常常关注的是青少年对待权威的态度，而教师自己却几乎没有做些什么以证明自己的权威。他们也许处于不利地位，他们的权威华而不实，或者受到轻视。因此，他们需要以一种理性的公正的不受干扰的态度来对待这种敌意或者依恋。因为这些反应针对的是他们所代表的东西而不是他们本人。他们也必须意识到，社会控制模式在不同社会经济阶层的家庭中是不同的。“中产阶级”家庭更趋向于采用说服的方法，用他们的纪律去约束人，这是一种以人为取向而不是以身份为取向的方法。而另一方面，“工人阶级”家庭则倾向于采用身份取向的极端控制方法，如在下命令和暴怒时用拳头。假定今天的教师来源于中产阶级下层家庭，如果他们教的儿童居住在工人阶级区域，他们常常会碰到一些问题。

第四章强调的一个观点是，教师必须接受这样一个事实，即儿童可能会认同他。在这样的情况下，他必须把他们对他的兴趣转移到他所要教授的内容上去。在态度训练方面也应当如此。教师必须接受一个事实，即他可能被视作具有传统身份的人，学生对其完全顺从或违抗都是正常现象。他必须从对待自己和工作的态度出发，逐渐形成一种他因偶然原因所承担职责的理性态度。他必须让儿童明白权威的意义，学会把权威与喜爱或不喜爱他们因偶然因素碰到的特殊人物区分开来。

关于民主机构管理人员的配备，之前虽然没有涉及，但也几乎不用多说。许多事情可以通过机构去做，通过对机构和历史发展的研究去做，通过参访教师委员会和委员会会议去做，但实践经验更为重要。人们有时会有幼稚的幻觉，认为其他人都具有进行讨论或完成职责任务的自然禀赋。但是，这些活动不是亚里士多德留意的那种活动，即我们只有通过做才能学会做的一些活动，特别是政治活动。行政管理最需要的是判断——对人的判断和对事情轻重缓急的判断。这种判断能力只有通过实践才能获得，最好在有经验者的指导下开展实践。要想系统阐述这种实践或将其归纳成一种方法是不可能的。这是靠工作去获得的而不是在课堂上通过传授获得的。如果一些教师有智慧也有耐心在各种委员会会议中做咨询工作，而且与承担责任的学生保持密切联系的话，学校可以进行这样的尝试。

在这种民主程序中，儿童参与和承担责任的愿望主要取决于一些难以捉摸的因素，即“风气”或“学校的社会气候”，[1]也在相当程度上取决于领导人的出现。也有一些人（如波珀爵士）认为，民主主义者不应该关注训练领导人的问题，因为他们会应运而生。确切地说，民主主义者应当关注的是设计一些制度来保护我们自己，以防止领导人变得过分专制。[2]根据波珀反对纳粹的著作，他的这种反应是可以理解的。这一观点因心理学家有关“权力主义者人格”（authoritarian personality）和许多领导人具有的令人不快的动机（unsavoury motive）的发现而得到强化。也可以假定，当权力发生腐败，半真半假的欺骗性话语盛行时，民主社会中反对训练领导人的舆论便会开始显著增强。

1　参见奥塔韦：《教育与社会》，第四章，第 176—185 页。

2　参见波珀：《开放社会及其敌人》，伦敦，劳特利奇，1945 年，第一卷，第七章。

然而，这种反应实际上是无区分力的。首先，这种观点未能对不同类型的权威进行区分，[1]而且也未表明理性领导的权威是民主社会必需的。可以肯定，通情达理的有能力的人不可能令人讨厌，他们有强烈的责任感，有与他人合作完成共同任务的欲望，如果按照适当的程序根据其能力任命职务的话，他是会准备任职一段时间的。当然，他也可能有其他动机。他可能会抑制自己的控制欲望和展示自己旺盛精力的渴望。但是，如果他这样做会发生什么呢？教师也完全可能有这种隐性动机及潜在的同性恋倾向或者持有一种不愿意面对成人生活的态度。问题是这些动机是否扭曲或者干扰其履行职责。评判人只能评判他的有意识的目的、能力和履职时的正派作风。如果我们每个人灵魂深处均都能得到评价的话，我们中可能没有人会参与公共生活。

还有一个观点认为，经验表明训练可以做到的一件主要事情是，它可以改变人们从事的工作的概念。在稍后阶段，人灵魂最深处的动机也不会得到评判。如果面对一群有工作经验的人，对他们的评判也只能依据他们的工作表现及职业习惯。但是，履职的态度会因经验和团体讨论而改变。对于教师而言，这肯定是受到督导的教学实践的主要价值之一。类似地，学校高年级学生也会正确地形成对待教师行使权威的理性态度。

对待权威的理性态度不完全是通过教师给级长出主意或当着全班的面处理纪律问题来培养的。它更多的是通过无形的方式潜移默化地

1　参见波珀：《开放社会及其敌人》，伦敦，劳特利奇，1945 年，第一卷，第九章。

养成的。例如，如果一位助理教师在男孩面前受到校长专制态度的对待，他有可能去培养学生的理性态度吗？如果教师对其他人毫不尊重，儿童就不可能不理会暗示而养成尊重他人的态度。学校的“社会气候”也可能受到仪式很大的影响，因为仪式是体现最终价值的有效方式，体现在仪式中的价值无需言明。在学校里，委员会、董事会和级长制度的例行仪式像履职训练一样重要。这本书反复强调了一个观点，即无论在一般教育领域还是在道德教育领域，儿童都应当被引导进入思想和行为形式。在初始阶段，儿童并不能理解这些形式的缘由，不过在真正理解思想和行为形式之前，他们必须了解它们。仪式及权威的使用是一种方法，通过它们可以突出实践的重要性，使儿童感觉到这是他们应当参加的活动。这种方法肯定比诓哄或刺激的方法好。

理性主义者常常攻击仪式，说它们缺乏工具性价值，对实现明显的目的益处不大。当然，这只是它们的一个特点。如果一种实践活动有明显的工具性价值，例如乘火车去工作，那就无需举行仪式了。可是，如果实践活动的特点难以察觉，也许是因为它的特点只有内部人才能察觉。这样，仪式既可以吸引外部的人，也可以重新恢复和保持一些内部人的信念。[1]许多对议会工作持玩世不恭态度的人会因为参加庄严的仪式而改变态度。许多仪式有着深刻的历史渊源和意义。这种仪式有利于将历史和未来联系起来，表达在共同的生活形式中参与的意义。

1　想进一步了解仪式的重要性，可参见伯恩斯坦、彼得斯和埃尔文的论文——“教育中的仪式”（Ritual in Education），载于《皇家学会哲学会刊》（*Philosophical Transactions of the Royal Society*）第二辑，以及在 1966 年或 1967 年发表的“动物和人类的行为仪式化”（Ritualization of Behaviour in Animals and Man）。

它们能缓解每个理性人都有的那种人生平凡和生命短暂的焦虑感。它们也能有助于友爱感情的发展，这是任何一个高效机构的生命力。

民主是极难维持的一种生活方式。它赖以为基础的道德原则——公平、自由和考虑利益的原则——带有强烈、自然的倾向性。它的尊重人的感情基础和对他人的友爱感情，只有理性人才能获得。它需要公民有公共事务的知识和兴趣，普遍地愿意使其制度得以实施。正如人们常说的，它需要一直保持警惕来防止对个人自由的侵害，也需要一定的措施来保证能发出预警。机构管理人员不会像雨后春笋自然地冒出来，而是需要训练。但是，对于友爱感情来说，还有什么比关注促进这种生活形式和训练其他人，以使友爱得以永恒更合适的呢?

在英国，也许我们正因一种不安的感觉而苦恼，这一感觉因超负荷的经济负担而十分突出。保守党人饱受怀旧之痛苦，他们怀念的是大英帝国时代——其时，极少数人的生活是优雅舒适的。进步主义者则清醒地认识到，政治的万金油似乎平淡无奇，而且如果它们被应用在实践中，会引发一些其他问题。也许我们还没有对我们应当为之骄傲的东西感受到足够的骄傲——一个理性人能够接受的政府形式的渐进演进。但是，仅仅接受还不够，我们还得带着热情和谦卑学习如何有效地参与其中。这样，我们可能会摆脱过去的神秘感和未来的幻想，而且认识到政治生活中最有价值的特征是我们实际拥有的机构中内在的特征。我们的问题在于如何说服我们自己和我们的儿童相信这一点。

译后记

《外国教育学术译丛》是商务印书馆新开辟的出版领域，对我国教育学研究必将产生重要的影响。本人十分荣幸承担了《伦理学和教育》这部英国分析教育哲学代表作的翻译。可以说，在将近两年的时间里，自己尽了最大的努力，几经修改润色，力图使这部作品的翻译接近“信、达、雅”标准。但是，这是一本哲学著作，翻译起来有一定难度。英国古典教育家、牛津大学副校长利文斯通谈到翻译时曾说过：“翻译会遗漏思想和表述的细微之处（对哲学而言，这是重要的）。因此，思想著作的翻译很少能够令人十分满意。”[1]本人也有如此的体会，只能说，对于翻译的这三个标准，虽不能至，但心向往之。恳请专家和读者不吝指教。

本书的翻译得到商务印书馆苑容宏主任、中国教育学会教育史分会理事长和北京师范大学教育学部张斌贤教授的支持和指导，也得到

1 〔英〕R.W. 利文斯通：《保卫古典教育》，朱镜人译，北京：人民教育出版社，2017年，第147页。

了安徽大学高等教育研究所研究生刘恒和李培培的帮助，在此一并表示衷心感谢。

朱镜人

（合肥师范学院教师教育研究中心教授，

安徽大学高等教育研究所兼职教授，

安徽新华学院大学生素质教育研究中心兼职研究员）

2018 年 1 月 28 日

图书在版编目（CIP）数据

伦理学与教育 /（英）彼得斯著；朱镜人译 .—北京 : 商务印书馆，2019
（外国教育学术译丛）
ISBN 978-7-100-17464-0

Ⅰ. ①伦…　Ⅱ. ①彼…　②朱…　Ⅲ. ①教育学—伦理学　Ⅳ. ① G40-059.1

中国版本图书馆 CIP 数据核字（2019）第 084217 号

外国教育学术译丛
伦理学与教育
〔英〕彼得斯　著
朱镜人　译

商　务　印　书　馆　出　版
（北京王府井大街 36 号　邮政编码 100710）
商　务　印　书　馆　发　行
北京市白帆印务有限公司印刷
ISBN 978 - 7 - 100 - 17464 - 0

2019 年 7 月第 1 版　　　　开本 880 × 1230　1/32
2019 年 7 月北京第 1 次印刷　　印张 13 3/8

定价：48.00 元